JN412587

NEXT STEP

임상심리사

2급 | 핵심유형 100제

한권으로 끝내기   **1차 [필기합격]**

끝까지 책임진다! 시대에듀!

QR코드를 통해 도서 출간 이후 발견된 오류나 개정법령, 변경된 시험 정보, 최신기출문제, 도서 업데이트 자료 등이 있는지 확인해 보세요!
시대에듀 합격 스마트 앱을 통해서도 알려 드리고 있으니 구글 플레이나 앱 스토어에서 다운받아 사용하세요.
또한, 파본 도서인 경우에는 구입하신 곳에서 교환해 드립니다.

편집진행 장민영 · 김연지　|　**표지디자인** 박종우　|　**본문디자인** 최혜윤 · 김휘주

2026 시대에듀 핵심유형 100제 임상심리사 2급 1차 필기합격 한권으로 끝내기

Always **with you**

사람의 인연은 길에서 우연하게 만나거나 함께 살아가는 것만을 의미하지는 않습니다.
책을 펴내는 출판사와 그 책을 읽는 독자의 만남도 소중한 인연입니다.
시대에듀는 항상 독자의 마음을 헤아리기 위해 노력하고 있습니다. 늘 독자와 함께하겠습니다.

머리말

임상심리사란 개인이나 집단이 경험하는 심리·생리적 문제나 정신건강과 관련된 다양한 영역의 문제를 이해·평가·치료하는 전문인력입니다.

임상심리사는 정신적 문제를 예방하기 위한 활동과 정신적 어려움을 겪은 사람이 사회에 적응할 수 있도록 돕는 재활활동을 중심으로, 정신건강 분야의 관계자나 기타 산업체 및 정부기관 관계자 등에게 필요한 심리상담 자문을 제공하기도 하며 우리 사회 곳곳에 공헌하고 있습니다.

최근에는 정신건강에 대한 개인·사회적 관심이 높아지면서 관련 분야의 자격시험 응시인원 역시 증가하였고, 그중에서도 임상심리사 자격시험은 매년 수많은 응시자들이 도전하는 인기 종목으로 자리매김했습니다.

현대에는 정신질환이 아니어도 학교폭력 등의 사회적 문제로 인하여 극심한 스트레스를 경험하거나 심리적 고통을 호소하는 사람이 점차 증가하고 있으며, 이에 따른 심리상담 전문인력에 대한 사회적 요구 역시 급증하고 있습니다. 이러한 흐름 속에서 임상심리 분야의 시장은 더욱 성장할 것으로 보이며, 고용 규모 역시 더욱 확대될 것으로 전망됩니다.

특히 임상심리사는 자격 취득 후 다양한 진로 확장이 가능하여, 상대적으로 연령 등의 제한 없이 오래 종사할 수 있는 직군입니다. 최근에는 다양한 심리 관련 지식을 알려주는 임상심리사들의 유튜브 채널이 많은 구독자의 관심을 얻으며, 그 활동 범위를 점점 더 넓혀가고 있기도 합니다.

이처럼 새로운 가능성으로 떠오른 임상심리사 자격시험을 준비하는 수험생분들을 위해, 본 교재에서는 그동안 축적된 임상심리사 2급 필기시험에서 다루어진 기출문제를 체계적으로 분석하였습니다. 이를 기반으로 충실한 기초학습이 가능한 과목별 핵심이론과 핵심예제, 실전을 대비할 수 있는 기출복원문제, 그리고 각 문항에 대한 명쾌한 해설을 수록하였고, 이 교재만으로도 수험생 여러분이 임상심리사 2급 필기시험에 관한 내용을 충실히 학습하실 수 있도록 구성하였습니다.

본 교재를 선택하여 주신 여러분이 꼭 합격하기를 기원합니다.

편저자 일동

시험안내 INFORMATION

임상심리사 개요

임상심리사는 인간의 심리적 건강 및 효과적인 적응을 다루어 궁극적으로는 심신의 건강 증진을 돕고, 심리적 장애가 있는 사람에게 심리평가와 심리검사, 개인 및 집단 심리상담, 심리재활 프로그램의 개발과 실시, 심리학적 교육, 심리학적 지식을 응용해 자문을 한다.

임상심리사는 주로 심리상담에서 인지, 정서, 행동적인 심리상담을 하지만 정신과 의사들이 행하는 약물치료는 하지 않는다.

정신과병원, 심리상담기관, 사회복귀시설 및 재활센터에서 주로 근무하며 개인이 혹은 여러 명이 모여 심리상담센터를 개업하거나 운영할 수 있다. 이 외에도 사회복지기관, 학교, 병원의 재활의학과나 신경과, 심리건강 관련 연구소 등 다양한 사회기관에 진출할 수 있다.

시험일정

구 분	제1회	제2회	제3회
1차 필기	2월 7일~3월 4일	5월 10일~5월 30일	8월 9일~9월 1일
2차 실기	4월 19일~5월 9일	7월 19일~8월 6일	11월 1일~11월 21일

※ 2026년 시험일정은 아직 발표되지 않아 2025년 시험일정을 수록하였습니다.
※ 자세한 내용은 큐넷 홈페이지(www.q-net.or.kr)를 확인해주세요.

시험형식

구 분	시험과목	문항수	시험방법	시험시간
1차 필기	• 심리학개론 • 이상심리학 • 심리검사 • 임상심리학 • 심리상담	100문항 (각 20문항)	객관식	2시간 30분
2차 실기	• 기초심리평가 • 기초심리상담 • 심리치료 • 자문 · 교육 · 심리재활	18 ~ 20문항	필답형	3시간

○ 합격기준

구 분	합격기준
1차 필기	100점을 만점으로 하여 과목당 40점 이상 / 전과목 평균 60점 이상
2차 실기	100점을 만점으로 하여 60점 이상

○ 응시현황

연 도	필 기			실 기		
	응시(명)	합격(명)	합격률(%)	응시(명)	합격(명)	합격률(%)
2024	8,975	5,794	64.6	7,634	3,028	39.7
2023	7,941	5,833	73.5	7,521	2,965	39.4
2022	5,915	4,574	77.3	6,792	2,054	30.2
2021	6,469	5,465	84.5	6,461	2,614	40.5
2020	5,032	3,948	78.5	6,081	1,220	20.1
2019	6,016	3,947	65.6	5,858	1,375	23.5
2018	5,621	3,885	69.1	6,189	1,141	18.4

○ 필기 출제기준

1과목 심리학개론	2과목 이상심리학	3과목 심리검사	4과목 임상심리학	5과목 심리상담
• 심리학의 역사와 개관 • 발달심리학 • 성격심리학 • 학습 및 인지 심리학 • 심리학의 연구 방법론 • 사회심리학 • 동기와 정서	• 이상심리학의 기본개념 • 이상행동의 유형	• 심리검사의 기본개념 • 지능검사 • 표준화된 성격검사 • 신경심리검사 • 기타 심리검사	• 임상심리학의 역사와 개관 • 심리평가 기초 • 심리치료의 기초 • 임상심리학의 자문, 교육, 윤리 • 임상 특수분야	• 상담의 기초 • 심리상담의 주요 이론 • 심리상담의 실제 • 중독상담 • 특수문제별 상담유형

※ 2025년부터 출제기준이 일부 변경되었습니다.

※ 자세한 내용은 큐넷 홈페이지(www.q-net.or.kr)를 확인해주세요.

구성과 특징 STRUCTURES

과목별 주요 유형 100제

- 임상심리사 필기시험의 각 과목별 핵심 출제유형을 엄선하여 총 100문제를 수록하였습니다.
- 문제를 풀며 출제 경향을 파악하고, 이론을 체계적으로 정리해 보세요.

문제편

제 1 과목 핵심유형 100제 임상심리사 2급 1차 필기합격

심리학개론

★ : 1회 기출
★★ : 2회 기출
★★★ : 3회 기출
★★★★ : 4회 이상

★★

001 실험법에 관한 설명으로 옳지 않은 것은?

① 심리학이 과학적인 학문으로 발전하는 데 큰 기여를 했다.
② 다른 조건들을 일정하게 고정시키는 것을 통제라고 한다.
③ 독립변인이 어떻게 결과에 영향을 미치는지를 알아보기 위한 조작을 처치라고 한다.
④ 가외변인을 통제하기 어렵다는 문제점이 있다.

★

095 아들러(Adler)의 개인심리학적 상담에 대한 설명으로 옳지 않은 것은?

① 아들러(Adler)는 일반적으로 인간이 열등감을 갖는 것은 필요하고 바람직하기까지 하다고 보았다.
② 프로이트(Freud)와 마찬가지로 아들러(Adler)도 인간의 목표를 중시하면서 주관적 요인을 강조하였다.
③ 아들러(Adler)는 신경증, 정신병, 범죄 등 모든 문제의 원인은 사회적 관심의 부재라고 보았다.
④ 아들러(Adler)는 생활양식을 개인 및 사회의 정신병리를 일으키는 주요 요인으로 보았다.

★★

002 프로이트(S. Freud)의 성격 구조에 관한 설명으

① 자아는 현실원리를 따르며 개인이 현실에 적응하도록 돕는
② 자아는 일차적 사고과정을 따른다.
③ 자아는 자아이상과 양심으로 구성되어 있다.
④ 초자아는 성적 욕구와 관련된 것으로 쾌락의 원리를 따른다

★★

096 상담윤리에 관한 설명으로 옳지 않은 것은?

① ㅡ행과정 중 가장 근본적인 윤리기준이다.
① 비밀은 개인상담뿐만 아니라 집단상담이나 가족상담에서도 고려되어야 한다.
① 비밀을 결정하는 것은 내담자이며 상담자는 내담자에게 정확한 정보를 제공해야 한다.
④ 상담이론과 기법은 반복적으로 검증된 것이므로 시대 및 사회여건과 무관하게 적용해야 한다.

문제별 빈출도 표시

- 모든 문제의 출제 빈도를 분석하여 ★로 표시하였습니다.
- 문제별 빈출도를 확인하며 학습의 우선순위를 조정하면 보다 효율적인 공부가 가능합니다.

★★★★

097 성폭력 피해자 심리상담 초기단계의 유의사항으로 옳지 않은 것은?

① 치료관계 형성에 힘써야 한다.
② 상담자는 상담내용의 주도권을 가져야 한다.
③ 성폭력 피해로 인한 합병증이 있는지 묻는다.
④ 성폭력 피해의 문제가 없다고 부정을 하면 일단 수용해 준다.

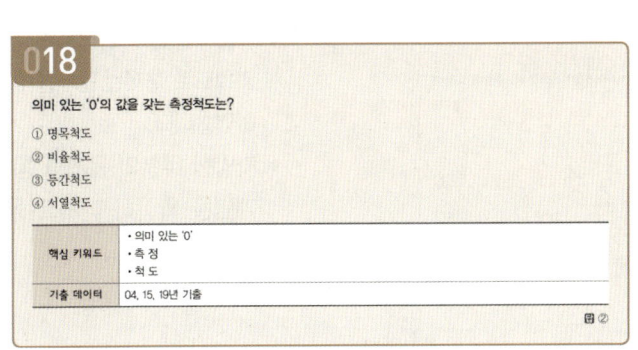

상세하고 명확한 해설

- 해설편에는 '핵심유형 100제'의 자세하고 명쾌한 해설을 수록하였습니다.
- 해설과 함께 제시된 핵심 키워드를 통해 주요 개념을 완벽히 익힐 수 있습니다.

과락을 피하는 해설

학력, 종교, 취미 등).

명목척도

사물을 구분하기 위하여 이름을 부여하는

선호도의 높고 낮음을 나타내는 것이다(예 성적, 직위, 계급 등).

을 가

비율척도

등간성을 지니고, 절대영점이 존재한다(예 시청률, 투표율, 가격,

025

편집성성격장애의 행동특성으로 가장 적합한 것은?

① 다른 사람이 자신을 이용하거나 피해를 입힌다고 생각한다.

② 단순히 아는 정도의 사람을 '매우 친한 친구'라고 지칭한다.

③ 반복적으로 자살을 시도하거나 행동한다.

④ 거의 어떤 활동에서도 즐거움을 느끼지 못한다.

핵심 키워드	• 편집성성격장애 • 자신을 이용 • 피해를 입힌다고 생각
기출 데이터	07, 17, 22년 기출

답 ①

과락을 피하는 해설

② 연극성인격장애의 행동특성에 해당한다.

③·④ 주요우울장애의 행동특성에 해당한다.

더 알아두기

편집성성격장애(Paranoid Personality Disord

• 충분한 근거 없이 타인이 자신을 이용하거나 ...다.

자신의 속내를 드러내지 않는다.

...피악하고자 한다.

• 타인의 의견에는 아랑곳하지 않은 채 자신의 인격이나 명성이 공격당한 것으로 간주하여 즉각적으로 화를 내거나 반격한다.

• 특별한 이유 없이 자신의 배우자나 성적 상대자의 정절에 대해 반복적으로 의심한다.

018

의미 있는 '0'의 값을 갖는 측정척도는?

① 명목척도

② 비율척도

③ 등간척도

④ 서열척도

핵심 키워드	• 의미 있는 '0' • 측 정 • 척 도
기출 데이터	04, 15, 19년 기출

답 ②

더 알아두기

- 문제 해설과 함께 추가로 알아두면 유용한 이론을 '더 알아두기' 코너에 정리하였습니다.
- 관련 개념까지 함께 학습하여 깊이 있는 이해와 고득점을 노려보세요.

유사문제 · 관련문제

통계적 조작으로 몇몇 척도에 대해 K원점수 비율을 더해주는데, 다음 중
K교정점수를 더해주는 척도는 무엇인가?

14년 기출

① L척도
② D척도
③ Si척도
④ Pt척도

정답 ④

유사문제 · 관련문제

MMPI와 같은 임상성격검사를 실시하고 해석할 때 고려할 사항으로 가장 거리가 먼 것은?

15년 기출

① 검사를 실시하기 전에 충분한 관계형성을 시도해야 한다.
② 보호자나 주변인물과의 면접을 통한 정보를 획득해야 한다.
③ 실시한 검사를 채점한 후에 다시 수검자면접을 실시해야 한다.
④ 검사의 지시는 가능하면 간결할수록 좋다.

유사문제 · 관련문제

MMPI를 실시하고 해석할 때 주의해야 할 점으로 가장 적합한 것은?

① 피검자의 독해력, 학력수준 혹은 지능수준을 사전에 알고 있다.
② 응답하지 않은 문항도 채점되므로, 사전에 "가급적 모든 문항
③ 피검자가 문항의 의미에 관해 주관적인 기준에 의해 판단히
   기준을 제시해 주어야 한다.
④ MMPI는 성격특성을 평가하는 인성검사이므로 성별에 관한

유사문제 · 관련문제

- 같은 이론을 기반으로 하거나 관련 키워드로 출제된 문제를 함께 수록 하였습니다.
- 다양한 유형의 문제를 통해 해당 개념을 확실히 다지고 응용력을 높여보세요.

제5과목 심리상담

17

생애기술상담이론에서 기술언어(Skills Language)에 해당하는 것은?

① 내담자가 어떻게 생각하고 느끼는가를 의미하는 것이다.
② 내담자가 어떤 외현적 행동을 하는가를 의미하는 것이다.
③ 내담자 자신의 책임감 있는 삶을 의미하는 것이다.
④ 내담자의 행동을 설명하고 분석하기 위해 사용하는 것을 의미하는 것이다.

관련 법주	생애기술상담이론
기출 데이터	17, 22, 23, 25년 기출

정답 ④

당황을 반감시키는 해설

 제적 기술영역에서 결정하는 일련의 선택이라고 할 수 있다.

- 생애기술상담은 인지-행동적 접근의 통찰을 활용하여 사고와 행동의 변화를 유도하며, 인본주의적 실존주의의 메시지를 전달하여 현재와 미래 생활에 도움이 되는 보다 효과적인 기술들을 습득하도록 돕는 것이다.
- 개인생애기술상담은 한 개인이 보다 넓은 공동체 속에서 생애기술을 획득·유지·발달시키는 것을 중재하는 활동의 기본개념이다.
- 기술언어(Skills Language) : 생애기술 장점과 단점의 관점에서 내담자 문제에 대해 생각하고 말하는 것이다. 특히 내담자의 문제를 지속시키는 구체적인 사고기술과 행동기술상의 단점을 규명하고, 그것들을 상담목표로 전환하는 것을 포함한다.
- 내적 게임 : 내면에 어떤 일이 일어나고 있는가, 즉 당신이 어떻게 생각하고 느끼는가를 의미하는 것으로, 사고기술과 감정기술 등이 있다.
- 외적 게임 : 어떤 외현적 행동을 하는가, 즉 행동기술을 의미한다. 행동기술은 관찰가능한 행동들을 포함하는 것으로, 어떻게 느끼고 생각하는가보다는 어떻게 행동하는가와 관련된 것이다.
- 개인적 책임성 : 개인을 자신의 삶에 대한 책임감을 갖는 주체로 보는 것으로, 사람들은 자신의 삶을 창조적으로 만들 책임이 있다.

만나면 당황하는 문제 20선

- 수험생들이 어려워하는 고난도 문제 20선을 엄선하였습니다.
- 생소한 문제 유형에도 흔들리지 않고 해결할 수 있도록 실전 감각을 길러 보세요.

2 0 2 5 | 2025년 2월 7일~3월 4일 시행

제1회 임상심리사 2급 필기 기출복원문제 및 해설

※ 2022년 제3회 시험부터 CBT로 시행되어 기출문제가 공개되지 않으므로, 응시자의 후기와 과년도 기출데이터를 통해 기출과 유사하게 복원된 문제를 제공합니다.
※ 실제 시험문제와 일부 다를 수 있습니다.

제1과목 | 심리학개론

01 기억정보의 인출에 대한 설명으로 옳은 것은?

19, 23년 기출

① 기억탐색과정은 일반적으로 외부적 자극정보를 부호화하는 과정을 말한다.
② 설단현상은 특정 정보가 저장되어 있지 않다는 증거로 볼 수 있다.
③ 회상과 같은 명시적 인출방법과 대조되는 방법으로 재인과 같은 암묵적 방법이 있다.
④ 인출 시의 맥락과 부호화 시의 맥락이 유사할 때 인출가능성이 클 것이라는 주장을 부호화명세성(특수성)원리라고 한다.

> **해설**
> 부호화명세성원리(Encoding Specificity Principle)
> 어떠한 기억대상을 장기기억에서 인출하는 경우 그와 관련된 단서가 있을 때보다 쉽게 기억해 내는 원리이다.

02 원점수 25(평균=20, 표준편차=4)를 Z점수로 변환한 값으로 옳은 것은?

18년 기출

① +1.25
② +0.25
③ −0.25
④ −1.25

> **해설**
> • Z점수 = (원점수 − 평균) ÷ 표준편차
> • (25 − 20) ÷ 4 = +1.25

03 다음 사례에서 사용하고 있는 방어기제는?

> 아버지의 학대로 대인기피증과 우울증에 걸렸던 아이가 학대에 대한 분노심을 억제하여 아버지에 대한 이야기를 무의식적으로 꺼린다.

① 주지화
② 해 리
③ 합리화
④ 억 압

> **해설**
> ① 주지화 : 위협적이거나 고통스러운 정서적 문제를 피하기 위해 또는 그것을 둔화시키기 위해 사고, 추론, 분석 등의 지적 능력을 사용한다.
> ② 해리 : 괴로움이나 갈등상태에 놓인 인격의 일부를 다른 부분과 분리한다.
> ③ 합리화 : 현실에 더 이상 실망을 느끼지 않기 위해 또는 정당하지 못한 자신의 행동에 그럴듯한 이유를 붙이기 위해 자신의 말이나 행동을 정당화한다.

정답 01 ④ 02 ① 03 ④

2025년 기출복원문제 및 해설
(최신기출해설 무료 동영상 강의 제공)

● CBT 방식의 필기시험 대비를 위해 2025년 기출복원문제 2회분을 수록하였습니다.
● 최신기출해설 1회분 무료 동영상 강의와 함께 기출문제를 완벽하게 습득하세요.

학습공략 LEARNING ATTACK

제1과목 심리학개론

심리학개론 과목은 심리상담 분야의 여러 용어와 기본개념을 정확히 이해하고 있는지를 묻는 문제 위주로 출제됩니다. 학문의 기초와 전체적인 구조를 파악한다는 생각으로 학습한다면, 이후 이어지는 과목의 학습에도 큰 도움이 될 것입니다. 키워드 위주의 효율적인 학습이 필요한 과목이니, 전체적으로 충분히 회독하며 다양한 이론과 낯선 용어에 익숙해지도록 노력해야 합니다.

제2과목 이상심리학

이상심리학 과목은 매년 이상행동 관련 이론이 큰 비중으로 출제되고 있습니다. DSM-5 정신장애 하위유형과 유형별 진단기준을 정확히 알아야 풀 수 있는 문제가 다수 출제되며, 그만큼 기본개념 영역이 차지하는 비중이 적기 때문에 전략적인 학습이 필요합니다.

제3과목 심리검사

심리검사 과목은 심리검사의 각 영역에서 고르게 문제가 출제되고 있습니다. 그만큼 기본개념을 묻는 문제도 매년 빠짐없이 출제되고 있으므로, 심리검사 시행자의 기본윤리 등 이미 알고 있는 기본개념도 여러 번 회독하시기를 권해드립니다.

제4과목 임상심리학

임상심리학 과목은 심리치료의 기초 영역에서 가장 많은 문제가 출제되고 있습니다. 다양한 심리치료기법과 이론을 숙지하는 것은 물론, 임상심리학의 학문적 역사와 임상심리학자의 윤리적 책임 및 의무를 묻는 문제도 자주 출제되고 있으므로 개념학습에 특히 주의가 필요합니다.

제5과목 심리상담

심리상담 과목은 심리상담의 주요 이론 영역과 특수문제별 상담유형 영역에서 매번 많은 문제가 출제되고 있습니다. 각 영역의 내용이 세분화되어 완벽한 암기가 어렵기 때문에 더욱 꼼꼼한 학습이 필요합니다. 선행 과목의 심리학 이론들이 상담 영역에서 어떻게 확장되고 적용되었는지 전체적인 구조를 그리면서 학습한다면, 이론을 이해하고 암기하는 것도 어렵지 않을 것입니다.

최신 빈출키워드 KEYWORD

제1과목 심리학개론

#전망이론 #기억의 인출과정 #단기기억 #사회심리학적 태도와 행동 #성격 5요인 #귀인이론
#성격구조 #실험연구(실험법) #심리사회적 발달이론 #심리학 연구방법 #인지학습이론
#조건형성의 원리 #로저스 #타당도 #통계분석 #투사 #회피조건형성 #표준편차 #프로이트
#현상학적 이론

제2과목 이상심리학

#DSM-5 #성격장애 #공황장애 #과잉행동장애(ADHD) #노출장애 #분리불안장애
#사회불안장애 #성격장애 #신경발달장애 #실존주의 #알츠하이머(치매) #알코올중독 #양극성장애
#우울장애 #이상행동 #소인-스트레스이론 #조현병 #지적 장애 #품행장애 #섬망

제3과목 심리검사

#BSID-Ⅱ #MBTI #K-WAIS-Ⅳ #K-WISC-Ⅳ #MMPI-2 코드쌍 #MMPI-2 #타당성 척도
#검사자의 윤리적 의무 #노년기 인지발달 #뇌손상 #로샤검사 #신경심리검사 #실어증 #표본조사
#웩슬러 #자기보고 검사(객관적 검사) #스피어만 #지능 #집-나무-사람(HTP) 검사 #카텔

제4과목 임상심리학

#강화와 처벌 #기저핵 #지역사회 심리학 #라포형성 #로저스 #성격평가질문지 #심리평가 도구
#유관학습 #인간중심치료 #인지치료 #임상심리학의 역사 #임상심리학자의 윤리원칙
#임상적 면접 #행동의학 #전이와 역전이 #건강심리학 #정신분석적 접근 #체계적 둔감법
#유사관찰법 #대뇌피질

제5과목 심리상담

#키츠너 #REBT #가족상담 #게슈탈트상담(형태주의상담) #경청 #약물중독 #도박중독
#상담의 윤리원칙 #집단치료 #성상담 #심리치료의 역사 #의사결정과정 #작업동맹 #학업상담
#인간중심상담 #상담의 구조화 #진로상담 #집단상담 #청소년비행 #행동주의상담

이 책의 목차 CONTENTS

PART 1

문제편

행운이란 100%의 노력 뒤에 남는 것이다.

– 랭스턴 콜먼(Langston Coleman) –

제 **1** 과목 **심리학개론**

★★

001 실험법에 관한 설명으로 옳지 않은 것은?

① 심리학이 과학적인 학문으로 발전하는 데 큰 기여를 했다.
② 다른 조건들을 일정하게 고정시키는 것을 통제라고 한다.
③ 독립변인이 어떻게 결과에 영향을 미치는지를 알아보기 위한 조작을 처치라고 한다.
④ 가외변인을 통제하기 어렵다는 문제점이 있다.

★★

002 프로이트(S. Freud)의 성격 구조에 관한 설명으로 옳은 것은?

① 자아는 현실원리를 따르며 개인이 현실에 적응하도록 돕는다.
② 자아는 일차적 사고과정을 따른다.
③ 자아는 자아이상과 양심으로 구성되어 있다.
④ 초자아는 성적 욕구와 관련된 것으로 쾌락의 원리를 따른다.

003 성격이론가에 관한 설명으로 옳지 않은 것은?

① 올포트(Allport) – 성격은 과거경험에 의해 학습된 행동성향으로, 상황이 달라지면 행동성향도 변화한다고 보았다.
② 카텔(Cattell) – 특질을 표면특질과 근원특질로 구분하고, 자료의 통계분석에 근거하여 16개의 근원특질을 제시하였다.
③ 로저스(Rogers) – 현실에 대한 주관적 해석 및 인간의 자기실현과 성장을 위한 욕구를 강조하였다.
④ 프로이트(Freud) – 본능적인 측면을 강조하고, 사회·환경적 요인을 상대적으로 경시하였다.

004 여러 상이한 연령에 속하는 사람들로부터 동시에 어떤 특성에 대한 자료를 얻고, 그 결과를 연령 간 비교하여 발달적 변화과정을 추론하는 연구방법은?

① 종단적 연구방법
② 횡단적 연구방법
③ 교차비교 연구방법
④ 단기종단적 연구방법

005 다음 사례에서 사용된 행동주의 상담기법은?

> 내담자는 낮은 학업 성적으로 인해 학교 적응에 어려움을 겪고 있다. 상담자는 내담자가 평소 컴퓨터 게임하는 것을 매우 좋아한다는 사실을 알았다. 상담자는 내담자가 하루 계획한 학습량을 달성하는 경우, 컴퓨터 게임을 30분 동안 하도록 개입하였다.

① 자기교수훈련, 정적 강화
② 프리맥의 원리, 정적 강화
③ 체계적 둔감법, 자기교수훈련
④ 자극통제, 부적 강화

★★★

006 실험법과 조사법의 가장 근본적인 차이점은?

① 실험실 안에서 연구를 수행하는지의 여부
② 연구자가 변인을 통제하는지의 여부
③ 연구변인들의 수가 많은지의 여부
④ 연구자나 연구참가자의 편파가 존재하는지의 여부

★★★★

007 자신과 타인의 휴대폰 소리를 구별하거나 식용버섯과 독버섯을 구별하는 것은?

① 변 별
② 일반화
③ 행동조형
④ 2차 조건형성

★★★

008 검사의 내용이 측정하려는 속성과 일치하는지를 논리적으로 분석 · 검토하여 결정하는 타당도는?

① 예언타당도
② 공존타당도
③ 구성타당도
④ 내용타당도

009 단기기억의 기억용량을 나타내는 것은?

① 3±2개
② 5±2개
③ 7±2개
④ 9±2개

010 고전적 조건형성에 대한 설명으로 옳은 것은?

① 중립자극은 무조건 자극 직후에 제시되어야 한다.
② 행동변화의 효과를 거두기 위해서는 적절한 반응의 수나 비율에 따라 강화가 이루어져야 한다.
③ 적절한 행동은 즉시 강화하고, 부적절한 행동은 무시함으로써 새로운 행동을 가르칠 수 있다.
④ 대부분의 정서적인 반응들은 고전적 조건형성을 통해 학습될 수 있다.

011 관찰법에 관한 설명으로 옳지 않은 것은?

① 실험법과 같이 독립변인을 인위적으로 조작할 수 없으므로 관찰변인을 체계적으로 측정하지 않는다.
② 직접 집단에 참여하여 그 집단구성원과 같이 생활하면서 관찰하는 참여관찰도 있다.
③ 임신 중 영양부족이 IQ에 미치는 영향과 같이 실험상황을 윤리적으로 통제할 수 없을 때 사용한다.
④ 관찰자의 편견이나 희망이 반영되어 관찰자 편향이 일어날 수 있다.

★★★

012 조사연구에서, 참가자의 인지기능을 측정하기 위해 그가 가입한 정당을 묻는 것은 어떤 점에서 가장 문제가 되는가?

① 안면타당도
② 외적타당도
③ 공인타당도
④ 예언타당도

★★★

013 망각의 원인에 관한 설명과 가장 거리가 먼 것은?

① 분명히 읽었던 정보를 기억할 수 없는 원인은 비효율적인 부호화 때문이라고 할 수 있다.
② 소멸이론에서 망각은 정보 간의 간섭 때문이라고 주장한다.
③ 새로운 학습이 이전의 학습을 간섭하기 때문에 망각이 일어나는 것을 역행성 간섭이라고 한다.
④ 망각을 인출실패로 간주하는 주장도 있다.

★★

014 얼마간의 휴식기간을 가진 후에 소거된 반응이 다시 나타나는 현상은?

① 자극일반화
② 자발적 회복
③ 변별조건형성
④ 고차조건형성

015 현상학적 성격이론에 대한 설명으로 옳지 않은 것은?

① 사건 자체가 아니라 그 사건에 대한 개인의 주관적 경험이 행동을 결정한다.

② 세계관에 대한 개인의 행동을 예측하고 이해하기 위해서는 개인의 지각을 이해해야 한다.

③ 어린 시절의 동기를 분석하기보다는 앞으로 무엇이 발생할 것인가에 초점을 둔다.

④ 선택의 자유를 강조하는 인본주의적 입장과 자기실현을 강조하는 자기이론적 입장을 포함한다.

016 아동기의 애착에 관한 설명으로 옳은 것은?

① 유아가 어머니에게 분명한 애착을 보이는 시기는 생후 3~4개월경부터이다.

② 어머니와의 밀접한 신체접촉이 애착을 형성하는 데 가장 중요한 역할을 한다.

③ 애착은 인간 고유의 현상으로서 동물들에게는 유사한 현상을 찾아보기 어렵다.

④ 안정적으로 애착된 아동들은 어머니가 없는 낯선 상황에서도 주위를 적극적으로 탐색한다.

017 성격이론과 대표적인 연구자가 잘못 짝지어진 것은?

① 정신분석이론 – 프로이트(Freud)

② 행동주의이론 – 로저스(Rogers)

③ 인본주의이론 – 매슬로우(Maslow)

④ 특질이론 – 올포트(Allport)

★ ★ ★

018 의미 있는 '0'의 값을 갖는 측정척도는?

① 명목척도
② 비율척도
③ 등간척도
④ 서열척도

★

019 콜버그(Kohlberg)의 도덕발달단계가 아닌 것은?

① 전인습적 단계
② 인습적 단계
③ 후인습적 단계
④ 초인습적 단계

★ ★ ★ ★

020 인지부조화이론의 예로 옳지 않은 것은?

① 지루한 일을 하고 1000원 받은 사람이 20000원 받은 사람에 비해 그 일이 재미있다고 생각한다.
② 열렬히 사랑했으나 애인과 헤어진 남자가 떠나간 애인이 못생기고 성격도 나쁘다고 생각한다.
③ 빵을 10개나 먹은 사람이 빵을 다 먹고 난 후, 자신이 배가 고팠었음을 인식한다.
④ 반미적인 태도를 지닌 사람이 친미적인 발언을 한 후 친미적 태도로 변화되었다.

이상심리학

★

021 조현병의 음성증상이 아닌 것은?

① 감퇴된 정서표현
② 무의욕증
③ 긴장성 경직
④ 무쾌감증

★★

022 DSM-5에서 '신체증상 및 관련 장애' 분류항목에 해당하는 것은?

① 전환장애(Conversion Disorder)
② 다중인격(Multiple Personality)
③ 심인성건망증(Psychogenic Amnesia)
④ 신체변형장애(Body Dysmorphic Disorder)

023 다음은 DSM-5에서 어떤 진단기준의 일부인가?

- 필요한 것에 비해서 음식섭취를 제한함으로써 나이, 성별, 발달수준과 신체건강에 비추어 현저한 저체중 상태를 초래한다.
- 심각한 저체중임에도 불구하고 체중증가와 비만에 대한 극심한 두려움을 지니거나 체중증가를 방해하는 지속적인 행동을 나타낸다.
- 체중과 체형을 왜곡하여 인식하고, 체중과 체형이 자기평가에 지나친 영향을 미치거나 현재 나타내고 있는 체중 미달의 심각함을 지속적으로 부정한다.

① 신경성폭식증
② 신경성식욕부진증
③ 폭식장애
④ 이식증

★

024 조현병에 관한 설명으로 옳지 않은 것은?

① 이란성 쌍생아가 일란성 쌍생아보다 더 취약하다.
② 유병률은 인종과 민족에 따라 다르게 나타난다.
③ 표출정서가 높은 가정이 낮은 가정에 비해 재발률이 높다.
④ 가장 대표적인 생화학적 가설은 도파민가설이다.

★★★

025 편집성성격장애의 행동특성으로 가장 적합한 것은?

① 다른 사람이 자신을 이용하거나 피해를 입힌다고 생각한다.
② 단순히 아는 정도의 사람을 '매우 친한 친구'라고 지칭한다.
③ 반복적으로 자살을 시도하거나 행동한다.
④ 거의 어떤 활동에서도 즐거움을 느끼지 못한다.

★

026 다음 보기의 특징을 가진 DSM-5의 장애는?

• 자기의 전체 혹은 일부로부터 분리되거나 이를 낯설게 느낌
• 신체이탈경험을 할 수 있음
• 현실검증력은 본래대로 유지

① 심인성둔주(Psychogenic Fugue)
② 해리성정체감장애(Dissociative Identity Disorder)
③ 이인증/비현실감장애(Depersonalization)
④ 해리성기억상실증(Dissociative Amnesia)

★

027 DSM-5에서 조현성성격장애의 특징이 아닌 것은?

① 거의 항상 혼자서 하는 활동을 선택한다.
② 기이하거나 편향된 행동을 보인다.
③ 타인의 칭찬이나 비평에 무관심하다.
④ 단조로운 정동의 표현을 보인다.

028 B군 성격장애에 해당하지 않는 것은?

① 경계선성격장애
② 강박성성격장애
③ 반사회성성격장애
④ 연극성성격장애

029 다음 사례와 같은 성격장애는?

자신이 관심의 중심에 있기를 바라고, 감정이 빠르게 변하고 피상적이며, 지나치게 인상에 근거한 언어 표현을 보이고, 피암시성이 높은 특성을 보인다.

① 편집성성격장애
② 연극성성격장애
③ 자기애성성격장애
④ 강박성성격장애

030 공황장애를 설명하는 인지적 관점에 의하면, 공황발작을 초래하는 핵심적 요인은?

① 신체건강에 대한 걱정과 염려
② 만성질병에 대한 잘못된 귀인
③ 억압된 분노표출에 대한 두려움
④ 신체감각에 대한 파국적 오해석

031　정신분석학적 관점에서 볼 때 해리성장애 환자들에게서 가장 흔히 나타나는 방어기제는?

① 억 압
② 반동형성
③ 전 치
④ 주지화

032　다음은 무엇에 관한 설명인가?

벡(Beck)이 우울증 환자에 대한 관찰을 기반하여 사용한 용어로, 자신을 무가치하고 사랑받지 못할 사람으로 간주하고, 자신이 경험하는 세계가 가혹하고 도저히 대처할 수 없는 곳이라고 지각하며, 자신의 미래는 암담하고 통제할 수 없으며 계속 실패할 것이라고 예상하는 것

① 부정적 사고(Negative Thought)
② 인지적 삼제(Cognitive Triad)
③ 비합리적 신념(Irrational Belief)
④ 인지오류(Cognitive Error)

033　다음 중 만성적인 알코올중독자에게서 흔히 발생하는 것으로 비타민 B1(티아민) 결핍과 관련이 깊으며, 지남력장애, 최근 및 과거 기억력의 상실, 작화증 등의 증상을 보이는 장애는?

① 혈관성치매
② 코르사코프증후군
③ 진전섬망
④ 다운증후군

034 순환성장애의 특징이 아닌 것은?

① 청소년기나 초기 성인기에 시작된다.
② 남녀 간의 유병률에 큰 차이가 없다고 보고된다.
③ 양극성장애보다 경미한 증상이 2년 이상 지속된다.
④ 양극성장애로는 발전하지 않는다.

★★★

035 행동주의적 견해에 따르면 강박행동은 어떤 원리에 의해 유지되는가?

① 고전적 조건형성
② 부적 강화
③ 소 거
④ 모델링

★★★★

036 대형 화재현장에서 살아남은 남성이 불이 나는 장면에 극심하게 불안증상을 느낄 때 의심할 수 있는 가능성이 가장 높은 장애는?

① 외상후스트레스장애
② 적응장애
③ 조현병
④ 범불안장애

★★★

037 알츠하이머병에 관한 설명으로 옳지 않은 것은?

① 현저한 인지기능장애가 특징이다.
② 도파민과 밀접한 관련이 있다.
③ 연령의 증가와 함께 유병률이 높아진다.
④ 점진적으로 진행하는 질병이다.

★★

038 자폐스펙트럼장애에 관한 설명으로 옳지 않은 것은?

① 의사소통의 장해가 현저하고 지속적이다.
② 상상적인 놀이를 하는 데 어려움이 있다.
③ 사회적 관습을 이해하는 데 어려움이 있다.
④ 연령증가와 함께 증상의 호전을 보인다.

★★

039 주의력결핍 및 과잉행동장애(ADHD)에 관한 설명으로 옳지 않은 것은?

① 학령전기에 보이는 주요 증상은 과잉행동이다.

② 앉아 있도록 요구되는 상황에서 자리를 떠나는 것은 부주의 증상에 해당된다.

③ 증상이 지속되면 적대적 반항장애로 동반이환할 가능성이 높다.

④ 여성보다 남성에게 더 흔하게 나타난다.

★★★

040 조현병의 양성증상에 해당하는 것은?

① 무의욕증

② 무사회증

③ 와해된 행동

④ 감퇴된 정서 표현

제**3**과목 **심리검사**

★

041 웩슬러지능검사 소검사를 범주화하는 데 있어 '획득된 지식' 요인에 속하는 소검사가 아닌 것은?

① 산수문제
② 상식문제
③ 어휘문제
④ 숫자문제

★ ★ ★ ★

042 다음 중 발달검사를 사용할 때 고려해야 할 사항과 가장 거리가 먼 것은?

① 일반적인 기능적 분석만 사용해야 한다.
② 규준에 의한 발달적 비교가 가능해야 한다.
③ 다중기법적 접근을 취해야 한다.
④ 경험적으로 타당한 측정도구를 사용해야 한다.

★★

043 벤더게슈탈트검사(Bender Gestalt Test)에 관한 설명으로 옳지 않은 것은?

① 정서적 지수와 기질적 지수가 거의 중복되지 않는다.
② 기질적 장애를 판별하려는 목적에서 만들어졌다.
③ 언어적인 방어가 심한 환자에게 유용하다.
④ 통일된 채점체계가 없으며 전문가 간의 불일치가 발생할 수 있다.

★★★

044 심리평가를 위한 면담기법 중 비구조화된 면담방식의 장점에 해당하는 것은?

① 면담자 간의 진단신뢰도를 높일 수 있다.
② 연구 장면에서 활용하기가 용이하다.
③ 중요한 정보를 깊이 있게 탐색할 수 있다.
④ 점수화하기에 용이하다.

★★★

045 기억장애를 보이고 있는 환자에게 기억 및 학습능력을 평가하는 데 가장 적합한 것은?

① K-WMS-IV
② SCL-90-R
③ Face-Hand Test
④ Trail Making Test

046 지능검사 시행에 관한 설명으로 옳은 것은?

① 지능검사는 표준절차를 따르되 개인의 최대 능력을 측정하는 것을 목표로 한다.
② 지능검사 시행에서 수검자에 대한 행동관찰은 별로 중요하지 않다.
③ 지능검사 시행에서 검사에 대한 동기는 결과에 영향을 미치지 않는다.
④ 검사가 시행되는 환경적 조건은 지능검사 결과에 별로 영향을 미치지 않는다.

047 길포드(Guilford)의 지능구조 입체모형에서 조작(Operation) 요인에 해당하는 것은?

① 표정, 동작 등의 행동적 정보
② 사고결과의 적절성을 판단하는 평가
③ 의미 있는 단어나 개념의 의미적 정보
④ 어떤 정보에서 생기는 예상이나 기대들의 합

048 주제통각검사(TAT)에 관한 설명으로 옳지 않은 것은?

① TAT 성인용 도판은 남성용, 여성용, 남녀공용으로 나누어진다.
② TAT는 대인관계상의 역동적인 측면을 파악하는 데 유용하다.
③ TAT는 준거조율전략(Criterion Keying Strategy)을 통해 개발되었다.
④ TAT 반응은 순수한 지각반응이 아닌, 개인의 선행경험과 공상적 체험이 혼합된 통각적 과정이다.

049 원판 MMPI의 타당도척도가 아닌 것은?

① S척도
② F척도
③ K척도
④ L척도

050 다음 중 MMPI 코드쌍의 해석적 의미로 옳지 않은 것은?

① 4-9 – 행동화적 경향이 높다.
② 1-2 – 다양한 신체적 증상에 대한 호소와 염려를 보인다.
③ 2-6 – 전환증상을 나타낼 경우가 많다.
④ 3-8 – 사고가 본질적으로 망상적일 수 있다.

051 지능에 대한 설명으로 옳지 않은 것은?

① 비네(A. Binet)는 정신연령(Mental Age)이라는 용어를 사용하였다.
② 지능이란 인지적, 지적 기능의 특성을 나타내는 불변개념이다.
③ 새로운 환경 및 다양한 상황을 다루는 적응과 순응에 관한 능력이다.
④ 결정화된 지능은 문화적, 교육적 경험에 따라 영향을 받는다.

052 MMPI 타당도척도 중 L과 K척도는 T점수로 50에서 60 사이이고, F척도는 70 이상인 점수를 얻은 사람의 특징으로 적합한 것은?

① 지나친 방어적 태도 때문에 면담하기 어려운 사람이다.
② 감정을 억제하고 있으며, 행동을 적절하게 통제하고 있다.
③ 경험하는 스트레스의 정도가 미미하며, 사회적 상황에 효율적으로 대처하는 사람이다.
④ 자신의 문제를 인정하는 동시에 그런 문제와 관련하여 자신을 방어하려고 애쓰는 사람이다.

★★★

053 80세 이상의 노인집단용 규준이 마련되어 있는 심리검사는?

① K-WAIS
② K-WAIS-IV
③ K-Vineland-II
④ SMS(Social Maturity Scale)

★★★

054 MMPI에서 2, 7 척도가 상승한 패턴을 가진 피검자의 특성으로 옳지 않은 것은?

① 행동화(Acting-out) 성향이 강하다.
② 정신치료에 대한 동기는 높은 편이다.
③ 자기비판 혹은 자기처벌적인 성향이 강하다.
④ 불안, 긴장, 과민성 등 정서적 불안 상태에 놓여 있다.

055 신경심리검사에 대한 설명으로 옳은 것은?

① 브로카(Broca)와 베르니케(Wernicke)는 실행증 연구에 뛰어난 업적을 남겼으며, 벤톤(Benton)은 임상신경심리학의 창시자라고 할 수 있다.
② X레이, MRI 등 의료적 검사결과가 정상으로 나온 경우에는 신경심리검사보다는 의료적 검사결과를 신뢰하는 것이 타당하다.
③ 신경심리검사는 고정식(Fixed) Battery와 융통식(Flexible) Battery 접근이 있는데, 두 가지 접근 모두 하위검사들이 독립적인 검사들은 아니다.
④ 신경심리검사는 환자에 대한 진단, 환자의 강점과 약점, 향후 직업능력의 판단, 치료계획, 법의학적 판단, 연구 등에 널리 활용된다.

★★

056 MMPI에 관한 설명으로 옳지 않은 것은?

① 수검자에 대한 행동평가가 가능하다.
② 수검자의 방어기제를 잘 알 수 있다.
③ 결과에 대한 정신역동적 해석이 가능하다.
④ 수검자의 성격 전반에 대한 이해가 가능하다.

★★★★

057 두정엽의 병변과 가장 관련이 있는 장애는?

① 구성장애
② 시각양식의 장애
③ 청각기능의 장애
④ 고차적인 인지적 추론의 장애

058 집단용지능검사의 특징으로 옳은 것은?

① 개인용검사에 비해 임상적인 유용성이 높다.

② 선별검사(Screening Test)로 사용하기에 적합하다.

③ 대규모 실시로 실시와 채점, 해석이 상대적으로 어렵다.

④ 개인용검사에 비해 지적 기능을 보다 신뢰성 있게 파악할 수 있다.

059 검사자가 지켜야 할 윤리적 의무로 옳지 않은 것은?

① 검사과정에서 피검자에게 얻은 정보에 대해 비밀을 보장할 의무가 있다.

② 자신이 다루기 곤란한 어려움이 있을 때는 적절한 전문가에게 의뢰하여야 한다.

③ 자신이 받은 학문적인 훈련이나 지도받은 경험의 범위를 벗어난 평가를 해서는 안 된다.

④ 피검자가 자해행위를 할 위험성이 있어도 비밀보장의 의무를 지켜야 하므로 누구에게도 알려서는 안 된다.

060 특정 학업과정이나 직업에 대한 앞으로의 수행능력이나 적응을 예측하는 검사는?

① 적성검사

② 지능검사

③ 성격검사

④ 능력검사

제4과목 임상심리학

★★

061 인지치료에 대한 설명으로 옳지 않은 것은?

① 개인의 문제는 잘못된 전제나 가정에 바탕을 둔 현실왜곡에서 비롯된다.

② 개인이 지닌 왜곡된 인지는 학습상의 결함에 근거를 둔다.

③ 부정적인 자기개념에서 비롯된 자동적 사고들은 대부분 합리적인 사고들이다.

④ 치료자는 왜곡된 사고를 풀어주고 보다 현실적인 방식들을 학습하도록 도와준다.

★★★

062 임상심리학자로서 지켜야 할 내담자에 대한 비밀보장에 관한 설명으로 옳지 않은 것은?

① 일반적으로 상담과정에서 내담자에 대해 알게 된 사실을 다른 사람들에게 말하면 안 된다.

② 아동 내담자의 경우에도 아동에 관한 정보를 부모에게 알려서는 안 된다.

③ 자살 우려가 있는 경우 내담자의 비밀을 지키는 것보다는 가족에게 알려 자살예방조치를 취하는 것이 더 중요하다.

④ 상담 도중 알게 된 내담자의 중요한 범죄사실에 대해서는 비밀을 지킬 필요가 없다.

063 정신상태검사(Mental Status Examination) 면접에서 환자를 통해 평가하는 항목이 아닌 것은?

① 외모와 태도
② 지남력
③ 정서의 유형과 적절성
④ 가족관계

★★★★

064 로저스(Rogers)가 제안한 내담자의 긍정적 변화를 촉진시키기 위한 치료자의 3가지 조건에 해당하지 않는 것은?

① 무조건적 존중
② 정확한 공감
③ 창의성
④ 솔직성

★★

065 심리평가에 관한 설명과 가장 거리가 먼 것은?

① 심리평가는 심리학자들이 진단을 내리고 치료를 계획하며, 행동을 예측하기 위하여 정보를 수집하고 평가하는 과정이다.
② 심리평가의 자료로는 환자에 대한 면접자료, 과거기록, 행동관찰사항, 심리검사에 관한 결과들이 포함된다.
③ 제1, 2차 세계대전 당시 신병들에 대한 심리평가의 요구는 임상심리학에서 심리평가의 중요성과 심리검사 제작의 필요성을 촉진시켰다.
④ 임상장면에서 심리검사를 실시할 때 자주 사용하는 MMPI, K-WAIS, Rorschach, TAT와 같은 검사들은 반드시 포함되어야 한다.

066 알코올중독 환자에게 술을 마시면 구토를 유발하는 약을 투약하여 치료하는 기법은?

① 행동조성
② 혐오치료
③ 자기표현훈련
④ 이완훈련

067 초기 임상심리학자와 그의 활동으로 바르게 짝지어진 것은?

① 웩슬러(Wechsler) – 지능검사를 개발하였다.
② 위트머(Witmer) – g지능 개념을 제시하였다.
③ 비네(Binet) – 군대 알파(Army α)검사를 개발하였다.
④ 스피어만(Spearman) – 정신지체아 특수학교에서 심리학자로 활동하였다.

068 공식적인 임상심리학의 기원으로 보는 역사적 사건은?

① 분트(Wundt)의 심리실험실 개설
② 위트머(Witmer)의 심리클리닉 개설
③ 제임스(James)의 '심리학의 원리' 출판
④ 비네(Binet)의 지능검사 개발

069 심리치료 과정에서 저항이 일어나는 일반적인 이유와 가장 거리가 먼 것은?

① 환자가 변화를 원하더라도 환자의 삶에 중요한 영향을 미치는 타인들이 현 상태를 유지하도록 방해할 수 있기 때문이다.
② 부적응적 행동을 유지함으로써 얻는 이차적 이득을 환자가 포기하기 어렵기 때문이다.
③ 익숙한 행동을 변화시키려는 시도가 환자에게 위협을 주기 때문이다.
④ 치료자가 가진 가치나 태도가 환자에게 위협적이기 때문이다.

070 행동평가에 관한 설명으로 가장 적합한 것은?

① 자연적인 상황에서 실제 발생한 것만을 대상으로 평가한다.
② 행동표본은 내면심리를 반영한 것으로 해석된다.
③ 특정 표적행동의 조작적 정의가 상이할 수 있음을 고려해야 한다.
④ 관찰결과는 요구특성이나 피험자의 반응성 요인과는 무관하다.

071 개방형 질문 시행 시 일반적인 지침과 가장 거리가 먼 것은?

① 지적으로 심사숙고하여 반응하기 쉬운 '왜'로 시작하는 질문은 삼간다.
② 연관된 영역을 부연하여 회상할 수 있도록 질문한다.
③ 정확하고 구체적인 사실여부 확인을 위한 질문을 한다.
④ 너무 많은 질문을 하지 않는다.

072 다음은 행동치료의 어떤 기법에 해당하는가?

> 수영하기를 두려워하는 어린 딸에게 수영을 가르치기 위해 아버지가 직접 수영하는 것을 보여주었다.

① 역조건화
② 혐오치료
③ 모델링
④ 체계적 둔감화

073 치료장면에서의 효과적인 경청과 가장 거리가 먼 것은?

① 내담자가 자신의 문제를 심각하게 얘기하지만 치료자가 보기에는 그렇지 않을 때에는 중단시킨다.
② 치료자는 반응을 보이기에 앞서 내담자가 스스로 말할 시간을 충분히 주려고 한다.
③ 치료자는 내담자에게 주의를 많이 기울인다.
④ 내담자가 문제점을 피력할 때 가로막지 않는다.

074 프로이트(Freud)의 정신분석적 심리치료에 대한 비판을 토대로 발전한 신정신분석 학파의 주요인물 및 치료접근법에 해당하지 않는 것은?

① 아들러(Adler)의 개인심리학
② 설리번(Sullivan)의 대인관계이론
③ 페어베인(Fairbairn)의 대상관계이론
④ 글래서(Glasser)의 통제이론

075 문장완성검사에 관한 설명으로 옳지 않은 것은?

① 수검자의 자기개념, 가족관계 등을 파악할 수 있다.
② 수검자가 검사자극의 내용을 감지할 수 없도록 구성되어 있다.
③ 수검자에 따라 각 문항의 모호함 정도는 달라질 수 있다.
④ 개인과 집단 모두에게 실시될 수 있다.

076 심리사회적 또는 환경적 스트레스와 조합된 생물학적 또는 기타 취약성이 질병을 일으킨다는 것은?

① 상호적 유전-환경 조망
② 병적 소질-스트레스 조망
③ 사회적 조망
④ 생물학적 조망

077 임상심리사가 개인적인 심리적 문제를 갖고 있다든지, 너무 많은 부담 때문에 지쳐있다든지, 교만하여 더 이상 배우지 않고 배울 필요가 없다고 생각하거나, 해당되는 특정 전문교육수련을 받지 않고도 특정 내담자군을 잘 다룰 수 있다고 여긴다면, 이는 다음 중 어느 항목의 윤리적 원칙에 위배되는 것인가?

① 유능성
② 성실성
③ 권리의 존엄성
④ 사회적 책임

★ ★ ★ ★

078 내담자의 말과 행동에서 표현된 기본적인 감정, 생각 및 태도를 상담자가 다른 참신한 말로 부연해주는 것은?

① 해 석
② 반 영
③ 직 면
④ 명료화

★

079 불안을 유발하는 특정한 대상이나 상황이 불안하지 않은 상황으로 변화하도록 돕는 행동치료법은?

① 역조건형성
② 혐오치료
③ 토큰경제
④ 인지치료

★

080 Rorschach 검사의 실시에 관한 설명으로 옳은 것은?

① 수검자가 질문을 할 경우 검사자는 지시적으로 반응해야 한다.
② 일반적으로 수검자와 마주 보는 좌석배치가 표준적인 절차이다.
③ 질문단계에서는 추가적인 반응을 확인하기 위해 주의를 기울여야 한다.
④ 수검자가 카드 I에서 5개를 넘겨 반응을 할 때는 중단시킨다.

★ ★ ★

081 교류분석에서 치료의 바람직한 목표인 치유의 4단계에 해당되지 않는 것은?

① 계약의 설정
② 증상의 경감
③ 전이의 치유
④ 각본의 치유

★

082 인지행동적 상담이론의 특징과 가장 거리가 먼 것은?

① 인지적 재구성에 초점을 둔 이론
② 선천적으로 진화적인 성장지향 접근
③ 문제해결 및 대처기술접근
④ 기술에 대한 훈련을 강조하는 접근

★★

083 다음은 무엇에 대한 설명인가?

> 내담자에 의해 표현된 내용을 새로운 용어로 표현하는 것

① 공 감
② 경 청
③ 반 영
④ 수 용

★★

084 다음 알코올중독내담자에게 적용할 만한 동기강화상담의 기법과 가장 거리가 먼 것은?

> "제가 술 좀 마신 것 때문에 아내가 저를 이곳에 남겨 두었다는 것을 믿을 수가 없군요. 그녀의 문제가 무엇인지 모르겠어요. 이 방에 불러서 이야기 좀 하고 싶어요. 음주가 문제가 아니라 그녀가 문제인 것이니까요."

① 반영 반응(Reflection Response)
② 주창 대화(Advocacy Talk)
③ 재구성하기(Reframing)
④ 초점 옮기기(Shifting Focus)

★★

085 게슈탈트심리치료에서 알아차림-접촉주기 단계의 진행순서로 옳은 것은?

① 배경 → 알아차림 → 감각 → 에너지동원 → 행동 → 접촉 → 배경
② 배경 → 에너지동원 → 감각 → 알아차림 → 접촉 → 행동 → 배경
③ 배경 → 감각 → 알아차림 → 에너지동원 → 행동 → 접촉 → 배경
④ 배경 → 감각 → 알아차림 → 행동 → 에너지동원 → 접촉 → 배경

086 상담 및 심리치료의 발달사에 관한 설명으로 옳지 않은 것은?

① 글래서(William Glasser)는 1960년대에 현실치료를 제시하였다.

② 가족치료 및 체계치료는 1970년대부터 본격적으로 등장하였다.

③ 메이(Rollo May)와 프랭클(Viktor Frankl)의 영향으로 게슈탈트 상담이 발전하였다.

④ 위트머(Witmer)는 임상심리학이라는 용어를 최초로 사용했으며, 치료적 목적을 위해 심리학의 지식과 방법을 활용하였다.

087 정신분석상담에서 말하는 불안의 종류에 해당하는 것은?

① 구체적 불안

② 특성적 불안

③ 도덕적 불안

④ 실존적 불안

088 체계적 둔감법(Systematic Desensitization)의 기초가 되는 학습원리는?

① 혐오조건형성

② 고전적 조건형성

③ 조작적 조건형성

④ 고차적 조건형성

089 청소년비행의 원인을 사회학적 관점에서 설명하는 이론이 아닌 것은?

① 아노미이론
② 사회통제이론
③ 욕구실현이론
④ 하위문화이론

090 집단상담에서 상대방의 행동이 나에게 어떤 반응을 일으키는가에 대하여 상대방에게 직접 이야기해 주는 개입방법은?

① 자기투입과 참여
② 새로운 행동의 실험
③ 피드백 주고받기
④ 행동의 모범을 보이기

091 현실치료에서 글래서(Glasser)가 제시한 8가지 원리에 해당되지 않는 것은?

① 감정보다 행동에 중점을 둔다.
② 현재보다 미래에 초점을 맞춘다.
③ 계획을 세워 계획에 따라 반드시 실천하겠다는 약속을 다짐 받는다.
④ 변명은 금물이다.

★ ★ ★

092 자신조차 승인할 수 없는 욕구나 인격특성을 타인이나 사물로 전환시킴으로써 자신의 바람직하지 않은 욕구를 무의식적으로 감추려는 방어기제는?

① 동일화
② 합리화
③ 투 사
④ 승 화

★ ★

093 집단상담에서 집단응집력에 관한 설명으로 옳지 않은 것은?

① 응집력이 높은 집단은 자기개방을 많이 한다.
② 응집력은 집단상담의 성공에 매우 중요한 요소가 된다.
③ 응집력이 낮은 집단은 '지금-여기'에서의 사건이나 일에 초점을 맞춘다.
④ 응집력이 높은 집단은 집단의 규범이나 규칙을 지키지 않는 다른 집단성원을 제지한다.

★ ★ ★

094 상담의 구조화에 관한 설명으로 옳지 않은 것은?

① 상담의 다음 진행과정에 대한 내담자의 두려움이나 궁금증을 줄일 수 있다.
② 구조화는 상담초기뿐만 아니라 전체과정에서 진행될 수 있다.
③ 상담의 효과를 최대한으로 높이기 위해 행해진다.
④ 상담에서 다루려는 내용을 구체적으로 정의하는 작업이다.

★

095 아들러(Adler)의 개인심리학적 상담에 대한 설명으로 옳지 않은 것은?

① 아들러(Adler)는 일반적으로 인간이 열등감을 갖는 것은 필요하고 바람직하기까지 하다고 보았다.
② 프로이트(Freud)와 마찬가지로 아들러(Adler)도 인간의 목표를 중시하면서 주관적 요인을 강조하였다.
③ 아들러(Adler)는 신경증, 정신병, 범죄 등 모든 문제의 원인은 사회적 관심의 부재라고 보았다.
④ 아들러(Adler)는 생활양식을 개인 및 사회의 정신병리를 일으키는 주요 요인으로 보았다.

★★

096 상담자의 윤리에 관한 설명으로 옳지 않은 것은?

① 비밀보장은 상담진행과정 중 가장 근본적인 윤리기준이다.
② 내담자의 윤리는 개인상담뿐만 아니라 집단상담이나 가족상담에서도 고려되어야 한다.
③ 상담여부를 결정하는 것은 내담자이며 상담자는 내담자에게 정확한 정보를 제공해야 한다.
④ 상담이론과 기법은 반복적으로 검증된 것이므로 시대 및 사회여건과 무관하게 적용해야 한다.

★★★★

097 성폭력 피해자 심리상담 초기단계의 유의사항으로 옳지 않은 것은?

① 치료관계 형성에 힘써야 한다.
② 상담자는 상담내용의 주도권을 가져야 한다.
③ 성폭력 피해로 인한 합병증이 있는지 묻는다.
④ 성폭력 피해의 문제가 없다고 부정을 하면 일단 수용해 준다.

★★★★

098 우울한 사람들이 보이는 체계적인 사고의 오류 중 결론을 지지하는 증거가 없거나 증거가 결론과 배치 되는데도 불구하고 어떤 결론을 이끌어내는 과정을 의미하는 인지적 오류는?

① 선택적 추상화(Selective Abstraction)
② 과일반화(Overgeneralization)
③ 개인화(Personalization)
④ 임의적 추론(Arbitrary Inference)

★★★★

099 다음 중 특성-요인상담에 관한 설명으로 옳지 않은 것은?

① 상담자 중심의 상담방법이다.
② 사례연구를 상담의 중요한 자료로 삼는다.
③ 문제의 객관적 이해보다는 내담자에 대한 정서적 이해에 중점을 둔다.
④ 내담자에게 정보를 제공하고 학습기술과 사회적 적응기술을 알려주는 것을 중요시한다.

★★★★

100 도박중독에 관한 설명으로 가장 적합한 것은?

① 원하는 흥분을 얻기 위해 액수를 낮추면서 도박을 한다.
② 정상적인 사회생활에는 큰 지장이 없다.
③ 도박을 중단하면 금단증상이 나타나며, 심하면 자살을 초래한다.
④ 도시보다 시골지역에 많으며, 평생 유병률은 5% 정도로 보고되고 있다.

PART

2

해설편

※ 유사문제 · 관련문제란에는 상단의 주요 문제와 유사하거나 관련된 문항이 선별되어 수록되므로, 일부 중복문제가 포함될 수 있습니다.

※ 일부 예전 기출문제도 포함되어 있으나, 문제 자체의 학습 가치가 높아 독자 여러분의 이해와 시험 대비에 도움이 될 수 있도록 수록하였습니다.

문제편   한눈에 정답 체크하기

제1과목 심리학개론

001	002	003	004	005	006	007	008	009	010
④	①	①	②	②	②	①	④	③	④
011	012	013	014	015	016	017	018	019	020
①	①	②	②	③	②	②	②	④	③

제2과목 이상심리학

021	022	023	024	025	026	027	028	029	030
③	①	②	①	①	③	②	②	②	④
031	032	033	034	035	036	037	038	039	040
①	②	②	④	②	①	②	④	②	③

제3과목 심리검사

041	042	043	044	045	046	047	048	049	050
④	①	①	③	①	①	②	③	①	③
051	052	053	054	055	056	057	058	059	060
②	④	③	①	④	①	①	②	④	①

제4과목 임상심리학

061	062	063	064	065	066	067	068	069	070
③	②	④	③	④	②	①	②	④	③
071	072	073	074	075	076	077	078	079	080
③	③	①	④	②	②	①	②	①	④

제5과목 심리상담

081	082	083	084	085	086	087	088	089	090
①	②	③	②	③	③	③	②	③	③
091	092	093	094	095	096	097	098	099	100
②	③	③	④	②	④	②	④	③	③

제 1 과목 심리학개론

001

실험법에 관한 설명으로 옳지 않은 것은?

① 심리학이 과학적인 학문으로 발전하는 데 큰 기여를 했다.

② 다른 조건들을 일정하게 고정시키는 것을 통제라고 한다.

③ 독립변인이 어떻게 결과에 영향을 미치는지를 알아보기 위한 조작을 처치라고 한다.

④ 가외변인을 통제하기 어렵다는 문제점이 있다.

핵심 키워드	• 실험법 • 변 인 • 통 제
기출 데이터	14, 17년 기출

답 ④

과락을 피하는 해설

④ 실험법은 무작위할당을 통해 실험집단과 통제집단에 피험자를 배치하여 가외변인을 효과적으로 통제하는 방법이다.

더 알아두기

실험법(Experimental Methods)

• 연구방법 중 가장 과학적인 방법이자 가장 중요하게 사용되는 방법이다.

• 인위적으로 통제된 조건하에서 연구하고자 하는 변인을 체계적으로 변화시킬 때 그 효과가 어떻게 나타나는지를 측정하는 방법으로 인과관계의 추론이 가능하다.

• 효과를 연구하기 위해 사용되는 특정변인은 독립변인, 독립변인의 처치에 의해 영향을 받는 변인은 종속변인이라고 한다.

• 실험법은 독립변인의 조작, 가외변인의 통제, 실험대상의 무작위화를 조건으로 한다. 종속변인의 변화가 독립변인의 처치효과에 의해서만 나타난 결과임을 증명하기 위해 다른 변인, 즉 가외변인(외생변인)은 일정하게 통제되어야 한다.

실험집단과 통제집단

실험집단에서의 피험자는 처치, 즉 가설의 원인을 제공받고, 통제집단에서의 피험자는 아무런 처치를 받지 않는다. 이때 각 집단에 대한 제반조건은 처음부터 끝까지 동일하도록 해야 하는데, 이와 같은 과정에 의해 두 집단 간 종속변인 측정치의 차이가 오로지 처치 때문인 것으로 간주할 수 있기 때문이다.

다음은 어떤 연구방법에 해당하는가? 15년 기출

> 진정제가 기억에 미치는 효과를 알아보기 위해서는 한 집단에게는 진정제를 함유한 과자를 먹게 하고, 다른 집단에게는 진정제를 함유하지 않은 동일한 과자를 먹게 한 후, 두 집단 중 어느 집단이 단어 암기를 잘하는지 비교하였다.

① 조사법
② 실험법
③ 자연관찰법
④ 사례연구법

답 ②

설문조사법과 비교할 때 실험법의 장점은? 17년 기출

① 일반적으로 외적 타당도가 높다.
② 현상을 정확하게 기술할 수 있다.
③ 실험대상자를 무선할당하기 어려운 상황에 적용하기 용이하다.
④ 변인들 간의 인과관계를 파악할 수 있다.

답 ④

프로이트(S. Freud)의 성격 구조에 관한 설명으로 옳은 것은?

① 자아는 현실원리를 따르며 개인이 현실에 적응하도록 돕는다.

② 자아는 일차적 사고과정을 따른다.

③ 자아는 자아이상과 양심으로 구성되어 있다.

④ 초자아는 성적 욕구와 관련된 것으로 쾌락의 원리를 따른다.

핵심 키워드	• 초자아 • 프로이트 • 도덕성 원리
기출 데이터	21, 24년 기출

답 ①

과락을 피하는 해설

프로이트(Freud)에 의한 성격의 3요소

구 분	특 징
원초아 (Id)	• 쾌락의 원리에 따라 비논리적이고 맹목적으로 작용한다. • 성격의 기초가 되는 기본욕구와 충동을 대표한다. • 정신적 에너지의 저장소로, 성격의 원초적 · 본능적 요소이며, 행동의 힘을 부여하는 근원적인 생물학적 충동(식욕, 성욕 등)을 저장하고 있다.
자아 (Ego)	• 현실의 원리에 따라 현실적이고 논리적인 사고를 하며 환경에 적응한다. • 성격의 집행자이자 의사결정적 요소로, 즉각적인 만족을 추구하려는 원초아와 현실을 중재하는 역할을 한다. • 사회규범 · 규칙 · 관습과 같은 사회적 현실을 고려하여 행동을 결정한다.
초자아 (Superego)	• 도덕의 원리에 따라 완벽을 추구한다. • 거세불안을 극복하는 과정에서 초자아가 형성된다. • 부모가 아이에게 전달하는 사회의 가치와 관습, 양심과 자아이상의 두 가지 측면이 있다. • 자아가 현실을 고려하는 데 비해, 초자아는 무엇이 옳고 그른가에 대한 사회적 기준을 통합하는 성격의 요소이다.

유사문제 · 관련문제

Freud는 거세불안을 극복하는 과정에서 어떤 성격의 요소가 형성된다고 보았는가?

12, 19년 기출

① 이 드   ② 자 아
③ 초자아   ④ 무의식

답 ③

유사문제 · 관련문제

프로이트(Freud)의 성격체계에서 쾌락의 원리를 따르는 요소는?

19, 21, 24, 25년 기출

① 전의식   ② 자 아
③ 원초아   ④ 초자아

답 ③

003

성격이론가에 관한 설명으로 옳지 않은 것은?

① 올포트(Allport) - 성격은 과거경험에 의해 학습된 행동성향으로, 상황이 달라지면 행동성향도 변화한다고 보았다.

② 카텔(Cattell) - 특질을 표면특질과 근원특질로 구분하고, 자료의 통계분석에 근거하여 16개의 근원특질을 제시하였다.

③ 로저스(Rogers) - 현실에 대한 주관적 해석 및 인간의 자기실현과 성장을 위한 욕구를 강조하였다.

④ 프로이트(Freud) - 본능적인 측면을 강조하고, 사회 · 환경적 요인을 상대적으로 경시하였다.

핵심 키워드	• 성격이론가 • 성격의 정의 • 성격의 개념
기출 데이터	11, 14, 17년 기출

답 ①

과락을 피하는 해설

① 올포트(Allport)는 성격이 과거경험에 의해 학습된 행동성향으로 나타나지 않으며, 개인의 내적 성향으로서의 특질(Traits)은 상황이 달라져도 비교적 변화하지 않는다고 보았다.

더 알아두기

올포트(Allport)의 특질론적 성격이론

• 올포트는 1920~1930년대 심리학계를 지배하고 있던 정신분석과 행동주의에 대해 반발하였다. 즉, 그는 인간의 행동을 어린 시절의 경험이나 억압된 본능의 탓으로 돌리거나 자극에 대한 단편적인 반응으로 간주하는 방식을 거부하였다.

• 올포트의 특질론적 성격이론은 인간의 성격분석에 있어서 의식적 동기에 대한 접근을 강조한다.

• 성격은 개인의 특징적인 행동 및 사고를 결정하는 신체적 · 심리적인 체계로서 개인 내의 역동적 조직이다.

• 성격은 조직화된 전체로서 현재에 뿌리를 두는 동시에 미래를 지향한다.

• 개인의 신체적 · 심리적 체계를 이루는 각 부분들, 즉 특질(Traits)은 서로 관계를 맺으며 독특한 조직을 형성한다.

• 성격은 일반적인 것이 아닌 한 개인에게 국한된 특정한 것이며, 개인의 성격적 특징을 이루는 특질은 환경의 자극에 반응하는 개인의 일관적이고 지속적인 방식으로 나타난다.

• 유아기, 아동기, 청소년기, 성인기의 성격은 비연속적이므로 유아기의 생물학적 동기를 토대로 성인기의 행동을 설명하는 것은 부적합하다.

• 성격은 개인의 인생 전체에 미치는 영향력에 따라 '주특질(Cardinal Trait)', '중심특질(Central Trait)', '이차특질(Secondary Trait)'로 구분하여 살펴볼 수 있다.

유사문제 · 관련문제

성격이론가와 업적 또는 주장이 바르게 연결된 것은?   07, 13년 기출

① 카텔(Cattell) – 체액론

② 올포트(Allport) – 소양인

③ 에릭슨(Erikson) – 심리성적 발달

④ 융(Jung) – 내 · 외향성

답 ④

유사문제 · 관련문제

카텔(Cattell)의 성격이론에 대한 설명과 가장 거리가 먼 것은?   15, 18, 22, 24년 기출

① 주로 요인분석을 사용하여 성격요인을 규명하였다.

② 지능을 성격의 한 요인인 능력특질로 보았다.

③ 개인의 특정행동을 설명할 수 있느냐에 따라 특질을 표면특질과 근원특질로 구분하였다.

④ 성격특질이 서열적으로 조직화되어 있다고 보았다.

답 ④

여러 상이한 연령에 속하는 사람들로부터 동시에 어떤 특성에 대한 자료를 얻고, 그 결과를 연령 간 비교하여 발달적 변화과정을 추론하는 연구방법은?

① 종단적 연구방법
② 횡단적 연구방법
③ 교차비교 연구방법
④ 단기종단적 연구방법

핵심 키워드	• 연구방법 • 많은 변수 • 현황조사
기출 데이터	13, 17, 22년 기출

답 ②

과락을 피하는 해설

① 종단적 연구방법 : 한 연령집단을 표집하여 일정기간 동안 그 집단의 연령에 따른 발달적 변화과정을 추적연구하는 방법이다.

③ 교차비교 연구방법 : 각 연구대상의 피험자가 자신의 대조군 역할을 하도록 하는 연구설계이다.

④ 단기종단적 연구방법 : 개인이나 특정 집단의 성장이나 발달에 영향을 주는 시간효과(History Effect)와 사회적 영향을 배제시켜 순수한 나이변인(Age Variable)의 효과만을 밝혀낼 목적으로 실시하게 된다.

더 알아두기

횡단적 연구방법은 인간의 발달과 관련된 연구결과를 이해하는 데 있어서 동시대집단효과(Cohort Effect)를 고려해야 하는 연구방법에 해당한다. 이때 동시대집단효과는 동시대집단 사이의 연령과 관련된 차이를 의미한다. 따라서 특정경험을 같이 하는 사람들이 가지는 특성들에 대해 두 번 이상의 다른 시기에 걸쳐서 비교·연구하는 종단적 성격의 코호트조사(Cohort Study)가 아닌, 동시대집단의 성장경험에서 비롯된 문화적 또는 역사적 차이를 파악하기 위한 횡단적 연구를 수행한다.

유사문제·관련문제

인간의 발달과 관련된 연구결과를 이해하는 데 있어 동시대집단효과(Cohort Effect)를 고려해야 하는 연구법은?   05년 기출

① 종단적 연구방법
② 횡단적 연구방법
③ 자연관찰 연구방법
④ 참여관찰 연구방법

답 ②

다음 사례에서 사용된 행동주의 상담기법은?

> 내담자는 낮은 학업 성적으로 인해 학교 적응에 어려움을 겪고 있다. 상담자는 내담자가 평소 컴퓨터 게임하는 것을 매우 좋아한다는 사실을 알았다. 상담자는 내담자가 하루 계획한 학습량을 달성하는 경우, 컴퓨터 게임을 30분 동안 하도록 개입하였다.

① 자기교수훈련, 정적 강화
② 프리맥의 원리, 정적 강화
③ 체계적 둔감법, 자기교수훈련
④ 자극통제, 부적 강화

핵심 키워드	• 프리맥의 원리 • 정적 강화
기출 데이터	21년 기출

답 ②

과락을 피하는 해설

프리맥의 원리(Premack's Principle)

프리맥에 따르면 높은 빈도의 행동(선호하는 활동)은 낮은 빈도의 행동(덜 선호하는 행동)에 대해 효과적인 강화인자가 될 수 있다.

예 아이가 숙제를 하는 것보다 TV를 보는 것을 좋아하는 경우, 부모는 아이에게 우선 숙제를 마쳐야만 TV를 볼 수 있다고 말함으로써 아이로 하여금 숙제를 하도록 유도할 수 있다.

정적 강화

유쾌자극을 부여하여 바람직한 반응의 확률을 높인다.

예 교실 청소를 하는 학생에게 과자를 준다.

유사문제·관련문제

다음 중 부적 강화에 관한 설명으로 가장 적합한 것은?　　　　　　　　12년 기출

① 반응행동이 다시 일어날 확률을 증가시킨다.

② 고전적 조건형성에서 꼭 필요한 것이다.

③ 처벌의 한 예이다.

④ 지렛대를 누르면 전기충격이 가해진다.

답 ①

유사문제·관련문제

다음 중 프리맥(Premack)의 원리를 이용한 강화가 아닌 것은?　　　　　　　　06, 24년 기출

① 부모들이 자녀의 시험성적이 좋으면 자녀의 귀가시간 제한을 해제한다.

② 부모들은 아이가 나중에 숙제를 하겠다고 하면 먼저 놀도록 허용하기보다는 놀기 전에 숙제를 하도록 요구한다.

③ 학교에서 교사들은 학생들이 쓰기과제를 성공적으로 끝마친 후에 놀도록 허용한다.

④ 보육교사들은 원아들이 흑판을 바라보면서 가만히 앉아 있는 행동 다음에는 가끔 벨이 울림과 동시에 '뛰어놀고 떠들고 놀라'는 지시를 한다.

답 ①

유사문제·관련문제

다음 중 아동으로 하여금 매일 아침 자신의 침대를 정리하도록 하는 데 효과가 있는 것을 모두 짝지은 것은?　　　13, 19년 기출

처벌, 긍정적 강화, 부정적 강화, 모방

① 처 벌

② 처벌, 긍정적 강화

③ 처벌, 긍정적 강화, 부정적 강화

④ 처벌, 긍정적 강화, 부정적 강화, 모방

답 ④

실험법과 조사법의 가장 근본적인 차이점은?

① 실험실 안에서 연구를 수행하는지의 여부
② 연구자가 변인을 통제하는지의 여부
③ 연구변인들의 수가 많은지의 여부
④ 연구자나 연구참가자의 편파가 존재하는지의 여부

핵심 키워드	• 실험법 • 조사법 • 통 제
기출 데이터	10, 14, 17년 기출

답 ②

과락을 피하는 해설

실험법
엄격히 통제된 상황에서 두 변인 사이의 인과관계를 검증하는 방법이다.

조사법
현상이나 모집단의 특성에 대한 분포 및 발생빈도 등의 특성을 파악하기 위해 행하는 방법이다.

유사문제 · 관련문제

실험법에 관한 설명과 가장 거리가 먼 것은?   14년 기출

① 실험법은 심리학이 과학적인 학문으로 발전하는 데 큰 기여를 했다.
② 실험법에서 다른 조건들을 일정하게 고정시키는 것을 통제라고 한다.
③ 독립변인이 어떻게 결과에 영향을 미치는지를 알아보기 위한 조작을 처치라고 한다.
④ 실험법에서는 가외변인을 통제하기 어렵다는 단점이 있다.

답 ④

유사문제 · 관련문제

설문조사법과 비교할 때 실험법의 장점은?   17년 기출

① 일반적으로 외적 타당도가 높다.
② 현상을 정확하게 기술할 수 있다.
③ 실험대상자를 무선할당하기 어려운 상황에 적용하기 용이하다.
④ 변인들 간의 인과관계를 파악할 수 있다.

답 ④

자신과 타인의 휴대폰 소리를 구별하거나 식용버섯과 독버섯을 구별하는 것은?

① 변 별
② 일반화
③ 행동조형
④ 2차 조건형성

핵심 키워드	• 조건자극 • 조건반응 • 강 화
기출 데이터	04, 17, 21, 25년 기출

답 ①

과락을 피하는 해설

① **변별(Discrimination)** : 둘 이상의 자극을 서로 구별하는 것으로, 조건자극과 유사한 자극에서도 조건반응이 나타나지 않는 것을 말한다.
② **일반화(Generalization)** : 특정조건자극에 대해 조건반응이 성립되었을 때 그와 유사한 조건자극에 대해서도 똑같은 조건반응을 보이는 학습현상을 말한다.
③ **행동조형(Shaping)** : 목표행동에 근접하는 반응들을 강화함으로써 새로운 행동을 가르치는 것을 말한다.
④ **2차 조건형성(Secondary Conditioning)** : 고차적 조건형성이라고도 불리며 조건형성 후 조건자극을 무조건자극에 대치하여 다른 자극과 조건형성을 이루게 되는 것을 말한다.

유사문제 · 관련문제

새로운 자극이 원래 CS와 유사할수록, 조건반응을 촉발할 가능성이 크다는 학습의 원리는?   20년 기출

① 일반화   ② 변 별
③ 획 득   ④ 소 거

답 ①

유사문제 · 관련문제

어떤 조건자극이 일단 조건형성되고 나면, 이 자극과 유사한 다른 자극들도 무조건 자극과 연합된 적이 없음에도 불구하고 조건반응을 야기하는 것은?   15년 기출

① 소 거   ② 자발적 회복
③ 변 별   ④ 자극일반화

답 ④

검사의 내용이 측정하려는 속성과 일치하는지를 논리적으로 분석 · 검토하여 결정하는 타당도는?

① 예언타당도

② 공존타당도

③ 구성타당도

④ 내용타당도

핵심 키워드	• 검 사 • 측 정 • 타당도의 종류
기출 데이터	06, 13, 17년 기출

답 ④

과락을 피하는 해설

④ 내용타당도(Content Validity) : '논리적 타당도'라고도 하며, 검사가 측정하고자 하는 속성을 제대로 측정하였는지를 논리적 사고에 입각한 논리적 분석과정을 통해 주관적으로 판단하는 타당도이다.

① 예언타당도(Predictive Validity) : '예측타당도'라고도 하며, 어떠한 행위가 일어날 것이라고 예측한 것과 실제 대상자 또는 집단이 나타낸 행위 간의 관계를 측정한다.

② 공존타당도(Concurrent Validity) : '동시타당도' 또는 '공인타당도'라고도 하며, 새로 제작한 검사의 타당도를 위해 기존에 타당도를 보장받고 있는 검사와의 유사성 혹은 연관성에 의해 타당도를 검증한다.

③ 구성타당도(Construct Validity) : '구인타당도' 또는 '개념타당도'라고도 하며, 검사가 측정하고자 하는 이론적 개념이나 특성을 잘 측정하는 정도를 말한다.

유사문제 · 관련문제

연구자가 검사의 예측능력에 관심이 있을 때 가장 고려해야 하는 타당도의 유형은?　　　16년 기출

① 내용타당도

② 안면타당도

③ 준거타당도

④ 구성타당도

답 ③

단기기억의 기억용량을 나타내는 것은?

① 3±2개

② 5±2개

③ 7±2개

④ 9±2개

핵심 키워드	• 단기기억 • 기억용량 • 5~9개
기출 데이터	07, 13, 17, 20, 23, 24, 25년 기출

답 ③

과락을 피하는 해설

단기기억(Short-term Memory)

감각기억으로부터 들어온 정보를 능동적으로 처리하는 활동 중 기억으로, 일반적으로 성인의 경우 처리할 수 있는 정보의 수는 대략 5~9개 정도이다. 또한 일시적인 저장소로, 성인의 경우 10~20초간 정보를 저장할 수 있다.

유사문제 · 관련문제

단기기억의 특성이 아닌 것은?　　　　　　　　　　　　18, 21, 22, 25년 기출

① 정보의 용량이 매우 제한적이다.

② 작업기억(Working Memory)이라 불린다.

③ 현재 의식하고 있는 정보를 의미한다.

④ 거대한 도서관에 비유할 수 있다.

답 ④

유사문제 · 관련문제

다음 중 단기기억에 관한 설명으로 옳은 것은?　　　　　　　　08년 기출

① 단기기억은 저장시간이 제한적이다.

② 단기기억의 용량은 제한이 없다.

③ 단기기억의 정보는 단절적인 주사를 통해 인출해낸다.

④ Miller에 따르면 단기기억의 용량은 5±2개 항목이다.

답 ①

고전적 조건형성에 대한 설명으로 옳은 것은?

① 중립자극은 무조건자극 직후에 제시되어야 한다.

② 행동변화의 효과를 거두기 위해서는 적절한 반응의 수나 비율에 따라 강화가 이루어져야 한다.

③ 적절한 행동은 즉시 강화하고, 부적절한 행동은 무시함으로써 새로운 행동을 가르칠 수 있다.

④ 대부분의 정서적인 반응들은 고전적 조건형성을 통해 학습될 수 있다.

핵심 키워드	• 고전적 조건형성 • 자 극 • 강 화
기출 데이터	21, 22, 23, 25년 기출

답 ④

과락을 피하는 해설

① 고전적 조건형성에서 중립자극은 무조건자극에 선행되어야 한다.

② 조작적 조건형성에 대한 내용이다.

③ 이미 하고 있는 행동을 강화시킬 수는 있지만 새로운 행동을 가르칠 수는 없다.

더 알아두기

고전적 조건형성의 기본원리

• 시간의 원리(근접의 원리)

  – 조건형성의 과정에서 조건자극(CS)은 무조건자극(UCS)보다 시간적으로 동시에 또는 약간 앞서서 주어져야 한다.

• 강도의 원리

  – 자극의 강도는 처음에 제시되는 조건자극보다 나중에 제시되는 무조건자극이 더 커야 한다.

• 일관성의 원리

  – 질이 다른 여러 가지 자극을 주는 것보다 일관된 자극을 주는 것이 바람직하다.

• 계속성의 원리

  – 반복 연습은 학습에 필수적이다.

유사문제 · 관련문제

조건형성과 관련된 내용으로 잘못 짝지어진 것은?   15, 21, 23년 기출

① 조작적 조건형성의 응용 – 행동수정

② 소거에 대한 저항 – 부분강화 효과

③ 강화보다 처벌 강조 – 행동조성

④ 고전적 조건형성의 응용 – 유명연예인 광고모델

답 ③

관찰법에 관한 설명으로 옳지 않은 것은?

① 실험법과 같이 독립변인을 인위적으로 조작할 수 없으므로 관찰변인을 체계적으로 측정하지 않는다.

② 직접 집단에 참여하여 그 집단구성원과 같이 생활하면서 관찰하는 참여관찰도 있다.

③ 임신 중 영양부족이 IQ에 미치는 영향과 같이 실험상황을 윤리적으로 통제할 수 없을 때 사용한다.

④ 관찰자의 편견이나 희망이 반영되어 관찰자 편향이 일어날 수 있다.

핵심 키워드	• 관찰법 • 관찰법의 종류 • 관찰자 편향
기출 데이터	13, 17, 24년 기출

답 ①

과락을 피하는 해설

관찰법은 실험법과 같이 독립변인을 인위적으로 조작할 수는 없으나 관찰변인을 정해놓고 그것을 체계적으로 측정할 수 있다는 점에서 좋은 연구방법이라 할 수 있다. 예를 들어, 한 집단과 다른 집단의 특징들을 관찰을 통해 체계적으로 기록하고 이를 비교·분석하여 어떤 차이점을 발견하게 된다면, 두 집단 간의 차이를 인정할 수 있게 된다. 그러나 관찰자의 편견이나 희망이 반영되어 관찰자 편향이 일어나 객관적인 결과를 얻지 못할 위험도 있다. 따라서 관찰자의 오류를 피하기 위해 관찰 및 기록에 있어서 객관성 및 정확성을 유지하기 위한 훈련이 요구된다.

유사문제·관련문제

다음 사례에 가장 적합한 연구방법은? 　　　　　　　　　　　　　　　　　　　　　17년 기출

> 학교 교실에서 발생하는 아동의 우정관계를 연구하기 위해 아동의 모든 또래관계 상호작용을 정확하게 알아보려고 한다.

① 관찰법

② 실험법

③ 설문조사법

④ 상관연구법

답 ①

012

조사연구에서, 참가자의 인지기능을 측정하기 위해 그가 가입한 정당을 묻는 것은 어떤 점에서 가장 문제가 되는가?

① 안면타당도

② 외적타당도

③ 공인타당도

④ 예언타당도

핵심 키워드	• 조사연구 • 타당도
기출 데이터	21, 23, 24년 기출

답 ①

과락을 피하는 해설

참가자가 가입한 정당은 참가자의 인지기능과 관련이 없으므로 안면타당도 측면에서 문제가 된다.

① 안면타당도 : 검사문항들이 측정하고자 하는 내용들을 얼마나 잘 평가하는지 보기 위하여 일반인에게 묻는 방법

② 외적타당도 : 연구의 결과에 의한 인과관계가 연구대상 이외의 경우로 확대 · 일반화될 수 있는 정도

③ 공인타당도 : 기존에 타당도를 보장받는 검사와의 유사성이나 연관성 등을 근거로 타당도를 측정하는 것

④ 예언타당도 : 어떤 행위가 일어날 것이라고 예측한 것과 실제 대상자가 나타낸 행동 간의 관계를 측정하는 것

더 알아두기

내적 타당도(Internal Validity)

• 어떤 연구에서 종속변인에 나타난 변화가 독립변인의 영향 때문이라고 추론할 수 있는 정도를 말한다.

• 연구결과의 정확성(Accuracy)과 관련된 개념이다.

외적 타당도(External Validity)

• 연구의 결과에 의해 기술된 인과관계가 연구대상 이외의 경우로 확대 · 일반화될 수 있는 정도를 말한다.

• 연구결과의 일반화가능성(Generalizability)의 문제와 연관된다.

유사문제 · 관련문제

어떤 연구에서 종속변인에 나타난 변화가 독립변인의 영향 때문이라고 추론할 수 있는 정도를 의미하는 것은?

10, 13, 18년 기출

① 내적 신뢰도

② 외적 신뢰도

③ 내적 타당도

④ 외적 타당도

답 ③

망각의 원인에 관한 설명과 가장 거리가 먼 것은?

① 분명히 읽었던 정보를 기억할 수 없는 원인은 비효율적인 부호화 때문이라고 할 수 있다.

② 소멸이론에서 망각은 정보 간의 간섭 때문이라고 주장한다.

③ 새로운 학습이 이전의 학습을 간섭하기 때문에 망각이 일어나는 것을 역행성 간섭이라고 한다.

④ 망각을 인출실패로 간주하는 주장도 있다.

핵심 키워드	• 망 각 • 부호화 • 간 섭
기출 데이터	08, 10, 14년 기출

답 ②

과락을 피하는 해설

간섭이론(Interference Theory)

• 망각이 정보들 간의 간섭에 의해 일어난다고 보는 것이다.

• 간섭이론은 어떤 정보를 회상하려 할 때 다른 정보의 유입으로 정보들 간의 경합이 발생하며, 그로 인해 회상이 방해를 받는다고 주장한다.

• 간섭의 종류에는 순행간섭(Proactive Interference)과 역행간섭(Retroactive Interference)이 있다.

• 순행간섭은 이전에 학습한 정보가 새로운 정보의 저장을 방해하는 것이다.

• 역행간섭은 새로운 정보가 이전에 학습한 정보의 저장을 방해하는 것이다.

더 알아두기

망각이란 일단 기억한 학습이 시간이 경과되거나 사용되지 않음으로 약화되고 소멸되어 다시 재생되지 않는 현상이다.

망각의 원인

• 소멸이론(Decay Theory) : 기억은 본질적으로 비영구적이므로 시간의 경과에 따라 망각이 필연적으로 발생한다. 즉, 시간의 흐름 자체가 망각을 유발한다는 것이다.

• 간섭이론(Interference Theory) : 어떤 정보를 회상하려 할 때 다른 정보의 유입으로 정보들 간의 경합이 발생하며, 그로 인해 회상이 방해를 받는다.

• 비효율적인 부호화이론 : 읽었던 정보를 기억할 수 없는 경우를 의미하는 것으로, 음운적 부호화는 의미적 부호화보다 저장이 저조하다.

• 단서-의존 망각이론(Cue-Dependent Forgetting Theory) : 장기기억에서의 인출 시 주어진 단서들이 이전의 부호화 과정에 의한 단서들과 일치하지 않음으로써 망각이 발생한다.

• 응고이론 : 특정사건에 대한 기억이 오랫동안 지속되기 위해서는 그 사건에 뒤이어 일정량의 시간적 경과가 필요하다.

유사문제 · 관련문제

기억에 관한 설명 중 옳지 않은 것은?　　　　　　　　　　　　　　　　　　　　　　　22년 기출

① 기억의 세 단계는 부호화, 저장, 인출이다.
② 감각기억은 매우 큰 용량을 가지고 있지만 순식간에 소멸한다.
③ 외현기억은 무의식적이며, 암묵기억은 의식적이다.
④ 부호화와 인출을 증진시키는 한 가지 방법은 심상을 사용하는 것이다.

답 ③

유사문제 · 관련문제

기억에 정보를 저장하기 위해서 환경의 물리적 정보의 속성을 기억에 저장할 수 있는 속성으로 변화시키는 과정은?

21, 24년 기출

① 주의과정
② 각성과정
③ 부호화과정
④ 인출과정

답 ③

유사문제 · 관련문제

망각에 관한 설명으로 옳지 않은 것은?　　　　　　　　　　　　　　　　　　　　　17년 기출

① 설단현상은 인출의 실패에 대한 사례이다.
② 한 기억요소는 색인 또는 연합이 적을수록 간섭도 적어지므로 쉽게 기억된다.
③ 일반적으로 일화기억보다 의미기억에 대한 정보의 망각이 적게 일어난다.
④ 망각은 유사한 정보 간의 간섭에 기인한 인출단서의 부족에 의해 생긴다.

답 ②

014

얼마간의 휴식기간을 가진 후에 소거된 반응이 다시 나타나는 현상은?

① 자극일반화

② 자발적 회복

③ 변별조건형성

④ 고차조건형성

핵심 키워드	• 휴식기간 • 소 거 • 변 별
기출 데이터	03, 17년 기출

답 ②

과락을 피하는 해설

자발적 회복(Spontaneous Recovery)

한번 습득된 행동에 대해 보상이 주어지지 않더라도 동일한 상황에 직면하는 경우 소거된 반응이 다시 나타나는 현상을 의미한다.

더 알아두기

자극일반화(Stimulus Generalization)

특정조건자극에 대해 조건반응이 성립되었을 때 그와 유사한 조건자극에 대해서도 똑같은 조건반응을 보이는 학습 현상을 말한다. "자라 보고 놀란 가슴 솥뚜껑 보고 놀란다"라는 속담을 예로 들 수 있다.

변별조건형성(Discrimination Conditioning)

자극일반화를 막기 위해 두 개의 자극을 변별하도록 조건형성하는 것이다.

소거(Extinction)

일정한 반응 뒤에 강화가 주어지지 않는 경우 해당 반응이 사라지는 현상을 말한다.

유사문제·관련문제

소거(Extinction)가 영구적인 망각이 아니라는 증거가 될 수 있는 것은?　　　　　　　　21, 23년 기출

① 변별(Discrimination)

② 자발적 회복(Spontaneous Recovery)

③ 자극 일반화(Stimulus Generalization)

④ 조형(Shaping)

답 ②

현상학적 성격이론에 대한 설명으로 옳지 않은 것은?

① 사건 자체가 아니라 그 사건에 대한 개인의 주관적 경험이 행동을 결정한다.

② 세계관에 대한 개인의 행동을 예측하고 이해하기 위해서는 개인의 지각을 이해해야 한다.

③ 어린 시절의 동기를 분석하기보다는 앞으로 무엇이 발생할 것인가에 초점을 둔다.

④ 선택의 자유를 강조하는 인본주의적 입장과 자기실현을 강조하는 자기이론적 입장을 포함한다.

핵심 키워드	• 현상학 • 성격이론 • 인본주의
기출 데이터	06, 08, 15, 20, 24년 기출

답 ③

과락을 피하는 해설

인본주의 성격이론(= 현상학적 성격이론)

현재 개인이 경험하고, 느끼고, 행동하는 것이 중요하며, 개인의 진정한 모습을 이해하는 것도 이를 통해 가능하다고 본다.

유사문제 · 관련문제

다음과 같은 입장을 취하고 있는 성격이론은?   10, 16년 기출

자신을 형편없는 학생으로 지각하는 학생이 매우 좋은 성적을 받을 경우, 이 학생은 긍정적인 경험을 부정적인 자기개념과 일치시키기 위해 '운이 좋았어'라는 식으로 왜곡할 수 있다.
이 학생은 자기개념과 경험이 일치하지 않을 때 불안과 내적 혼란을 경험할 가능성이 높기 때문에, 자기개념을 유지하기 위해 경험을 부정하는 방어적 반응을 보인다. 이 학생이 경험을 부정하거나 왜곡하지 않도록 하기 위해서는 타인이 이 학생을 무조건적이고 긍정적으로 존중해 주고 공감해 주어야 한다.

① 특질이론   ② 정신역동이론   ③ 현상학적 이론   ④ 사회인지이론

답 ③

유사문제 · 관련문제

인본주의 성격이론에 대한 설명으로 옳은 것은?   17, 20년 기출

① 무의식적 욕구나 동기를 강조한다.

② 대표적인 학자는 Bandura와 Watson이다.

③ 외부 환경자극에 의해 행동이 결정된다고 본다.

④ 개인의 성장방향과 선택의 자유에 중점을 둔다.

답 ④

아동기의 애착에 관한 설명으로 옳은 것은?

① 유아가 어머니에게 분명한 애착을 보이는 시기는 생후 3~4개월경부터이다.

② 어머니와의 밀접한 신체접촉이 애착을 형성하는 데 가장 중요한 역할을 한다.

③ 애착은 인간 고유의 현상으로서 동물들에게는 유사한 현상을 찾아보기 어렵다.

④ 안정적으로 애착된 아동들은 어머니가 없는 낯선 상황에서도 주위를 적극적으로 탐색한다.

핵심 키워드	• 아동기 • 애 착 • 신체접촉
기출 데이터	04, 11, 16년 기출

답 ②

과락을 피하는 해설

애착(Attachment)이란 한 개인이 자신과 가장 가까운 사람에 대해서 느끼는 강한 감정적 유대관계를 의미한다.

② 유아와 어머니의 애착형성에 있어서 가장 중요한 요인은 유아와 어머니의 접촉의 양과 어머니의 유아에 대한 민감하고 신속한 반응이다. 유아는 양육자인 어머니에게 신호를 보내고, 어머니는 그러한 신호에 생물학적으로 반응함으로써 이들 간에 애착이 형성된다.

① 유아는 생후 2주간 모든 대상에게 애착을 보이다가 이후 6~8개월 정도에 이르러 냄새나 음성, 얼굴 모습 등으로 어머니를 알게 된다. 특히 이 시기에 유아는 낯가림과 분리불안을 경험하며, 그와 같은 분명한 애착은 12개월에 이르러 절정 상태에 이른다.

③ 보울비(Bowlby)는 유아가 어머니에게 애착을 형성하는 것을 종의 생존을 위한 진화의 산물로 보았다. 로렌츠(Lorenz)는 이와 같은 애착을 동물의 반응과 연관시켜 '각인(Imprinting)'의 개념을 제시하였다. 그는 어미 청둥오리의 알들을 둘로 구분하여 한쪽은 어미 청둥오리에게 부화하도록 하고 다른 한쪽은 로렌츠 자신이 부화하자, 이후 새끼 청둥오리가 마치 자신을 어미인 양 따라다니는 행동을 보임으로써 이를 애착이 형성된 것으로 간주하였다.

④ 에인즈워스(Ainsworth)는 보울비(Bowlby)의 애착이론을 기초로 유아에 대한 낯선 상황실험을 통해 유아의 반응을 안정애착과 불안정애착으로 척도화하였다. 그의 실험에 따르면, 어머니에게 대해 애착이 형성된 유아는 낯선 상황에서 낯선 사람과 남아있는 경우 당황해하고 불안감을 느끼다가, 어머니가 돌아오자 곧 안정을 찾았다. 반면, 애착이 불안정한 상태인 유아는 회피나 저항, 혼란 등의 반응을 보였다.

다음 실험을 실시한 심리학자와 실험 결과가 바르게 짝지어진 것은?   12년 기출

어미로부터 격리된 새끼 원숭이에게 (A) 철사로 만들어졌지만 우유병이 있는 모조 어미 원숭이 및 (B) 부드러운 천으로 만들어진 모조 어미 원숭이와 각각 시간을 보낼 수 있도록 했을 때 새끼 원숭이는 어떤 행동을 보일까?

① 할로우(Harlow) – (A)보다 (B)와 더 많은 시간을 보낸다.
② 할로우(Harlow) – (B)보다 (A)와 더 많은 시간을 보낸다.
③ 보울비(Bowlby) – (A)보다 (B)와 더 많은 시간을 보낸다.
④ 보울비(Bowlby) – (B)보다 (A)와 더 많은 시간을 보낸다.

답 ①

기질과 애착에 관한 설명으로 틀린 것은?   21, 25년 기출

① 불안정–회피애착 아동은 주양육자에게 과도한 집착을 보인다.
② 내적작동모델은 아동의 대인관계에 대한 지표 역할을 한다.
③ 기질은 행동 또는 반응의 개인차를 설명해 주는 생물학적 기초를 가지고 있다.
④ 주양육자가 아동의 기질을 고려하여 적절하게 양육한다면 아동의 까다로운 기질이 반드시 불안정애착으로 이어지는 것은 아니다.

답 ①

관계의 내적작동모델에 관한 설명으로 옳지 않은 것은?   17년 기출

① 관계의 내적작동모델은 자기와 일차양육자, 그리고 그들 사이의 관계에 대한 한 세트의 믿음들이다.
② 상이한 애착유형의 영아는 상이한 관계의 작동모델을 갖는 것으로 보인다.
③ 상이한 아동은 상이한 기질 혹은 정서적 반응성의 특징적 양식을 가지고 태어난다.
④ 매우 어린 아동은 두려움, 과민성, 활동성, 긍정적 감정, 그리고 기타 정서적 특성에 대한 성향에서 서로 같다.

답 ④

017

성격이론과 대표적인 연구자가 잘못 짝지어진 것은?

① 정신분석이론 – 프로이트(Freud)

② 행동주의이론 – 로저스(Rogers)

③ 인본주의이론 – 매슬로우(Maslow)

④ 특질이론 – 올포트(Allport)

핵심 키워드	• 정신분석이론 • 행동주의이론 • 인본주의이론 • 특질이론
기출 데이터	14, 22, 24년 기출

답 ②

과락을 피하는 해설

행동주의이론의 대표적인 연구자들로 왓슨(Watson), 스키너(Skinner), 볼프(Wolpe) 등이 있다. 로저스(Rogers)는 인본주의이론의 대표적인 학자에 해당한다.

유사문제·관련문제

성격이론가에 관한 설명으로 옳지 않은 것은?   11, 14, 17년 기출

① 올포트(Allport)는 성격은 과거 경험에 의해 학습된 행동성향으로, 상황이 달라지면 행동성향도 변화한다고 보았다.

② 카텔(Cattell)은 특질을 표면특질과 근원특질로 구분하고, 자료의 통계분석에 근거하여 16개의 근원특질을 제시하였다.

③ 로저스(Rogers)는 현실에 대한 주관적 해석 및 인간의 자기실현과 성장을 위한 욕구를 강조하였다.

④ 프로이트(Freud)는 본능적인 측면을 강조하고 사회환경적 요인을 상대적으로 경시하였다.

답 ①

유사문제·관련문제

행동주의적 성격이론에 관한 설명으로 옳지 않은 것은?   14, 17, 24년 기출

① 학습원리로 성격을 설명한다.

② 상황적인 변인보다 유전적인 변인을 중시한다.

③ 스키너(Skinner)는 어떤 상황에서 비롯되는 행동과 그 결과를 강조한다.

④ 모든 행동을 자극과 반응이라는 기본단위로 설명한다.

답 ②

018

의미 있는 '0'의 값을 갖는 측정척도는?

① 명목척도

② 비율척도

③ 등간척도

④ 서열척도

핵심 키워드	• 의미 있는 '0' • 측 정 • 척 도
기출 데이터	04, 15, 19년 기출

답 ②

과락을 피하는 해설

명목척도

사물을 구분하기 위하여 이름을 부여하는 척도이다(예 성별, 학력, 종교, 취미 등).

서열척도

측정치 간의 순위를 나타내는 척도로 크고 작음, 많고 적음, 선호도의 높고 낮음을 나타내는 것이다(예 성적, 직위, 계급 등).

등간척도

똑같은 간격에 똑같은 단위를 부여함으로써 등간성(= 동간성)을 가지는 척도로 임의영점이 존재한다(예 온도, IQ, 성적 등).

비율척도

등간성을 지니고, 절대영점이 존재한다(예 시청률, 투표율, 가격, 길이, 무게, 시간 등).

유사문제 · 관련문제

다음 중 온도나 지능검사의 점수를 측정할 때 사용되는 척도는?   11, 13, 21년 기출

① 명목척도

② 서열척도

③ 등간척도

④ 비율척도

답 ③

유사문제 · 관련문제

다음 중 척도와 그 예가 잘못 짝지어진 것은?   12, 15년 기출

① 명명척도(Nominal Scale) – 운동선수 등번호

② 서열척도(Ordinal Scale) – 성적에서의 학급석차

③ 등간척도(Interval Scale) – 온도계로 측정한 온도

④ 비율척도(Ratio Scale) – 지능검사로 측정한 지능지수

답 ④

유사문제 · 관련문제

임의의 영점을 가지고 있는 척도는?   17년 기출

① 명목척도

② 서열척도

③ 등간척도

④ 비율척도

답 ③

019

콜버그(Kohlberg)의 도덕발달단계가 아닌 것은?

① 전인습적 단계

② 인습적 단계

③ 후인습적 단계

④ 초인습적 단계

핵심 키워드	• 콜버그 • 도덕발달 • 인습적 단계
기출 데이터	17년 기출

답 ④

과락을 피하는 해설

콜버그(Kohlberg)의 도덕발달단계

전인습적 단계 (Preconventional Level)	제1단계 : 처벌과 복종지향
	제2단계 : 도구적 상대주의지향
인습적 단계 (Conventional Level)	제3단계 : 대인 간 조화 또는 착한 소년–소녀지향
	제4단계 : 법과 질서지향
후인습적 단계 (Postconventional Level)	제5단계 : 사회적 계약과 합법적 지향
	제6단계 : 보편적 윤리적 원리지향

유사문제 · 관련문제

콜버그(Kohlberg)의 도덕성발달이론에 관한 설명으로 옳은 것은?   12년 기출

① 자신의 양심을 판단기준으로 삼는 것은 인습적 수준이다.

② 나쁜 일을 해도 신체적 처벌을 받지 않으면 괜찮다고 생각하는 것은 인습적 수준이다.

③ 타인의 인정을 받기 위하여 규칙이나 도덕을 지키는 것은 인습 이후 수준이다.

④ 도덕발달의 세 가지 수준을 누구나 어느 정도는 다 소유하고 있다.

답 ④

유사문제 · 관련문제

콜버그(Kohlberg)의 도덕발달이론에 대한 비판과 가장 거리가 먼 것은?   15년 기출

① 도덕적 판단능력과 도덕적 행동의 실천은 별개의 문제이다.

② 6단계에 도달한 사람을 찾아보기가 힘들다.

③ 도덕발달단계에서 퇴행이 자주 일어난다.

④ 인지발달의 측면을 반영하지 못하고 있다.

답 ④

020

인지부조화이론의 예로 옳지 않은 것은?

① 지루한 일을 하고 1000원 받은 사람이 20000원 받은 사람에 비해 그 일이 재미있다고 생각한다.

② 열렬히 사랑했으나 애인과 헤어진 남자가 떠나간 애인이 못생기고 성격도 나쁘다고 생각한다.

③ 빵을 10개나 먹은 사람이 빵을 다 먹고 난 후, 자신이 배가 고팠었음을 인식한다.

④ 반미적인 태도를 지닌 사람이 친미적인 발언을 한 후 친미적 태도로 변화되었다.

핵심 키워드	• 페스팅거 • 인지부조화 • 부조화 감소
기출 데이터	12, 18, 20, 24년 기출

답 ③

과락을 피하는 해설

③ 배가 고파서 빵을 많이 먹은 것은 태도와 행동의 부조화 상황이 아니며, 실제로 배가 고팠었음을 인식한 일반적인 상황일 뿐 태도를 변화시킨 것이 아니므로 인지부조화이론에 해당하지 않는다.

페스팅거(Festinger)의 인지부조화이론

• 태도와 행동이 불일치, 즉 부조화할 경우, 조화상태를 회복하려고 자신의 태도를 행동에 맞추어 변화시키게 된다고 보는 이론이다.

• 취소하거나 변경하기 불가능한 행동 대신, 주로 태도를 행동과 맞도록 변화시킴으로써 부조화를 감소시키게 된다.

유사문제 · 관련문제

페스팅거(Festinger)의 인지부조화(Cognitive Dissonance)이론을 가장 잘 설명한 것은?　　15년 기출

① 사람들은 자신의 지식과 감정 그리고 행동의 모든 측면이 일치하지 않으면 불쾌감을 경험한다.

② 사람들의 의견과 태도는 항상 행동과 일치하지 않는다.

③ 사람들은 집단 속에서 집단의 뜻에 동조할 때 인지부조화가 일어난다.

④ 인지부조화는 타인과의 관계가 원만하지 못할 때 발생한다.

답 ①

유사문제 · 관련문제

인지부조화가 발생하는 조건이 아닌 것은?　　14년 기출

① 취소불가능한 개입　　　　　　　　② 자발적 선택

③ 불충분한 유인가　　　　　　　　　④ 욕구좌절

답 ④

이상심리학

021

조현병의 음성증상이 아닌 것은?

① 감퇴된 정서표현

② 무의욕증

③ 긴장성 경직

④ 무쾌감증

핵심 키워드	• 조현병 • 음성증상 • 양성증상
기출 데이터	17년 기출

답 ③

과락을 피하는 해설

조현병(정신분열증)의 음성증상

• 정상적 · 적응적 기능의 결여를 나타낸다.

• 유전적 소인이나 뇌세포 상실에 의한 것으로 추정한다.

• 스트레스 사건과의 특별한 연관성 없이 서서히 진행된다.

• 약물치료로도 쉽게 호전되지 않으며, 인지적 손상이 크다.

• 정서적 둔마, 무논리증 또는 무언어증, 무욕증 등을 보인다.

• 감퇴된 정서표현, 무의욕증, 무쾌감증, 정서적 둔마 등이 해당된다.

더 알아두기

조현병(정신분열증)의 양성증상

• 정상적 · 적응적 기능의 과잉 또는 왜곡을 나타낸다.

• 도파민 등 신경전달물질의 이상에 의한 것으로 추정한다.

• 스트레스사건에 의해 급격히 발생한다.

• 약물치료에 의해 호전되며, 인지적 손상이 적다.

• 망상 또는 피해망상, 환각, 환청, 와해된 언어나 행동 등의 양상을 보인다.

다음 중 정신분열병의 음성증상의 예를 모두 짝지은 것은?　　　　　　　　　11년 기출

A. 피해망상
B. 표정 없는 얼굴
C. 말이 느림
D. 환 청

① A, B
② B, C
③ C, D
④ A, B, C

답 ②

조현병에 관한 설명으로 옳은 것은?　　　　　　　　　22, 24년 기출

① 망상, 환각, 와해된 언어 중 1개 증상이 반드시 포함되어야 한다.
② 양성 증상은 음성 증상보다 더 만성적으로 나타난다.
③ 2개 이상의 영역에서 기능이 저하되어야 진단될 수 있다.
④ 일반적으로 발병 연령의 성별 차이는 나타나지 않는다.

답 ①

다음 정신분열병 증상들 중 성질이 다른 하나는?　　　　　　　　　12년 기출

① 정서의 메마름
② 언어의 빈곤
③ 의지결여
④ 환 각

답 ④

DSM-5에서 '신체증상 및 관련 장애' 분류항목에 해당하는 것은?

① 전환장애(Conversion Disorder)

② 다중인격(Multiple Personality)

③ 심인성건망증(Psychogenic Amnesia)

④ 신체변형장애(Body Dysmorphic Disorder)

핵심 키워드	• DSM-5 • 신체증상 및 관련 장애 • 하위유형
기출 데이터	16, 22년 기출

답 ①

과락을 피하는 해설

DSM-5에 따른 신체증상 및 관련 장애(Somatic Symptom and Related Disorders)의 주요 하위유형

• 신체증상장애(Somatic Symptom Disorder)

• 질병불안장애(Illness Anxiety Disorder)

• 전환장애(Conversion Disorder)

• 허위성(가장성 또는 인위성)장애(Factitious Disorder) 등

유사문제 · 관련문제

심리적 갈등이나 스트레스로 인해 갑작스런 시력상실이나 마비와 같은 감각이상 또는 운동증상을 나타내는 질환은?

15, 20, 23년 기출

① 공황장애   ② 전환장애

③ 신체증상장애   ④ 질병불안장애

답 ②

유사문제 · 관련문제

DSM-5 신체증상 및 관련 장애에 속하는 장애를 모두 고른 것은?

17년 기출

ㄱ. 질병불안장애
ㄴ. 전환장애
ㄷ. 신체증상장애

① ㄱ, ㄴ   ② ㄱ, ㄷ
③ ㄴ, ㄷ   ④ ㄱ, ㄴ, ㄷ

답 ④

다음은 DSM-5에서 어떤 진단기준의 일부인가?

- 필요한 것에 비해서 음식섭취를 제한함으로써 나이, 성별, 발달수준과 신체건강에 비추어 현저한 저체중 상태를 초래한다.
- 심각한 저체중임에도 불구하고 체중증가와 비만에 대한 극심한 두려움을 지니거나 체중증가를 방해하는 지속적인 행동을 나타낸다.
- 체중과 체형을 왜곡하여 인식하고, 체중과 체형이 자기평가에 지나친 영향을 미치거나 현재 나타내고 있는 체중미달의 심각함을 지속적으로 부정한다.

① 신경성폭식증
② 신경성식욕부진증
③ 폭식장애
④ 이식증

핵심 키워드	• 음식섭취 제한 • 현저한 저체중 • 왜곡하여 인식
기출 데이터	15, 24년 기출

답 ②

과락을 피하는 해설

DSM-5 급식 및 섭식장애(Feeding and Eating Disorders)
- 개인의 건강과 심리사회적 기능을 현저히 저하시키는 부적응적인 섭식행동이 나타나는 장애이다.
- DSM-Ⅳ의 부록목록에 포함되었던 '폭식장애'는 DSM-5에서 '급식 및 섭식장애'의 하위유형으로 분류하였다.
- DSM-Ⅳ의 '유아기 또는 초기 아동기의 급식 및 섭식장애'의 하위유형이었던 '이식증'과 '반추장애'는 DSM-5에서 '급식 및 섭식장애'의 하위유형에 포함된다.
- 6가지 하위유형

신경성식욕부진증	체중증가와 비만에 대한 극심한 두려움을 지니고 있어서 음식섭취를 현저하게 감소시키거나 거부함으로써 체중이 비정상적으로 저하되는 경우
신경성폭식증	짧은 시간 내에 많은 양을 먹는 폭식행동과 이로 인한 체중증가를 막기 위해 구토 등의 보상행동이 반복되는 경우
폭식장애	폭식을 일삼으면서 자신의 폭식에 대해 고통을 경험하지만 음식을 토하는 등의 보상행동은 나타내지 않는 경우
이식증	영양분이 없는 물질이나 먹지 못할 것(예 종이, 천, 흙, 머리카락)을 적어도 1개월 이상 지속적으로 먹는 경우
반추장애	음식물을 반복적으로 토해내거나 되씹는 행동을 1개월 이상 나타내는 경우
회피적/제한적 음식섭취장애	6세 이하 아동이 지속적으로 먹지 않아 1개월 이상 심각한 체중감소가 나타나는 경우

신경성식욕부진증에 관한 설명으로 옳지 않은 것은?

16, 20년 기출

① 폭식하거나 하제를 사용하는 경우는 해당하지 않는다.

② 체중과 체형이 자기평가에 지나치게 영향을 미친다.

③ 말랐는데도 체중의 증가와 비만에 대한 극심한 두려움이 있다.

④ 나이와 신장을 고려한 정상체중의 85% 이하로 체중을 유지한다.

답 ①

DSM-5에서 제시한 폭식삽화에 관한 설명으로 옳은 것은?

17년 기출

① 음식섭취에 대한 통제의 상실

② 주관적으로 많다고 느껴지는 음식섭취

③ 3시간 이상 지속적 음식섭취

④ 부적절한 보상행동(Purging)의 사용

답 ①

조현병에 관한 설명으로 옳지 않은 것은?

① 이란성 쌍생아가 일란성 쌍생아보다 더 취약하다.

② 유병률은 인종과 민족에 따라 다르게 나타난다.

③ 표출정서가 높은 가정이 낮은 가정에 비해 재발률이 높다.

④ 가장 대표적인 생화학적 가설은 도파민가설이다.

핵심 키워드	• 조현병 • 유병률 • 도파민가설
기출 데이터	17년 기출

답 ①

과락을 피하는 해설

① 일란성 쌍둥이의 공병률은 57% 정도, 이란성 쌍둥이는 6~12% 정도로 추정된다.

더 알아두기

조현병의 원인

- 도파민(Dopamine) 등 신경전달물질 시스템의 이상
- 전두엽이나 변연계 등의 이상
- 중추신경계의 손상
- 유전적 요인
- 태내조건(예 어머니의 임신 중 외상, 영양실조, 감염, 중독 등)
- 출생 시의 문제(예 출생 시의 외상, 감염, 산소결핍 등)
- 출생 직후의 문제(예 영양부족, 질병, 두부손상 등)

조현병(정신분열증)의 주요증상

- 망 상
- 환 각
- 와해된 언어(예 빈번한 주제의 이탈이나 지리멸렬함)
- 심하게 와해된 행동 또는 긴장증적 행동
- 음성증상들(예 정서적 둔마 또는 무욕증)

유사문제 · 관련문제

조현병의 원인에 관한 설명으로 옳은 것은?   13, 20년 기출

① 사회적 낙인 – 조현병 환자는 발병 후 도시에서 빈민거주지역으로 이동한다.

② 도파민(Dopamine) 가설 – 조현병의 발병이 도파민이라는 신경전달물질의 과다활동에 의해 유발된다.

③ 사회선택이론 – 조현병이 냉정하고 지배적이며 갈등을 심어주는 어머니에 의해 유발된다.

④ 표출정서 – 조현병이 뇌의 특정 영역의 구조적 손상에 의해 유발된다.

답 ②

유사문제 · 관련문제

조현병의 유전적 요인에 관한 설명으로 옳지 않은 것은?   20, 24년 기출

① 친족의 근접성과 동시발병률은 관련이 없다.

② 여러 유전자 결함의 조합으로 나타나는 장애이다.

③ 일란성 쌍생아보다 이란성 쌍생아 동시발병률이 더 낮다.

④ 생물학적 가족이 입양 가족에 비해 동시발병률이 더 높다.

답 ①

유사문제 · 관련문제

다음 밑줄 친 '표현된 정서'의 의미로 옳은 것은?   12, 16, 24년 기출

> 가족들의 표현된 정서(Expressed Emotion)에 대한 연구에 의하면, 가족들의 표현된 정서가 조현병의 재발률을 높인다고 한다.
>
> cf. 표현된 정서 = 표출정서

① 지나치게 정서적 지지와 격려를 제공하는 것

② 비판적이고 과도한 간섭을 하는 것

③ 냉정하고, 조용하며, 무관심한 것

④ 관여하지 않으며, 적절한 한계를 정해주지 못하는 것

답 ②

편집성성격장애의 행동특성으로 가장 적합한 것은?

① 다른 사람이 자신을 이용하거나 피해를 입힌다고 생각한다.

② 단순히 아는 정도의 사람을 '매우 친한 친구'라고 지칭한다.

③ 반복적으로 자살을 시도하거나 행동한다.

④ 거의 어떤 활동에서도 즐거움을 느끼지 못한다.

핵심 키워드	• 편집성성격장애 • 자신을 이용 • 피해를 입힌다고 생각
기출 데이터	07, 17, 22년 기출

답 ①

과락을 피하는 해설

② 연극성인격장애의 행동특성에 해당한다.

③ · ④ 주요우울장애의 행동특성에 해당한다.

더 알아두기

편집성성격장애(Paranoid Personality Disorder)의 주요증상

• 충분한 근거 없이 타인이 자신을 이용하거나 해를 입히거나 속인다고 의심한다.

• 친구나 동료의 진실성이나 신뢰성에 대한 부당한 의심에 집착되어 있다.

• 정보가 자신에게 악의적으로 사용될 수 있다는 두려움으로 인해 타인에게 자신의 속내를 드러내지 않는다.

• 타인의 사소한 말이나 사건 속에 자신에 대한 비하와 위협의 의도가 있는지 파악하고자 한다.

• 모욕, 손상 또는 경멸 등 자신이 품은 원한을 오랫동안 간직한다.

• 타인의 의견에는 아랑곳하지 않은 채 자신의 인격이나 명성이 공격당한 것으로 간주하여 즉각적으로 화를 내거나 반격한다.

• 특별한 이유 없이 자신의 배우자나 성적 상대자의 정절에 대해 반복적으로 의심한다.

다음 중 편집성성격장애의 특징적인 증상은?　　　　　　　　　　　　　　　　　　03, 10년 기출

① 의 심
② 과대망상
③ 정서의 변동
④ 정서적 무관심

답 ①

다음과 같은 증상의 진단으로 가장 적합한 정신장애는?　　　　　　　　　　　　　　　11년 기출

> A군은 어렸을 때부터 말을 알아듣는 것이나 말하는 것이 몹시 느려서 다른 사람을 대하면 자기를 바보로 여기는 것 같아 예민하게 반응하였으며, 조금만 자기에게 소홀하면 자기를 따돌리고 바보 취급하는 것으로 받아들였다. 대학에 들어와서도 다른 학생들이 자기와 함께 하지 않으면 자기를 무시하고 바보 취급한다고 생각하여 자주 싸우려고 하고, 실제로 싸울 때도 많았다. 자신은 언제나 옳고 다른 사람을 위하려 하는데, 주위의 사람은 언제나 자기를 해치려 하고 무시하려 한다고 화를 낸다. 그는 친구관계가 아주 빈약하며 타인을 의심하고 경계한다.

① 정신병질
② 편집성성격장애
③ 기분장애
④ 사회공포증

답 ②

다음 보기의 특징을 가진 DSM-5의 장애는?

- 자기의 전체 혹은 일부로부터 분리되거나 이를 낯설게 느낌
- 신체이탈경험을 할 수 있음
- 현실검증력은 본래대로 유지

① 심인성둔주(Psychogenic Fugue)
② 해리성정체감장애(Dissociative Identity Disorder)
③ 이인증/비현실감장애(Depersonalization)
④ 해리성기억상실증(Dissociative Amnesia)

핵심 키워드	• 분리되거나 낯설게 느낌 • 신체이탈경험 • 현실검증력 유지
기출 데이터	17년 기출

답 ③

과락을 피하는 해설

이인증 또는 비현실감장애(Depersonalization)

자기 자신 또는 세상과 분리된 듯한 주관적인 경험으로, 지각적 통합의 실패를 의미하는 전형적인 해리증상으로 볼 수 있다. 즉, 자기 자신이나 세상과 관련하여 평소와 전혀 다른 지각경험을 하여 현실감각이 일시적으로 손상되는 것이다. 그러나 이인증이나 비현실감을 경험하는 동안에도 현실검증력은 손상되지 않은 채 유지된다. 예를 들어, 자신이 기계가 된 듯한 경험을 하는 동안에도 실제로 자신이 기계가 아니라는 사실을 인식한다.

더 알아두기

해리성정체성장애

해리성정체감장애라고도 부르며, 한 사람 안에 서로 다른 정체성과 성격을 가진 여러 사람이 존재하면서 상황에 따라 각기 다른 사람이 의식에 나타나서 말과 행동을 하는 모습을 보이는 장애이다.

유사문제 · 관련문제

DSM-5의 이인성/비현실감장애 진단기준에 해당하지 않는 것은? 15년 기출

① 이인증이나 비현실감을 경험하는 동안 중요한 자서전적 정보를 기억하지 못한다.

② 이인증이나 비현실감을 경험하는 동안 현실검증력은 손상되지 않은 채로 양호하게 유지된다.

③ 이러한 증상으로 인해 임상적으로 심각한 고통이나 사회적, 직업적 또는 다른 중요한 기능 영역에서 심한 장해를 초래해야 한다.

④ 이인증이나 비현실감이 어떤 물질이나 신체적 질병에 의한 것이 아니어야 한다.

답 ①

유사문제 · 관련문제

다음 보기의 사례에 가장 적합한 진단명은? 17, 22년 기출

> 24세의 한 대학원생은 자신이 꿈속에 사는 듯 느껴졌고, 자기 신체와 생각이 자기 것이 아닌 듯 느껴졌다. 자신의 몸 일부는 왜곡되어 보였고, 주변 사람들이 로봇처럼 느껴졌다.

① 해리성정체성장애

② 해리성둔주

③ 이인화/비현실감장애

④ 착란장애

답 ③

DSM-5에서 조현성성격장애의 특징이 아닌 것은?

① 거의 항상 혼자서 하는 활동을 선택한다.

② 기이하거나 편향된 행동을 보인다.

③ 타인의 칭찬이나 비평에 무관심하다.

④ 단조로운 정동의 표현을 보인다.

핵심 키워드	• 조현성성격장애 • 혼자서 하는 활동 • 단조로운 정동표현
기출 데이터	17년 기출

답 ②

과락을 피하는 해설

② 기이하거나 편향된 행동은 조현형성격장애의 특징이다.

더 알아두기

조현성(분열성)성격장애와 조현형(분열형)성격장애 진단기준

구 분	특 징
조현성(분열성)성격장애 (Schizoid Personality Disorder)	• 가족의 일원이 되는 것을 포함하여 친밀한 관계를 원하지도 즐기지도 않음 • 거의 항상 혼자서 하는 활동을 선택 • 타인과 성적 경험을 가지는 것에 대해 흥미가 없음 • 즐거움을 주는 활동이 거의 없으며, 극히 소수의 활동에서 즐거움을 얻음 • 직계가족 이외에 가까운 친구나 속내를 털어놓을 수 있는 친구가 없음 • 타인의 칭찬이나 비평에 무관심한 반응을 보임 • 정서적으로 냉담하고 고립적이며 단조로운 정동의 표현을 보임

조현형(분열형)성격장애
(Schizotypal Personality Disorder)
	• 관계망상적 사고(분명한 관계망상은 제외)
	• 행동에 영향을 미치는, 하위문화의 기준에 부합하지 않는 괴이한 믿음이나 마술적 사고
	  예 미신, 천리안에 대한 믿음, 텔레파시, 육감. 단, 아동 및 청소년의 경우 기괴한 환상이나 집착
	• 신체적 착각을 포함한 유별난 지각경험
	• 괴이한 사고와 언어
	  예 애매하고 우회적이며 은유적이고 지나치게 자세하게 묘사하거나 상동증적인 사고와 언어
	• 의심 또는 편집증적 사고
	• 부적절하거나 메마른 정동
	• 괴이하고 편향되거나 특이한 행동이나 외모
	• 직계가족 이외에 가까운 친구나 마음을 털어놓을 수 있는 사람이 없음
	• 과도한 사회적 불안이 좀처럼 줄어들지 않으며, 이와 같은 불안은 자신에 대한 부정적 판단보다는 편집증적 공포와 연관됨

유사문제·관련문제

DSM-5에 따라 성격장애를 군집별로 분류할 때 옳은 것은?   16년 기출

① 이상하며 기괴한 증상을 보이는 성격장애 군집으로는 조현형, 조현성, 편집성성격장애가 있다.

② 극적이고 감정적이며 변덕스러운 것이 특징인 장애로 히스테리성, 자기애성, 반사회성, 회피성성격장애가 있다.

③ 가학적, 자기패배적, 수동공격적 성격장애는 DSM-5에서 중요하게 다루어지는 성격장애의 군집이다.

④ 불안하고 두려움, 근심스러운 것이 특성인 성격장애로 편집성, 의존성, 경계성성격장애가 있다.

답 ①

유사문제·관련문제

친밀한 관계에서의 문제, 인지 및 지각의 왜곡, 행동의 괴이성 등을 주요특징으로 보이는 성격장애는?   19, 24년 기출

① 조현성성격장애

② 조현형성격장애

③ 편집성성격장애

④ 회피성성격장애

답 ②

유사문제·관련문제

다음 보기와 같은 특징을 보이는 장애는?   17년 기출

> 비사교적이며 대인관계에 무관심하고 정서적으로 냉담하며 외부자극에 잘 반응하지 않고 과도한 백일몽이나 자기만의 환상을 가짐

① 조현성성격장애(Schizoid Personality Disorder)

② 연극성성격장애(Histrionic Personality Disorder)

③ 편집성성격장애(Paranoid Personality Disorder)

④ 조현형성격장애(Schizotypal Personality Disorder)

답 ①

B군 성격장애에 해당하지 않는 것은?

① 경계선성격장애

② 강박성성격장애

③ 반사회성성격장애

④ 연극성성격장애

핵심 키워드	• B군 • 성격장애 • 성격장애 하위유형
기출 데이터	10, 17, 22년 기출

답 ②

과락을 피하는 해설

② 강박성성격장애는 C군 성격장애에 해당한다.

더 알아두기

A군 성격장애	사회적으로 고립되어 있고 기이한 성격특성을 나타내는 성격장애	• 편집성성격장애 • 조현성(분열성)성격장애 • 조현형(분열형)성격장애
B군 성격장애	감정적이며 변화가 많은 극적인 성격특성을 나타내는 성격장애	• 반사회성성격장애 • 연극성(히스테리성)성격장애 • 경계성(경계선)성격장애 • 자기애성성격장애
C군 성격장애	불안하고 두려움을 많이 느끼는 성격특성을 나타내는 성격장애	• 회피성성격장애 • 의존성성격장애 • 강박성성격장애

유사문제 · 관련문제

DSM-5의 진단분류에 따른 성격장애 중 기이하고 괴팍한 행동특성과 가장 거리가 먼 것은?　　18년 기출

① 편집성성격장애　　　　　　　　② 조현성성격장애

③ 조현형성격장애　　　　　　　　④ 회피성성격장애

답 ④

다음 사례와 같은 성격장애는?

자신이 관심의 중심에 있기를 바라고, 감정이 빠르게 변하고 피상적이며, 지나치게 인상에 근거한 언어 표현을 보이고, 피암시성이 높은 특성을 보인다.

① 편집성성격장애
② 연극성성격장애
③ 자기애성성격장애
④ 강박성성격장애

핵심 키워드	• 피상적 • 피암시성 • 연극성
기출 데이터	09, 11, 19년 기출

답 ②

과락을 피하는 해설

연극성성격장애
• 히스테리성성격장애라고도 하며, 극적인 감정표현, 타인의 관심을 끌려는 과도한 행동 양상을 보인다.
• 감정적 · 외향적 · 자기주장적 · 자기과시적인 성격을 특징으로 하며, 타인의 주의를 끌고자 외모에 신경을 쓴다.
• 자기 외에 관심의 대상이 되는 사람에 대해서는 시기와 질투, 강한 경쟁심을 느낀다.
• 자신을 과장하는 이면에는 의존적인 성격과 무능력감이 내재해 있다.
• 자신이 항상 관심의 중심이 되기를 바라므로 대인관계를 지속적으로 유지하지 못한다.
• 타인으로부터 관심과 애정, 보살핌을 이끌어내기 위해 자해나 자살의 위협을 보이기도 한다.
• 반사회성성격장애와 밀접하게 연관되어 두 가지 장애가 함께 나타나기도 한다.

더 알아두기

'히스테리성(연극성)성격장애(Histrionic Personality Disorder)'는 DSM-Ⅳ와 마찬가지로 DSM-5에서도 '성격장애(Personality Disorders)'의 3가지 군집 중 B군 성격장애에 포함됩니다. 참고로 히스테리성(연극성)성격장애의 주요증상(진단기준)은 DSM-Ⅳ와 DSM-5에서 별다른 차이가 없습니다.

공황장애를 설명하는 인지적 관점에 의하면, 공황발작을 초래하는 핵심적 요인은?

① 신체건강에 대한 걱정과 염려

② 만성질병에 대한 잘못된 귀인

③ 억압된 분노표출에 대한 두려움

④ 신체감각에 대한 파국적 오해석

핵심 키워드	• 공황장애 • 인지적 관점 • 파국적 오해석
기출 데이터	13, 17년 기출

답 ④

과락을 피하는 해설

클라크(Clark)는 공황장애(Panic Disorder)를 가진 사람들의 특징적 인지과정에 대한 연구를 통해, 그들이 신체감각에 대한 파국적 오해석(Catastrophic Misinterpretation)을 하고 있다는 사실에 주목하였다. 이때 파국적 오해석은 정상적인 신체감각에 대해 마치 재난이 일어난 것처럼 해석하는 인지적 취약성을 의미한다. 예를 들어, 보통 사람들은 달리기를 한 후 심장박동이 빨라지는 것을 자연스러운 신체반응으로 간주한다. 그러나 공황장애를 가진 환자들은 그와 같은 신체적 반응을 마치 심장마비의 전조로 간주하여 급작스러운 불안에 사로잡히게 되며, 이때의 불안으로 인한 교감신경계의 활동은 신체감각을 더욱 증폭시켜 파국적인 해석에 이르게 되는 것이다.

더 알아두기

DSM-5에 의한 공황장애(Panic Disorder)의 주요증상

• 가슴이 두근거리거나 심장박동이 강렬하거나 또는 급작스럽게 빨라짐

• 땀흘림

• 몸떨림 또는 손발떨림

• 숨이 가쁘거나 막히는 느낌

• 질식할 것 같은 느낌

• 가슴통증 또는 답답함

• 구토감 또는 복부통증

• 현기증, 비틀거림, 몽롱함, 기절상태의 느낌

• 몸에 한기나 열기를 느낌

• 감각이상(마비감이나 저린 느낌)

• 비현실감 또는 이인감(자기 자신으로부터 분리된 느낌)

• 자기통제를 상실하거나 미칠 것 같은 두려움

• 죽을 것 같은 두려움

유사문제 · 관련문제

공황장애의 특징을 모두 고른 것은? 12, 16, 21년 기출

ㄱ. 어지럼증
ㄴ. 몸이 떨리고 땀흘림
ㄷ. 호흡이 가빠지고 숨이 막힐 것 같은 느낌
ㄹ. 미쳐버리거나 통제력을 상실할 것 같은 느낌

① ㄱ, ㄴ, ㄷ
② ㄷ, ㄹ
③ ㄱ, ㄴ, ㄹ
④ ㄱ, ㄴ, ㄷ, ㄹ

답 ④

유사문제 · 관련문제

다음 중 공황장애를 가진 내담자를 심리치료하는 데 가장 효과적인 방법은? 15년 기출

① 행동조형
② 자유연상법
③ 점진적 노출법
④ 혐오조건화

답 ③

정신분석학적 관점에서 볼 때 해리성장애 환자들에게서 가장 흔히 나타나는 방어기제는?

① 억 압
② 반동형성
③ 전 치
④ 주지화

핵심 키워드	• 해리성장애 • 억 압
기출 데이터	11, 13, 16, 19년 기출

답 ①

과락을 피하는 해설

정신분석학적 관점에서 해리성장애 환자들, 특히 해리성기억상실증 환자들의 경우 억압(Repression) 및 부인(Denial)의 방어기제를 흔히 사용하는 것으로 알려져 있다.

더 알아두기

해리성장애

• 의식, 기억, 행동 및 자아정체감의 통합적 기능에 있어서 갑작스러운 이상 증상을 나타내는 장애이다.

• 정신분석학적 관점에서 해리는 정신의 능동적 과정, 해리는 괴로움이나 갈등상태에 놓인 인격의 일부를 다른 부분과 분리하는 것으로, 불안이나 공포에 저항하기 위한 능동적인 방어와 억압으로 간주한다.

• 해리는 감당하기 어려운 충격적 경험으로부터 자신을 보호하기 위한 기능을 담당한다는 측면에서 적응적이지만 그것이 지나치거나 부적응적인 양상으로 나타나는 경우 '해리성장애'로 진단한다.

정신분석적 입장에서 강박장애와 밀접한 관련이 있는 방어기제가 아닌 것은?   10, 17년 기출

① 투사(Projection)

② 격리(Isolation)

③ 대치(Displacement)

④ 취소(Undoing)

🖪 ①

성격장애와 연관된 방어기제를 바르게 짝지은 것은?   14년 기출

① 강박성성격장애 – 합리화(Rationalization)

② 분열성성격장애 – 행동화(Acting-out)

③ 반사회성성격장애 – 이지화(Intellectualization)

④ 편집성성격장애 – 투사(Projection)

🖪 ④

032

다음은 무엇에 관한 설명인가?

> 벡(Beck)이 우울증 환자에 대한 관찰을 기반하여 사용한 용어로, 자신을 무가치하고 사랑받지 못할 사람으로 간주하고, 자신이 경험하는 세계가 가혹하고 도저히 대처할 수 없는 곳이라고 지각하며, 자신의 미래는 암담하고 통제할 수 없으며 계속 실패할 것이라고 예상하는 것

① 부정적 사고(Negative Thought)
② 인지적 삼제(Cognitive Triad)
③ 비합리적 신념(Irrational Belief)
④ 인지오류(Cognitive Error)

핵심 키워드	• 벡 • 우울이론 • 인지삼제 • 인지적 오류
기출 데이터	20년 기출

답 ②

과락을 피하는 해설

인지삼제(Cognitive Triad)

• 자기 자신 : 자기 자신에 대한 비관적 사고를 말한다.
• 자신의 미래 : 자기 자신의 앞날에 대한 염세주의적 사고를 말한다.
• 주변환경 : 자기 주변은 물론 세상전반에 대한 부정적 사고를 말한다.

더 알아두기

인지삼제

• 자기 자신에 대한 부정적인 생각 : '나는 열등하다', '나는 무능하다', '나는 무가치하다' 등
• 자신의 미래에 대한 부정적인 생각 : '나의 미래는 비관적이고 암담하다', '내가 어떤 노력을 하더라도 이 어려운 상황은 개선될 수 없다' 등
• 주변 환경에 대한 부정적인 생각 : '이 세상은 살아가기에 너무 힘들다', '나를 이해하고 도와줄 사람이 없다' 등

인지적 오류

• 우울한 사람들이 생활사건의 의미를 해석하는 과정에서 흔히 범하게 되는 논리적 잘못을 의미한다.
• 이분법적 사고, 과잉일반화, 개인화, 정신적 여과, 의미확대 및 의미축소, 감정적 추리, 잘못된 명명, 독심술, 예언자적 오류 등

유사문제 · 관련문제

우울증과 관련하여 벡(Beck)이 제시한 부정적 3요소로 가장 적합한 것은?   14년 기출

① 자신, 상황 및 미래에 대한 비관적 견해

② 자신, 과거 및 환경에 대한 비관적 견해

③ 자신, 과거 및 미래에 대한 비관적 견해

④ 자신, 미래 및 관계에 대한 비관적 견해

답 ①

유사문제 · 관련문제

우울증과 관련하여 벡(Beck)이 제시한 인지삼제는?   17년 기출

① 자신, 세계 및 미래에 대한 비관적 견해

② 자신, 과거 및 환경에 대한 비관적 견해

③ 자신, 과거 및 미래에 대한 비관적 견해

④ 자신, 미래 및 관계에 대한 비관적 견해

답 ①

다음 중 만성적인 알코올중독자에게서 흔히 발생하는 것으로 비타민 B1(티아민) 결핍과 관련이 깊으며, 지남력장애, 최근 및 과거 기억력의 상실, 작화증 등의 증상을 보이는 장애는?

① 혈관성치매
② 코르사코프증후군
③ 진전섬망
④ 다운증후군

핵심 키워드	• 알코올중독 • 티아민결핍 • 지남력장애 및 기억상실
기출 데이터	07, 09, 12, 20년 기출

답 ②

과락을 피하는 해설

② **코르사코프증후군(Korsakoff's Syndrome)** : 순행성기억상실(최근 기억의 손상), 지남력장애(시간, 장소, 사람에 대한 방향감 상실), 작화증(기억손실을 메우기 위해 사실을 꾸며내는 증상) 등의 증상을 특징으로 한다. 지속적인 알코올 사용으로 인해 중추신경계에 손상이 발생하면서 기억력, 판단력, 주의력 등에 이상이 생기는 질병으로, 새로운 경험을 기억하지 못하는 알코올성기억장애(Alcoholic Memory Disorder)에 해당한다. 기억기능을 담당하는 해마(Hippocampus)가 손상되어 발생하는 것으로 알려져 있다.

① **혈관성치매(Vascular Dementia)** : 뇌졸중이나 뇌경색에 의해 혈관이 막히거나 터짐으로써 발생하는 치매이다. 뇌세포의 파괴가 주된 원인으로 거론되고 있는 알츠하이머형치매(Dementia of Alzheimer Type)와 차이가 있으며, 기억력장애보다 언어장애나 실행기능장애가 더욱 심각하게 나타난다.

③ **진전섬망(Delirium Tremens)** : 주로 과음으로 인한 급성알코올중독이나 오랜 기간 동안 폭음을 하다가 갑자기 음주를 중단하는 경우 나타나는 진전(떨림) 및 섬망의 상태를 말한다. 특히 알코올의 금단증상으로 나타나며, 환촉이나 환청, 왜소환각(Lilliputian Hallucination)으로 인해 사람이 작아져 보인다거나 그들의 발걸음소리, 욕설이 들리는 등의 경험을 하기도 한다.

④ **다운증후군(Down's Syndrome)** : 염색체의 이상으로 생기며, 대부분(약 95%)은 21번째 염색체가 3개(정상은 2개) 있어서 전체가 47개(정상은 46개)인 기형이다. 나이가 많은 초산부(35세 이상)에게서 흔히 이런 아이가 태어나며 600~700명 중 1명꼴로 있다.

유사문제·관련문제

알코올중독과 관련 있는 장애는? 16, 22년 기출

① 헌팅톤무도병
② 코르사코프증후군
③ 레트장애
④ 캐너증후군

답 ②

순환성장애의 특징이 아닌 것은?

① 청소년기나 초기 성인기에 시작된다.

② 남녀 간의 유병률에 큰 차이가 없다고 보고된다.

③ 양극성장애보다 경미한 증상이 2년 이상 지속된다.

④ 양극성장애로는 발전하지 않는다.

핵심 키워드	• 순환성장애 • 청소년기, 초기 성인기 • 양극성장애 • 우 울 • 경조증
기출 데이터	17년 기출

답 ④

과락을 피하는 해설

순환성장애

- 기분삽화에 해당되지 않는 경미한 우울증상과 조증증상이 번갈아 가며 2년 이상(아동과 청소년은 1년 이상) 장기적으로 나타나는 만성적인 기분장애이다.
- 2년 기간 중 적어도 반 이상의 기간에 우울이나 경조증증상을 나타내야 하며, 아무런 증상이 없는 기간이 2개월 이하여야 한다.
- 남녀의 발생비율이 유사하다.
- 청소년기나 초기 성인기에 시작되어 서서히 발병하고 만성적인 경과를 밟으며 다른 기분장애의 기질적인 취약성을 반영한다.
- 제1형 양극성장애나 제2형 양극성장애로 발전하게 될 확률은 15~50%로 매우 높다.

유사문제 · 관련문제

순환성장애의 경과 중에 주요우울증 삽화가 추가적으로 발생한 경우, 순환성장애의 진단과 함께 추가로 내려야 할 진단명은?

13년 기출

① 기분부전장애

② 주요우울장애

③ 양극성장애 Ⅰ형

④ 양극성장애 Ⅱ형

답 ④

행동주의적 견해에 따르면 강박행동은 어떤 원리에 의해 유지되는가?

① 고전적 조건형성

② 부적 강화

③ 소 거

④ 모델링

핵심 키워드	• 강박장애 • 강박행동 • 의례행동
기출 데이터	20, 24, 25년 기출

답 ②

과락을 피하는 해설

강박장애

환자의 강박행동은 불안이나 고통을 없애거나 감소시키기 위해 강화되는 것이므로, 불쾌자극을 제거하여 반응의 확률을 높이는 것인 부적 강화 원리에 해당된다.

더 알아두기

강화와 처벌의 유형

• 정적 강화 : 유쾌자극을 부여하여 바람직한 반응의 확률을 높인다.

예 교실 청소를 하는 학생에게 과자를 준다.

• 부적 강화 : 불쾌자극을 제거하여 바람직한 반응의 확률을 높인다.

예 발표자에 대한 보충수업 면제를 통보하여 학생들의 발표를 유도한다.

• 정적 처벌 : 불쾌자극을 부여하여 바람직하지 못한 반응의 확률을 감소시킨다.

예 장시간 컴퓨터를 하느라 공부를 소홀히 한 아이에게 매를 가한다.

• 부적 처벌 : 유쾌자극을 제거하여 바람직하지 못한 반응의 확률을 감소시킨다.

예 방청소를 소홀히 한 아이에게 컴퓨터를 못하게 한다.

강박장애의 설명으로 옳은 것은?   16년 기출

① 강박관념은 환자 스스로에게 자아-동조적(Ego-Syntonic)이다.

② 강박장애 환자의 사고, 충동, 심상은 실생활 문제를 단순히 지나치게 걱정하는 것이다.

③ 강박장애 환자는 강박적인 사고, 충동, 심상이 개인이나 개인 자신의 정신적 산물임을 인정한다.

④ 강박장애 환자는 자신의 강박적 사고나 강박적 행동이 지나치거나 비합리적임을 인식하지 못한다.

답 ③

다음 환자가 포함될 진단범주로 가장 가능성이 높은 것은?   16년 기출

36세의 기혼 남자 회사원이 정신과에 입원하였다. 얼마 전 지나가던 트럭에서 오물이 날아와 몸에 묻은 일을 경험하였다. 집에 와서 목욕을 하고 옷을 세탁했지만 더럽다는 생각이 없어지지 않고 계속 불안하여 락스로 손을 씻고 안절부절못하며 밖에 나가기를 두려워하여 회사에 결근하는 일이 잦아졌다. 입원 후에도 시트나 밥그릇 등이 불결하다는 생각에 잠도 잘 못자고 식사도 잘하지 못하고 있다.

① 사회공포증

② 강박장애

③ 강박성성격장애

④ 망상장애

답 ②

036

대형 화재현장에서 살아남은 남성이 불이 나는 장면에 극심하게 불안증상을 느낄 때 의심할 수 있는 가능성이 가장 높은 장애는?

① 외상후스트레스장애

② 적응장애

③ 조현병

④ 범불안장애

핵심 키워드	• 외상경험 • 극심한 불안증상 • 트라우마
기출 데이터	17, 20, 23, 25년 기출

답 ①

과락을 피하는 해설

외상후스트레스장애

• 죽음 또는 죽음의 위협, 신체적 상해, 성폭력과 같은 외상사건을 경험한 후 나타나는 다양한 부적응 증상을 나타내는 장애이다.

• 진단기준 : 외상경험, 침투증상, 자극회피, 인지와 감정의 부정적 변화, 과민반응–각성
  위 증상 중 2가지 이상이 1개월 이상 나타나며, 이러한 장해로 사회적·직업적 기능에 현저한 손상이 생긴다. 이는 약물이나 신체적 질병에 의한 것은 아니다.

더 알아두기

외상후스트레스장애의 대표적인 치료법

• 지속적 노출치료(PE ; Prolonged Exposure)
  – Foa와 Riggs(1993)가 제시한 방법이다.
  – 외상사건을 단계적으로 떠올리게 하여 불안한 기억에 반복적으로 노출시킴으로써 궁극적으로 외상사건을 큰 불안 없이 직면할 수 있도록 유도하는 방법이다.

• 인지처리치료(CPT ; Cognitive Processing Therapy)
  – Resick과 Schnidke(1993)가 제시한 치료이다.
  – 외상사건의 원인과 결과에 대한 잘못된 생각이 강한 부정정서를 유발하고 외상기억에 대한 인지적 처리를 방해함으로써 외상으로부터의 자연스러운 회복을 저해한다는 근거를 갖는다.
  – 인지처리치료는 외상사건을 좀 더 상세하고 정교하게 재평가하여 외상사건에 부여한 부정적 의미를 수정하고 외상기억에 대한 회피를 줄임으로써 외상으로부터의 회복과정을 촉진한다.
  – 인지처리치료는 12회 내외의 치료회기를 통해 시행되며 개인치료나 집단치료의 형식으로 진행될 수 있다.

• 안구운동 둔감화 및 재처리 치료(EMDR ; Eye Movement Desensitization and Reprocessing)
  – Shapiro(1989)가 제시한 치료방법이다.
  – 외상기억을 떠올리는 동시에 치료자의 손가락 움직임을 따라가게 하는 방법이다.
  – 이는 외상사건과 관련된 부정적 사고, 감정, 심상이 점차 약화되는 동시에 외상기억의 정보처리가 촉진된다는 가정에 근거한다.

전쟁 포로로 붙잡혀 있다가 풀려난 사람이 종전 후 총소리에 극심하게 불안증상을 느낄 때 가장 가능성이 높은 장애는?

08년 기출

① 자폐증
② 외상후스트레스장애
③ 정신분열증
④ 청각장애

답 ②

다음 증상사례의 정신장애 진단으로 옳은 것은?

20년 기출

> 대구 지하철 참사현장에서 생명의 위협을 경험한 이후 재경험증상, 회피 및 감정마비증상, 과도한 각성상태를 1개월 이상 보이고 있는 30대 후반의 여성

① 제2형 양극성장애
② 외상후스트레스장애
③ 조현양상장애
④ 해리성정체성장애

답 ②

외상적 사건에 대한 기억과 연관된 불안을 감소시키는 데 초점을 맞추고 있으며, Foa에 의해 개발된 이후 외상후스트레스장애에 대해 경험적으로 지지된 치료로서 학계로부터 널리 인정을 받고 있는 치료법은?

11, 16, 24년 기출

① 불안조절훈련
② 안구운동둔감화와 재처리치료
③ 지속노출치료
④ 인지적 처리치료

답 ③

037

알츠하이머병에 관한 설명으로 옳지 않은 것은?

① 현저한 인지기능장애가 특징이다.

② 도파민과 밀접한 관련이 있다.

③ 연령의 증가와 함께 유병률이 높아진다.

④ 점진적으로 진행하는 질병이다.

핵심 키워드	• 알츠하이머 • 현저한 인지기능장애 • 연령의 증가
기출 데이터	05, 09, 17년 기출

답 ②

과락을 피하는 해설

② 뇌에서 발견되는 베타아밀로이드라는 단백질이 뇌세포를 파괴한다는 주장이 제기되었다.

알츠하이머병(Alzheimer's Disease)의 일반적인 증상

• 흔히 '노인성치매'라고 불리는 알츠하이머병은 기억의 모든 과정에 장애가 나타난다.

• 환자 50% 이상을 차지하는 유형으로, 주로 기억, 사고 및 행동에 장애를 초래하는 뇌의 진행성·퇴행성병변이다.

• 언어기능의 장애가 나타나 초기에는 적절한 단어를 못 찾다가, 점차적으로 상대방의 질문에 엉뚱한 대답을 하거나 주제와 연관되지 않은 말을 반복한다.

• 인지기능의 장애가 나타나 공간에 대한 심각한 저하로 왼쪽과 오른쪽을 구별하지 못하거나, 자주 다니는 길 또는 집을 찾지 못한다.

• 성격 및 정서의 변화가 나타나 가족을 의심하거나 항상 불안하고 우울증과 조증의 양상을 보이기도 한다.

• 현재까지 밝혀진 주된 위험인자는 연령, 성별, 치매의 가족력 및 두부손상 등이 있다.

유사문제 · 관련문제

알츠하이머병으로 인한 신경인지장애에 관한 설명으로 틀린 것은?　　　　19, 23, 24년 기출

① 여성호르몬 Estrogen과 상관이 있다.

② Apo-E 유전자 형태와 관련이 있다.

③ 허혈성 혈관문제 혹은 뇌경색과 관련이 있다.

④ 노인성 반점(Senile Plaques)과 신경섬유다발(Neurofibrillary Tangle)과 관련이 있다.

답 ③

038

자폐스펙트럼장애에 관한 설명으로 옳지 않은 것은?

① 의사소통의 장해가 현저하고 지속적이다.

② 상상적인 놀이를 하는 데 어려움이 있다.

③ 사회적 관습을 이해하는 데 어려움이 있다.

④ 연령증가와 함께 증상의 호전을 보인다.

핵심 키워드	• 자폐스펙트럼 • 의사소통의 장해 • 상상놀이
기출 데이터	03, 17년 기출

답 ④

과락을 피하는 해설

자폐스펙트럼장애는 지속적인 경과를 나타내는데, 학령기에 사회적 관심이 다소 증가하는 등 다소 호전되는 경향을 보이는 경우도 있고 때로는 오히려 악화되는 경우도 있다.

더 알아두기

자폐스펙트럼장애의 핵심증상 2가지

• 사회적 상호작용의 결함

• 제한된 반복적 행동패턴

진단기준

사회적 상호작용 결함	• 사회적–정서적 상호작용에 있어서 결함 • 사회적 상호작용에서 사용되는 비언어적 의사소통 행동에서 결함 • 대인관계의 발전, 유지, 이해에 있어서 결함
반복적 행동패턴	• 운동, 물체 사용, 언어 사용에 있어 정형화된 또는 반복적 패턴 • 동일한 것 고집, 일상적인 것 집착, 언어적 비언어적 행동의 의식화된 패턴 • 제한적이고 고정된 흥미를 보이는데, 그 강도나 초점이 비정상적 • 감각자극에 과소 혹은 과대반응 또는 주변 감각적 측면에 비정상적인 흥미

※ DSM–IV에서 '광범위한 발달장애'의 하위유형이었던 '자폐성장애'는 '자폐스펙트럼장애'로 명칭이 변경되어, DSM–5에서 새롭게 제시된 '신경발달장애'의 하위유형으로 분류되었다. 특히 자폐성장애에 대한 차원적 접근이 이루어짐으로써 '아스퍼거장애', '아동 기붕괴성장애' 등이 자폐스펙트럼장애로 통합되었다.

유사문제 · 관련문제

아동 A에게 진단할 수 있는 가장 가능성이 높은 장애는?   21년 기출

4세 아동 A는 어머니와 애정적 관계를 형성하지 못하며, 장난감을 가지고 노는 데는 흥미가 없고 사물을 일렬로 배열하거나 자신의 몸을 앞뒤로 흔들면서 알 수 없는 말을 한다.

① 자폐스펙트럼장애
② 의사소통장애
③ 틱장애
④ 특정학습장애

답 ①

유사문제 · 관련문제

다음의 증상을 모두 포함하는 진단명은?   16년 기출

- 사회적 · 정서적 상호작용의 결함
- 언어적 · 비언어적 의사소통의 장애
- 대인관계를 발전시키고 유지하고 이해하는 데의 결함
- 제한된 관심과 상동증적인 행동의 반복성

① 자폐스펙트럼장애
② 상동증적 운동장애
③ 탈억제 사회관여 장애
④ 사회적 의사소통 장애

답 ①

유사문제 · 관련문제

다음 중 자폐성장애에 관한 설명으로 옳은 것은?   12, 20년 기출

① 남성보다 여성에서 4~5배 더 많이 발병한다.
② 유병률은 인구 천 명당 2~5명으로 보고되고 있다.
③ 사회적 상호작용을 위해 여러 가지 비언어적 행동을 사용한다.
④ 언어기술과 전반적 지적 수준이 예후와 가장 밀접한 관계가 있다.

답 ④

039

주의력결핍 및 과잉행동장애(ADHD)에 관한 설명으로 옳지 않은 것은?

① 학령전기에 보이는 주요 증상은 과잉행동이다.

② 앉아 있도록 요구되는 상황에서 자리를 떠나는 것은 부주의 증상에 해당된다.

③ 증상이 지속되면 적대적 반항장애로 동반이환할 가능성이 높다.

④ 여성보다 남성에게 더 흔하게 나타난다.

핵심 키워드	• 주의력결핍 • 과잉행동 • ADHD
기출 데이터	22, 23년 기출

답 ②

과락을 피하는 해설

② 앉아 있도록 요구되는 상황에서 자리를 떠나는 것은 과잉행동 증상에 해당된다.

주의력결핍 및 과잉행동장애(ADHD ; Attention-Deficit/Hyperactivity Disorder)

• ADHD의 주된 특징은 부주의(주의력결핍), 충동성, 과잉행동이다.

• 뇌손상 및 기능결함, 유전, 심리적 요인 등에 의해 발병할 수 있다.

• ADHD 아동은 지능수준에 비해 학업성취도가 저조하고 또래관계에서 거부당하거나 소외될 가능성이 높으며, 부모나 교사로부터 꾸중과 처벌을 받기 쉬워, 부정적 자아개념을 형성하고 정서적으로 불안정하며 공격적이고 반항적인 행동을 나타내는 경향이 있어, ADHD를 지닌 아동의 40~50%가 나중에 품행장애의 진단을 받는다.

• 청소년기에 호전되는 경향이 있으나 성인기까지 지속되는 경우도 있다. 대부분 과잉행동은 개선되지만 부주의와 충동성은 오래 지속되는 경우가 흔하다.

• ADHD가 청소년기까지 지속되는 경우, 품행장애가 발생될 가능성이 높으며, 품행장애를 나타내는 청소년의 약 50%는 성인이 되어 반사회적 성격장애를 나타낸다는 보고가 있다.

• 남자 아동이 여자 아동에 비하여 6~9배 정도 높은 빈도를 보인다.

• 주변 신호자극을 각성하는 데 문제가 생겨 발생할 수도 있다.

더 알아두기

DSM-Ⅳ의 분류기준에서 '주의력결핍 및 과잉행동장애'는 '유아기, 아동기 또는 청소년기에 처음 진단되는 장애' 중 '주의력결핍 및 파괴적 행동장애'의 하위유형에 속했다. 반면 DSM-5의 분류기준에서는 '신경발달장애'의 하위분류에 포함되었다. 이는 성인에 대한 ADHD의 진단기준을 제공하기 위한 것으로, ADHD가 성인기까지 지속될 수 있다는 사실을 반영하는 것이다. 또한 DSM-5에서는 12세 이상 아동 및 청소년의 경우 최소 6개 이상의 증상을, 17세 이상 청소년 및 성인의 경우 최소 5개 이상의 증상을 보일 때 ADHD로 진단하도록 되어 있고, 증상발현시기를 '7세 이전'에서 '12세 이전'으로 확대하고 있다는 점에서 차이를 보이고 있다.

유사문제 · 관련문제

주의력결핍 및 과잉행동장애(ADHD)의 특징이 아닌 것은? 04, 24년 기출

① 수업수행능력의 결핍

② 또래관계 형성의 어려움

③ 부끄러움

④ 과잉행동성

답 ③

유사문제 · 관련문제

주의력결핍 및 과잉행동장애(ADHD)에 대한 설명으로 가장 적절하지 않은 것은? 19, 23년 기출

① 유전성이 높다.

② 학령전기에는 과잉행동이, 초등학생 시기에는 부주의 증상이 더욱 두드러진다.

③ 페닐알라닌 수산화효소 부족으로 인해 발생한다.

④ 몇 가지의 부주의 또는 과잉행동−충동성 증상은 12세 이전에 나타나야 한다.

답 ③

조현병의 양성증상에 해당하는 것은?

① 무의욕증

② 무사회증

③ 와해된 행동

④ 감퇴된 정서 표현

핵심 키워드	• 조현병 • 양성증상
기출 데이터	21, 23, 25년 기출

답 ③

과락을 피하는 해설

조현병의 양성증상과 음성증상

양성증상(Positive Symptom)	음성증상(Negative Symptom)
• 정상적 · 적응적 기능의 과잉 또는 왜곡을 나타낸다. • 도파민 등 신경전달물질의 이상에 의한 것으로 추정된다. • 스트레스 사건에 의해 급격히 발생한다. • 약물치료에 의해 호전되며, 인지적 손상이 적다.	• 정상적 · 적응적 기능의 결여를 나타낸다. • 유전적 소인이나 뇌세포 상실에 의한 것으로 추정된다. • 스트레스 사건과의 특별한 연관성 없이 서서히 진행된다. • 약물치료로도 쉽게 호전되지 않으며, 인지적 손상이 크다.

유사문제 · 관련문제

조현병에서 보이는 증상에 관한 설명으로 옳지 않은 것은?   16년 기출

① 망상(Delusion) - 자신과 세상에 대한 잘못된 강한 믿음이고, 외부세계에 대한 잘못된 추론에 근거한 그릇된 신념

② 환각(Hallucination) - 외부자극이 없음에도 불구하고 어떤 소리나 형상을 지각하거나 외부자극에 대해서 현저하게 왜곡된 지각을 하는 경우

③ 와해된 언어(Disorganized Speech) - 언어적 표현 소멸

④ 긴장성 운동행동(Catatonic Behavior) - 마치 근육이 굳은 것처럼 어떤 특정한 자세를 유지하는 경우

답 ③

심리검사

041

웩슬러지능검사 소검사를 범주화하는 데 있어 '획득된 지식' 요인에 속하는 소검사가 아닌 것은?

① 산수문제   ② 상식문제

③ 어휘문제   ④ 숫자문제

핵심 키워드	• 웩슬러 • 소검사 • 획득된 지식
기출 데이터	17년 기출

답 ④

과락을 피하는 해설

④ 숫자문제 : 단기청각기억 · 주의집중력을 측정한다.

유사문제 · 관련문제

K-WISC-Ⅳ에서 인지효능지표에 포함되는 소검사가 아닌 것은?　　　　21년 기출

① 숫 자
② 행렬추리
③ 기호쓰기
④ 순차연결

답 ②

유사문제 · 관련문제

웩슬러지능검사로 평가할 수 있는 지능의 영역과 가장 거리가 먼 것은?　　　　16년 기출

① 추상적 사고능력
② 예술적 능력
③ 공간적 추론능력
④ 주의집중력

답 ②

다음 중 발달검사를 사용할 때 고려해야 할 사항과 가장 거리가 먼 것은?

① 일반적인 기능적 분석만 사용해야 한다.

② 규준에 의한 발달적 비교가 가능해야 한다.

③ 다중기법적 접근을 취해야 한다.

④ 경험적으로 타당한 측정도구를 사용해야 한다.

핵심 키워드	• 발달검사 • 발달적 비교 • 다중기법적 접근
기출 데이터	06, 12, 13, 20, 22, 23, 25년 기출

답 ①

과락을 피하는 해설

발달검사를 통한 아동평가 시 고려해야 할 사항

• 아동은 특별한 집단이므로 성인을 대상으로 한 일반적인 평가 방식을 그대로 적용하는 것은 바람직하지 않다.

• 아동의 적절한 목표행동을 명확히 결정하고 치료적 개입과 관련된 행동 변화를 확실히 설명하기 위해 규준에 의한 발달적 비교가 가능해야 한다.

• 아동평가를 통해 인지, 행동, 정서 상태 등 여러 측면에서의 변화 목표를 가질 수 있다.

• 변화를 필요로 하는 목표행동의 범위가 넓은 경우 다중적인 평가기법을 적용하는 것이 바람직하다.

• 사용되는 측정도구들은 경험적으로 타당성을 검증받은 것이어야 하며, 아동의 발달적 변화에 대해서도 민감한 것이어야 한다.

유사문제 · 관련문제

다음 중 발달검사의 특징으로 옳은 것은? 04, 08, 10년 기출

① 아동을 직접 검사하지 않고 보호자의 보고에 의존하는 발달검사도구도 있다.

② 발달검사의 목적은 유아의 지적 능력을 알아보기 위한 것이다.

③ 영유아 기준 발달상 미숙한 단계이므로 다양한 영역을 측정하기 어렵다.

④ 발달검사는 주로 언어이해 및 표현능력으로 구성되어 있다.

답 ①

벤더게슈탈트검사(Bender Gestalt Test)에 관한 설명으로 옳지 않은 것은?

① 정서적 지수와 기질적 지수가 거의 중복되지 않는다.

② 기질적 장애를 판별하려는 목적에서 만들어졌다.

③ 언어적인 방어가 심한 환자에게 유용하다.

④ 통일된 채점체계가 없으며 전문가 간의 불일치가 발생할 수 있다.

핵심 키워드	• BGT • 언어적 방어 • 전문가 간 불일치
기출 데이터	20, 23년 기출

답 ①

과락을 피하는 해설

BGT(Bender Gestalt Test) 특징

• BGT는 형태심리학과 정신역동이론을 기초로 한다.

• 기질적 장애를 판별하려는 목적에서 만들어졌다.

• 검사자는 수검자가 해당 도형들을 어떻게 지각하여 재생하는지 관찰함으로써 성격을 추론할 수 있으며, 수검자에 대한 정신병리적 진단 및 뇌 손상 여부도 탐지할 수 있다.

• 단순한 도형그림 작성방식이므로, 언어능력이나 언어표현이 제한적인 사람, 언어적인 방어가 심한 환자에게 효과적으로 적용할 수 있다.

• 정신지체나 뇌 기능장애는 물론 성격적 문제를 진단하는 데 효과적으로 적용할 수 있다.

• 통일된 채점체계가 없으며 전문가 간의 불일치가 발생할 수 있다.

유사문제 · 관련문제

Bender-Gestalt Test(BGT)에 관한 설명으로 옳지 않은 것은?　　　　15, 20년 기출

① 기질적 장애를 판별하려는 목적에서 만들어졌다.

② 언어적인 방어가 심한 환자에게 유용하다.

③ 완충검사(Buffer Test)로 사용될 수 없다.

④ 정신지체나 성격적 문제도 진단하는 데 유용하다.

답 ③

심리평가를 위한 면담기법 중 비구조화된 면담방식의 장점에 해당하는 것은?

① 면담자 간의 진단신뢰도를 높일 수 있다.

② 연구 장면에서 활용하기가 용이하다.

③ 중요한 정보를 깊이 있게 탐색할 수 있다.

④ 점수화하기에 용이하다.

핵심 키워드	• 심리평가 • 면담기법 • 비구조화
기출 데이터	09, 11, 15년 기출

답 ③

과락을 피하는 해설

구조화된 면담, 비구조화된 면담, 반구조화된 면담

구조화된 면담 (표준화면접)	• 면담자(면접자)가 면담조사표를 만들어서 상황에 구애됨이 없이 모든 응답자에게 동일한 질문순서와 동일한 질문내용에 따라 수행하는 방법이다. • 비표준화된 면담에 비해 응답결과에 있어서 상대적으로 신뢰도가 높지만 타당도는 낮다. • 반복적인 면담이 가능하며, 면담결과에 대한 비교가 용이하다. • 면담의 신축성 · 유연성이 낮으며, 깊이 있는 측정을 도모할 수 없다.
비구조화된 면담 (비표준화면접)	• 면담자가 면담조사표의 질문 내용, 형식, 순서를 미리 정하지 않은 채 면담상황에 따라 자유롭게 응답자와 상호작용을 통해 자료를 수집하는 방법이다. • 표준된 면담에 비해 응답결과에 있어서 상대적으로 타당도가 높지만 신뢰도는 낮다. • 반복적인 면담이 불가능하며, 면담결과에 대한 비교가 어렵다. • 면담의 신축성 · 유연성이 높으며, 깊이 있는 측정을 도모할 수 있다.
반구조화된 면담 (반표준화면접)	• 일정한 수의 중요한 질문을 표준화하고 그 외의 질문은 비표준화하는 방법이다. • 면담자가 면담지침에 따라 응답자에게 상황에 적합한 변형질문을 제시할 수 있다. • 사실과 가설을 확인할 수 있을 뿐만 아니라 새로운 사실이나 가설을 발견할 수도 있다. • 반표준화면담의 종류로는 초점집단면담법, 임상면담법 등이 있다.

유사문제 · 관련문제

비구조화된 면담과 비교하여 구조화된 면담에 대한 설명으로 옳지 않은 것은?　　　12년 기출

① 면담자 간의 일치도를 높일 수 있다.

② 상대적으로 신뢰도가 더 높다.

③ 유연성 있게 진행되는 것은 상대적으로 어렵다.

④ 객관적으로 수량화하는 것은 상대적으로 어렵다.

답 ④

045

기억장애를 보이고 있는 환자에게 기억 및 학습능력을 평가하는 데 가장 적합한 것은?

① K-WMS-Ⅳ   ② SCL-90-R

③ Face-Hand Test   ④ Trail Making Test

핵심 키워드	• 기억장애 • 기억능력 • 학습능력
기출 데이터	09, 12, 17년 기출

답 ①

PART 2

과락을 피하는 해설

① 한국판웩슬러기억검사(K-WMS-Ⅳ ; Korean Wechsler Memory Scale-Fourth Edition) : 16~69세를 대상으로 다양한 기억과 작업기억능력을 평가하기 위하여 고안한 검사이다.

② 간이정신진단검사(SCL-90-R ; Symptom Checklist-90-Revision) : 신체화(Somatization), 강박증(Obsessive-Compulsive), 대인예민성(Interpersonal Sensitivity), 우울(Depression), 불안(Anxiety), 적대감(Hostility), 공포불안(Phobic Anxiety), 편집증(Paranoid Ideation), 정신증(Psychoticism)의 9개 증상차원에 대해 90개의 문항으로 이루어진 자기보고식 다차원 증상목록검사이다.

③ 얼굴-손 검사법(FHT ; Face-Hand Test) : 이중동시자극법(Double Simultaneous Stimulation)으로, 환자가 눈을 감은 상태에서 얼굴이나 손등에 동시적으로 주어지는 자극을 알아맞히도록 하여 촉각부주의나 감각계이상을 평가하기 위한 지각검사이다.

④ 선로잇기검사(TMT ; Trail Making Test) : 숫자나 문자 등을 선잇기를 통해 차례대로 연결하도록 하여 수검자의 집중력과 정신적 추적능력, 시각적 탐색과 운동기능을 측정하는 검사이다.

유사문제 · 관련문제

시각-공간적 기능손상이 있는 뇌손상 환자에게 특히 어려운 과제는?   11, 20, 25년 기출

① 산수문제   ② 빠진곳찾기   ③ 차례맞추기   ④ 토막짜기

답 ④

유사문제 · 관련문제

다음 중 실행적 기능(Executive Function)을 담당하는 뇌 부위가 손상된 환자의 평가결과와 가장 거리가 먼 것은? 11, 19년 기출

① 벤더도형검사(BGT)에서 도형의 배치순서를 평가하는 항목의 점수가 유의하게 낮다.

② 웩슬러지능검사에서 차례맞추기 소검사의 점수가 유의하게 낮았다.

③ Stroop Test의 간섭시행 단계에서 특히 점수가 낮았다.

④ 웩슬러지능검사에서 기본지식 소검사의 점수가 유의하게 낮았다.

답 ④

지능검사 시행에 관한 설명으로 옳은 것은?

① 지능검사는 표준절차를 따르되 개인의 최대 능력을 측정하는 것을 목표로 한다.

② 지능검사 시행에서 수검자에 대한 행동관찰은 별로 중요하지 않다.

③ 지능검사 시행에서 검사에 대한 동기는 결과에 영향을 미치지 않는다.

④ 검사가 시행되는 환경적 조건은 지능검사 결과에 별로 영향을 미치지 않는다.

핵심 키워드	• 지능검사 • 검사시행 • 정보 획득 목적
기출 데이터	17, 24년 기출

답 ①

과락을 피하는 해설

② 지능검사 과정 중에 보이는 수검자 관찰을 통해 수검자의 성격적 특징은 물론 피검자의 문제와 관련된 단서를 얻을 수 있다.

③ 검사 당시의 정서상태·동기 등은 결과에 영향을 줄 수 있다.

④ 수검자의 주의를 분산시키는 자극, 소음 등은 검사결과에 영향을 줄 수 있다.

더 알아두기

지능검사 실시지침

• 표준시행과 검사행동관찰의 중요성을 고려해야 한다.

• 결과의 의미 있는 해석을 위해 표준절차를 엄격하게 따라야 한다.

• 수검자의 주의를 분산시키는 자극(조명, 환기, 소음)이 없어야 한다.

• 수검자의 최대능력이 발휘될 수 있는 분위기에서 시행될 수 있도록 한다.

• 일반적으로 간단하게 설명한 다음에 질문하는 것이 바람직하다.

• 수검자의 불완전한 반응에 대처할 수 있도록 채점의 원칙을 잘 알고 있어야 한다.

• 특별한 이유가 없는 한 1회에 전체 검사를 완성하는 것이 바람직하다.

• 검사자는 유용한 정보를 제공하는 행동관찰에 대한 훈련이 되어 있어야 한다.

• 검사시행이 수검자보다 중요한 목적이 되어서는 안 된다는 점을 숙지해야 한다.

• 검사시행이 적절하지 않은 경우 시행을 중단하거나 면담을 통해 상황을 극복하도록 시도한다.

• 철저하게 채점원리를 파악하여 정확한 채점을 할 수 있어야 한다.

• 검사도구는 소검사를 실시할 때까지 되도록 수검자의 눈에 띄지 않도록 한다.

• 검사가 실시될 때 수검자에게 지능검사라고 알려주며, 지능검사의 실시목적이 지능의 평가가 아니라 문제해결에 도움이 될 정보를 얻는 데 있음을 강조한다.

유사문제 · 관련문제

K-WAIS-Ⅳ 검사시행에 관한 설명으로 옳은 것은?   14년 기출

① 언어성 검사를 먼저 실시한 후 동작성 검사를 시행한다.

② 집단적으로 시행하는 것을 원칙으로 하지만 경우에 따라 개별적으로 시행한다.

③ K-WAIS-Ⅳ는 단순히 평가뿐 아니라 교육적 성격을 가지기 때문에 검사에 대해 정답을 피드백해 주는 것이 일반적이다.

④ 검사수행 시의 세밀한 행동관찰도 검사결과를 해석하는 데 중요한 자료가 된다.

달 ④

유사문제 · 관련문제

심리검사의 시행에 관한 설명으로 옳은 것은?   17년 기출

① 표준절차 외에 자신만의 효과적인 절차를 사용한다.

② 중립적 검사시행을 위해 라포형성은 가급적 배제되어야 한다.

③ 표준절차 외의 부가적 절차로 산출된 결과는 규준에 의거하여 해석하지 않는다.

④ 검사를 자동화된 컴퓨터검사로 전환한 경우 원검사에 대한 전문적 훈련은 요구되지 않는다.

달 ③

유사문제 · 관련문제

지능검사를 해석할 때 고려사항으로 옳지 않은 것은?   21, 22, 23년 기출

① 작업기억과 처리속도는 상황적 요인에 민감한 지수임을 감안한다.

② 지수점수를 해석할 때 여러 지수들 간에 점수 차이가 유의한지를 살펴봐야 한다.

③ 지수가 유의한 차이가 있을 경우 전체척도 IQ는 해석하기가 용이하다.

④ 지수 점수 간의 비교를 통해 상대적 약점이 문제의 원인이 될 수 있는지 확인한다.

달 ③

길포드(Guilford)의 지능구조 입체모형에서 조작(Operation) 요인에 해당하는 것은?

① 표정, 동작 등의 행동적 정보

② 사고결과의 적절성을 판단하는 평가

③ 의미 있는 단어나 개념의 의미적 정보

④ 어떤 정보에서 생기는 예상이나 기대들의 합

핵심 키워드	• 길포드 • 지능구조 • 조 작
기출 데이터	15, 21년 기출

답 ②

과락을 피하는 해설

사고결과의 적절성을 판단하고 평가하는 것은 조작의 '평가'에 해당된다.

조작(Operation)

• 평가 : 사고결과의 적절성을 판단하는 평가

• 수렴적 사고(조작) : 이미 알고 있는 지식이나 기억된 정보에서 어떤 지식을 도출해 내는 능력

• 확산적 사고(조작) : 이미 알고 있거나 기억된 지식 위에 전혀 새로운 지식을 창출해 내는 능력

• 기억파지 : 정보의 파지

• 기억저장 : 정보의 저장

• 인지 : 여러 가지 지식과 정보의 발견 및 인지와 관련된 사고력

주제통각검사(TAT)에 관한 설명으로 옳지 않은 것은?

① TAT 성인용 도판은 남성용, 여성용, 남녀공용으로 나누어진다.

② TAT는 대인관계상의 역동적인 측면을 파악하는 데 유용하다.

③ TAT는 준거조율전략(Criterion Keying Strategy)을 통해 개발되었다.

④ TAT 반응은 순수한 지각반응이 아닌 개인의 선행경험과 공상적 체험이 혼합된 통각적 과정이다.

핵심 키워드	• 주제통각 • TAT • 성격검사
기출 데이터	17년 기출

답 ③

과락을 피하는 해설

③ 준거조율전략(Criterion Keying Strategy)은 먼저 검사에서 준거로 사용할 집단을 구성해 놓고 어떤 문항에서 다른 집단보다 더 유의미하게 높은 점수를 받았는지 위주로 검사를 개발하는 접근법으로, 대표적인 검사로는 MMPI, MMPI-2가 있다.

① TAT는 30장의 흑백그림카드와 1장의 백지카드 등 총 31장으로 구성되어 있다. 그림카드 뒷면에는 공용도판, 남성공용도판(BM), 여성공용도판(GF), 성인공용도판(MF), 미성인공용도판(BG), 성인남성전용도판(M), 성인여성전용도판(12F), 소년전용도판(B), 소녀전용도판(G)으로 구분되어 있다.

② TAT는 투사적 검사로 자아와 환경관계 및 대인관계의 역동적 측면 등을 평가한다.

④ '통각(Apperception)'이란 '투사(Projection)'와 유사하지만 보다 포괄적인 의미를 가지며, '지각에 대한 의미 있는 해석'을 말한다. 즉, 통각은 지각에 의미가 부가되는 것으로, 외부세계에 대한 객관적인 지각과정에 주관적인 요소가 개입된 통합적인 인식과정으로 볼 수 있다.

유사문제 · 관련문제

주제통각검사(TAT)에 관한 설명으로 옳은 것은?　　　　　　　　　　　　　　　　　17, 24년 기출

① 숫자만 표시된 카드는 성별에 상관없이 성인에게만 실시한다.

② 카드 뒷면에 GF라고 적혀 있는 경우 소녀와 성인 여성 모두에게 실시 가능하다.

③ 흑백으로 인쇄된 20장의 그림 카드와 한 장의 백지 카드로 구성되어 있다.

④ 사고의 내용이 아니라 순수한 지각 과정에 관한 정보를 제공한다.

답 ②

원판 MMPI의 타당도척도가 아닌 것은?

① S척도
② F척도
③ K척도
④ L척도

핵심 키워드	• MMPI • 타당도척도
기출 데이터	20, 22, 23년 기출

답 ①

과락을 피하는 해설

MMPI의 타당도척도

원판 MMPI의 4가지 타당도척도는 ?척도(무응답 척도), L척도(부인척도), F척도(비전형척도), K척도(교정척도)로 구성되어 있다. MMPI-2에서는 원판 MMPI의 타당성척도 외에 VRIN, TRIN, F(B)와 F(P), FBS, S척도가 추가되었다.

더 알아두기

MMPI-2 타당도척도의 의미

구 분	척 도	내 용
무효반응	?(무응답)	피검자가 빠짐없이 문항에 응답을 했는지, 문장을 제대로 읽고 일관성 있게 응답하였는지를 탐지
	VRIN(무선반응 비일관성)	
	TRIN(고정반응 비일관성)	
과잉보고	F(비전형)	• 사람들이 일반적으로 반응하지 않는 방식으로 응답했는지에 대한 정보제공 • 과잉보고(Over-Reporting)의 경향성 탐색(증상인정)
	F(B)(비전형-후반부)	
	F(P)(비전형-정신병리)	
	FBS(증상타당도)	
과소보고	L(부인)	• 자신의 모습을 과도하게 긍정적으로 제시하고자 했는지에 대한 정보제공 • 과소보고(Under-Reporting)의 경향성 탐색(증상부인)
	K(교정)	
	S(과장된 자기제시)	

MMPI-2의 각 척도에 대한 해석으로 가장 적합한 것은? 16년 기출

① 1번 척도는 다양하고 모호한 신체적 임상 증상과 연관성이 높다.

② 2번 척도는 반응성 우울증 보다는 내인성 우울증과 관련이 높다.

③ 4번 척도의 상승 시 심리치료 동기가 높고 치료의 예후가 좋음을 나타낸다.

④ 7번 척도는 불안 가운데 상태불안 증상과 연관성이 높다.

답 ①

MMPI-2에서 타당성을 고려할 때 '?' 지표에 대한 설명으로 옳지 않은 것은? 17, 19, 22, 23년 기출

① 각 척도별 '?' 반응의 비율을 확인해 보는 것은 유용할 수 있다.

② '?' 반응이 300번 이내의 문항에서만 발견되었다면 L, F, K척도는 표준적인 해석이 가능하다.

③ '?' 반응이 3개 미만인 경우에도 해당문항에 대한 재반응을 요청하는 등의 사전검토 작업이 필요하다.

④ '?' 반응은 수검자가 질문에 대해 답변을 하지 않을 경우뿐만 아니라 '그렇다'와 '아니다'에 모두 응답했을 경우에도
해당된다.

답 ②

MMPI-2의 타당도척도 중 비전형성을 측정하는 척도에서 증상타당성을 의미하는 척도는? 17, 21년 기출

① TRIN

② FBS

③ F(P)

④ F

답 ②

다음 중 MMPI 코드쌍의 해석적 의미로 옳지 않은 것은?

① 4-9 - 행동화적 경향이 높다.

② 1-2 - 다양한 신체적 증상에 대한 호소와 염려를 보인다.

③ 2-6 - 전환증상을 나타낼 경우가 많다.

④ 3-8 - 사고가 본질적으로 망상적일 수 있다.

핵심 키워드	• MMPI • 코드쌍 • 해석적 의미
기출 데이터	11, 13, 16, 22, 24, 25년 기출

답 ③

과락을 피하는 해설

'전환(Conversion)'은 개인의 무의식적·심리적 갈등이 신체증상으로 나타나는 경향을 말하는 것으로, 특히 신체형장애(Somatoform Disorders)의 하위분류 중 전환장애(Conversion Disorder)와 연관된다. MMPI의 임상척도에서는 심기증척도에 해당하는 척도 1 Hs(Hypochondriasis)와 결부되며, 특히 1-2 또는 1-3의 코드쌍에서 나타난다.

더 알아두기

MMPI 코드쌍의 해석적 의미

코드쌍	해석적 의미
1-2 또는 2-1 (Hs & D)	• 신체기능에 몰두함으로써 수반되는 다양한 신체적 증상에 대한 호소와 염려를 보인다. • 정서적으로 불안감과 긴장감을 느끼며 감정표현에 어려움이 있다. • 보통 내향적인 성격을 가지고 있으며, 다른 사람과의 관계에 있어서 수동적·의존적인 양상을 보인다. • 사소한 자극에도 쉽게 안정을 잃고, 의심과 경계심을 품는다. • 억압과 신체화 방어를 통해 스스로 신체적 불편함을 견디려 하므로 정신적 치료를 통한 변화에의 동기가 부족하다. • 신체형장애(Somatoform Disorders), 불안장애(Anxiety Disorders)의 진단이 가능하다.
2-6 또는 6-2 (D & Pa)	• 심각한 정서적 어려움을 겪고 있는 정신병 초기의 환자에게서 종종 나타난다. • 평소 우울한 상태에 있으며, 그러한 우울한 감정에는 분노와 적개심이 내재해 있다. • 보통의 우울증 환자와 달리 자신의 공격성을 공공연하게 드러낸다. • 타인의 친절을 거부하고 곧잘 시비를 걸며, 보통의 상황에 대해 악의적인 해석을 내린다. • 편집증적 경향이 현저하게 나타나기도 한다.
3-8 또는 8-3 (Hy & Sc)	• 심각한 불안과 긴장, 우울감과 무기력감을 호소한다. • 주의력장애 및 집중력장애, 지남력 상실, 망상 및 환각 등의 사고장애를 보인다. • 정서적으로 취약하고 다른 사람에 대해 애정과 관심의 욕구를 가진다. • 자신의 욕구가 좌절되는 경우 자기 처벌적인 양상을 보이며, 상동증적 방식으로 문제에 접근한다. • 과도한 정신적 고통이 두통이나 현기증, 흉통, 위장장애 등의 신체적 증상으로 나타나기도 한다. • 정신분열증(Schizophrenia), 신체형장애(Somatoform Disorders)의 진단이 가능하다.

4-9 또는 9-4 (Pd & Ma)	• 재범 우려가 있는 범죄자나 신체노출·강간 등의 성적 행동화를 보이는 사람, 결혼문제나 법적 문제 등에 연루된 사람에게서 종종 나타난다. • 충동적·반항적 성격과 함께 과격하고 공격적인 행동을 특징으로 한다. • 일시적으로 다른 사람에게 좋은 인상을 주기도 하지만, 자기중심적 성향과 다른 사람에 대한 불신으로 대인관계가 피상적이다. • 자신의 행동에 대해 무책임하여 신뢰감을 주지 못하며, 사회적 가치를 무시하여 반사회적 범죄행위를 저지르기도 한다. • 합리화의 방어기제를 사용하여 자신의 문제를 외면하며, 실패의 원인을 다른 사람에게 전가하기도 한다. • 반사회성성격장애(Antisocial Personality Disorder)의 진단이 가능하다.

유사문제 · 관련문제

다면적인성검사(MMPI)의 임상척도 중 0(Si)척도가 상승한 경우 함께 상승할 가능성이 높은 척도들로 짝지어진 것은? 12년 기출

① 2(D), 7(Pt)
② 9(Ma), 4(Pd)
③ 1(Hs), 3(Hy)
④ 6(Pa), 8(Sc)

답 ①

유사문제 · 관련문제

MMPI-2에서 89/98 상승척도쌍을 보이는 사람들의 특징이 아닌 것은? 17년 기출

① 과잉활동적이고 정서적으로 불안정하다.
② 사회적인 기준이나 가치를 지나치게 무시하고, 자신의 이익을 위해 사람들을 이용하는 경향이 있다.
③ 다른 사람들에게 다소 자기중심적이고 유아적인 기대를 한다.
④ 성취 욕구가 강하고 성취에 대한 압박감을 느끼지만, 그들의 실제 수행은 기껏해야 평범한 수준인 경우가 많다.

답 ②

051

지능에 대한 설명으로 옳지 않은 것은?

① 비네(A. Binet)는 정신연령(Mental Age)이라는 용어를 사용하였다.

② 지능이란 인지적, 지적 기능의 특성을 나타내는 불변개념이다.

③ 새로운 환경 및 다양한 상황을 다루는 적응과 순응에 관한 능력이다.

④ 결정화된 지능은 문화적, 교육적 경험에 따라 영향을 받는다.

핵심 키워드	• 지 능 • 적응능력 • 학습능력 • 종합적 능력
기출 데이터	20, 24년 기출

답 ②

과락을 피하는 해설

지능의 정의

- 적응능력
  - 지능은 전체 환경에 대한 적응력이자, 생활상의 새로운 문제와 상황에 대처하는 정신적 적응력이다.
  - 지능이 높은 사람은 새로운 환경의 변화에 비교적 잘 적응하는 반면, 지능이 낮은 사람은 잘 적응하지 못하는 양상을 보인다.
  - 주요학자 : 피아제(Piaget), 스턴(Stern), 핀트너(Pintner) 등
- 학습능력
  - 지능은 교육을 받을 수 있는 능력 또는 유익한 것을 학습할 수 있는 능력이다.
  - 지능이 높은 사람은 학습할 수 있는 능력이 높은 반면, 지능이 낮은 사람은 학습할 수 있는 능력이 낮다.
  - 주요학자 : 게이츠(Gates), 디어본(Dearborn) 등
- 총합적 · 전체적 능력
  - 지능은 어떠한 목적을 향해 합리적으로 행동하고 체계적으로 사고하며, 환경을 효과적으로 다루는 유기체의 종합적인 능력이다.
  - 지능이 높은 사람은 학습능력, 적응능력, 추상적 사고능력 등을 통해 성공적인 생활을 영위할 수 있다.
  - 주요학자 : 웩슬러(Wechsler) 등

다음 중 웩슬러(Wechsler)가 제시한 지능의 정의에 해당되는 것은? 11년 기출

① 지능은 판단하고 이해하고 추론하는 능력이다.

② 지능은 목표를 가지고 행동하고 합리적으로 사고하며, 환경을 효과적으로 다룰 수 있는 능력의 집합이다.

③ 지능은 유전자에 의해 전수되는 타고난 능력이다.

④ 사회문화적 경험이나 조건형성된 능력으로서 적응능력을 말한다.

답 ②

지능의 개념에 관한 연구자와 주장의 연결이 옳지 않은 것은? 19, 21, 23, 24년 기출

① 웩슬러(Wechsler) – 지능은 성격과 분리될 수 없다.

② 혼(Horn) – 지능은 독립적인 7개 요인으로 이루어져 있다.

③ 카텔(Cattell) – 지능은 유동적 지능과 결정화된 지능으로 구분할 수 있다.

④ 스피어만(Spearman) – 지적 능력에는 g요인과 s요인이 존재한다.

답 ②

MMPI 타당도척도 중 L과 K척도는 T점수로 50에서 60 사이이고, F척도는 70 이상인 점수를 얻은 사람의 특징으로 적합한 것은?

① 지나친 방어적 태도 때문에 면담하기 어려운 사람이다.

② 감정을 억제하고 있으며, 행동을 적절하게 통제하고 있다.

③ 경험하는 스트레스의 정도가 미미하며, 사회적 상황에 효율적으로 대처하는 사람이다.

④ 자신의 문제를 인정하는 동시에 그런 문제와 관련하여 자신을 방어하려고 애쓰는 사람이다.

핵심 키워드	• MMPI • 타당도척도 • 삿갓형
기출 데이터	17년 기출

답 ④

과락을 피하는 해설

④ 삿갓형(L, K = 50~60, F ≥ 70) : 자신의 문제를 인정하지만, 이러한 문제에 대해 자신을 방어한다.

더 알아두기

삿갓형 타당도척도의 해석

• F척도(비전형척도, Infrequency)는 비전형적인 방식으로 응답하는 사람들을 탐지하기 위한 것으로서, 어떠한 생각이나 경험이 일반 대중의 그것과 다른 정도를 측정한다. F척도 점수가 높을수록 수검자는 대부분의 정상적인 사람들이 하는 것처럼 반응하지 않으며 그가 가지고 있는 문제영역이 많고 문제의 정도가 심각한 것을 나타낸다.

• K척도(교정척도, Correction)는 수검자가 자신을 바람직한 방향으로 왜곡하여 좋은 인상을 주려고 하는지 혹은 검사에 대한 저항의 표시로 나쁜 인상을 주려고 하는지 파악하는 데 유효하다. K척도 점수가 높을수록 수검자의 정신병리에 대한 방어 또는 억압 성향을 나타내며, 평균 수준으로 낮은 경우 솔직하고 자기 비판적인 성향을 나타낸다. 다만, K척도가 35T(또는 40T) 이하로 과도하게 낮은 경우 자신의 단점을 과장하거나 심각한 정서적 장애를 가지고 있는 것으로 왜곡하려는 성향을 의심할 수 있다.

• 임상장면에서는 L척도와 K척도가 50T 이하, F척도가 60T 이상인 타당도척도 형태를 자주 보게 되는데, 이는 수검자가 자신의 신체적 · 정서적 곤란을 인정하는 한편, 이를 자신의 능력만으로 해결하기 어려운 상태임을 반영한다.

MMPI-2의 L척도가 상승했을 때의 해석과 가장 거리가 먼 것은? 15, 24, 25년 기출

① 자신의 동기에 대한 통찰력과는 부적 상관관계가 있다.

② 지능이 높고 교육수준이 높을수록 상승하는 경향이 있다.

③ 이상적으로 자신을 나타내고자 하는 경우 상승한다.

④ 억압이나 부정 방어기제가 높을수록 상승하는 경향이 있다.

답 ②

MMPI 타당도척도에서 F척도는 상승해 있고, L척도는 보통 수준이며, K척도가 낮은 경우의 피검자 특성과 가장 거리가 먼 것은?

12년 기출

① 피검자는 솔직하고 자기 비판적이다.

② 심리적으로 단순하여 상황에 지나치게 감정적으로 대응하는 편이다.

③ 다소 도덕적으로 엄격하고 심리적으로 융통성이 없다.

④ 혼자 있기를 좋아하는 편으로 많은 심리적 문제를 인정하고 있다.

답 ②

80세 이상의 노인집단용 규준이 마련되어 있는 심리검사는?

① K-WAIS

② K-WAIS-IV

③ K-Vineland-II

④ SMS(Social Maturity Scale)

핵심 키워드	· 80세 이상 · 노인집단용 규준 · 심리검사
기출 데이터	17, 21, 22년 기출

답 ③

과락을 피하는 해설

K-Vineland-II

· 사회적응행동을 평가하는 검사이다.

· 검사대상 : 0세~99세

· 미국의 'Vineland Maturity'를 1985년 국내 실정에 맞게 표준화한 사회성숙도(SMS) 검사의 제한점을 개선하기 위해 새로운 규준을 마련하고 문항이 다시 수정된 검사이다.

· 적응행동이란 일상적인 활동의 수행에 요구되는 개인적·사회적 능력 또는 타인의 요구에 적절히 대처하고 일상생활에 책임을 다할 수 있는 능력으로 정의, 적응행동에 결함이 있으면 개인의 전반적인 기능과 학습, 행동이 제한되고 해당연령에 사회문화적으로 기대되는 성숙, 학습, 독립성, 사회적 책임감 등을 발휘하는 데 제한이 생긴다.

· 적응행동 평가는 장애인(특히 지적장애인)과 같은 적응행동에 상당한 제한이 있는 사람들뿐만 아니라 다양한 장애(발달장애, 학습장애, 청각 및 시각장애, ADHD, 정서 및 행동장애, 다양한 유전적 장애 등)의 임상적 진단에 사용될 수 있고, 장애가 없는 개인의 적응수준을 평가하는 데 도움이 된다.

유사문제·관련문제

시각-운동통합검사(K-VMI-6)에 관한 설명으로 가장 적합한 것은? 　　　　　　17년 기출

① BGT에 비해 전반적으로 문항의 난이도가 높다.

② BGT에 비해 전반적으로 문항의 난이도가 낮다.

③ 사용대상 연령은 만 2~5세까지로 대상연령의 폭이 비교적 좁다.

④ 만 2세에서부터 노인에 이르기까지 폭넓은 연령에서 실시할 수 있다.

답 ④

054

MMPI에서 2, 7 척도가 상승한 패턴을 가진 피검자의 특성으로 옳지 않은 것은?

① 행동화(Acting-out) 성향이 강하다.

② 정신치료에 대한 동기는 높은 편이다.

③ 자기비판 혹은 자기처벌적인 성향이 강하다.

④ 불안, 긴장, 과민성 등 정서적 불안 상태에 놓여 있다.

핵심 키워드	• MMPI • 2, 7 척도 상승 • 7, 2 척도 상승
기출 데이터	17, 22, 23년 기출

답 ①

과락을 피하는 해설

'2-7' 상승척도쌍 피검자의 특성

• 불안하고 초조하고 긴장, 걱정을 많이 하며, 일이 일어나기도 전에 미리 염려

• 사소한 스트레스에도 과도하게 반응

• 강박사고와 강박행동을 보고

• 피로감, 피곤함, 소진감

• 비관적이고 희망이 없다고 느끼며, 미성숙하며 성취하고 싶은 욕구 및 그런 성취를 통해 인정받고 싶은 강한 욕구

• 자신에게 상당히 많은 것을 기대하며 목표 달성에 실패하면 죄책감을 느낌

• 수동-의존적이며 자기주장을 내세우는 것도 힘들어함

• 불안장애, 우울증, 강박장애 진단

유사문제 · 관련문제

MMPI-2에서 4-6척도가 상승한 사람의 특징일 가능성이 가장 적은 것은?   16년 기출

① 항상 긴장되어 있고 다양한 신체적 증상을 나타낼 가능성이 높다.

② 분노와 적개심이 억제되어 있을 가능성이 높다.

③ 타인에 대한 불신감이 많을 가능성이 높다.

④ 권위적 대상(Authority Figure)과의 관계에서 문제가 발생할 가능성이 높다.

답 ①

신경심리검사에 대한 설명으로 옳은 것은?

① 브로카(Broca)와 베르니케(Wernicke)는 실행증 연구에 뛰어난 업적을 남겼으며, 벤톤(Benton)은 임상신경심리학의 창시자라고 할 수 있다.

② X레이, MRI 등 의료적 검사결과가 정상으로 나온 경우에는 신경심리검사보다는 의료적 검사결과를 신뢰하는 것이 타당하다.

③ 신경심리검사는 고정식(Fixed) Battery와 융통식(Flexible) Battery 접근이 있는데, 두 가지 접근 모두 하위검사들이 독립적인 검사들은 아니다.

④ 신경심리검사는 환자에 대한 진단, 환자의 강점과 약점, 향후 직업능력의 판단, 치료계획, 법의학적 판단, 연구 등에 널리 활용된다.

핵심 키워드	• 신경심리학 • 신경심리검사 • 인구통계 및 심리사회적 배경
기출 데이터	21, 23, 24년 기출

답 ④

과락을 피하는 해설

④ 신경심리검사는 일차적 진단도구로 사용하는 데는 한계가 있지만, 환자의 상태를 예측하고 진단하는 데 도움을 주며 널리 활용될 수 있다.

① 브로카와 베르니케(Broca & Wernicke)는 실어증 연구에 뛰어난 업적을 남겼다. 또한 임상신경심리학은 1936년 라슐리(Lashley)가 심리학에 도입하여 사용하기 시작하였고, 이후 미국의 할스테드와 라이탄(Halstead & Reitan), 구소련의 루리아(Luria) 등이 발전시켰다.

② 신경심리검사는 신경영상기법의 첨단장비로 탐지해 낼 수 없는 미세한 초기의 장애를 탐지해 낼 수 있고, 뇌 행동관계의 기능적 측면에 대한 세부적 정보를 평가할 수 있도록 하므로 의료적 검사와 함께 유효하게 사용된다.

③ 융통식(Flexible) 배터리 접근은 검사 조건에 따라 총집 형태로 사용할 수도 있고, 각 검사를 독립적인 개별 검사로도 사용할 수 있다.

유사문제 · 관련문제

신경심리평가 시 고려해야 할 사항과 가장 거리가 먼 것은? 12, 19, 24년 기출

① 손상 후 경과시간

② 교육수준

③ 연 령

④ 성 별

답 ④

유사문제 · 관련문제

신경심리검사의 실시에 대한 설명으로 옳은 것은? 21, 25년 기출

① 두부 외상이나 뇌졸중 환자의 경우에는 급성기에 바로 검사를 실시하는 것이 바람직하다.

② 어려운 검사는 피로가 적은 상태에서 실시하고 어려운 검사와 쉬운 검사를 교대로 실시하는 것이 좋다.

③ 운동 기능을 측정하는 검사는 과제제시와 검사 사이에 간섭과제를 사용한다.

④ 진행성 뇌질환의 경우 6개월 정도가 지난 후에 정신상태와 인지기능을 평가하는 것이 바람직하다.

답 ②

유사문제 · 관련문제

신경심리검사의 목적에 관한 설명으로 옳지 않은 것은? 13, 18년 기출

① 기질적, 기능적 장애의 감별진단에 유용하다.

② 재활과 치료평가 및 연구에 유용하다.

③ CT나 MRI와 같은 뇌영상기법에서 이상소견이 나타나지 않을 때 유용할 수 있다.

④ 기능적 장애의 원인을 판단하는 데 도움이 된다.

답 ④

유사문제 · 관련문제

신경심리검사의 해석에 관한 설명으로 옳은 것은? 17년 기출

① 반응의 질적 측면은 해석에서 배제된다.

② 피검사자의 정서적 및 성격적 특징은 해석에서 고려되지 않는다.

③ 과제에 접근하는 방식과 검사자와의 상호작용 양상도 해석적 자료가 된다.

④ 과거의 기능에 관한 정보는 배제하고 현재의 기능에 초점을 맞추어 평가한다.

답 ③

MMPI에 관한 설명으로 옳지 않은 것은?

① 수검자에 대한 행동평가가 가능하다.

② 수검자의 방어기제를 잘 알 수 있다.

③ 결과에 대한 정신역동적 해석이 가능하다.

④ 수검자의 성격 전반에 대한 이해가 가능하다.

핵심 키워드	• MMPI • 방어기제 • 성격검사
기출 데이터	17, 24년 기출

답 ①

과락을 피하는 해설

MMPI(Minnesota Multiphastic Personality Inventory)

• 세계적으로 가장 널리 쓰이고 가장 많은 연구가 진행된 객관적 성격검사도구이다.

• 1943년 하더웨이와 매킨리(Hathaway & McKinley)에 의해, 비정상적인 행동과 증상을 객관적으로 측정하여 임상진단에 관한 정보를 제공해 주는 것을 목적으로 개발되었다.

• 이후 진단적·병리적 분류의 개념이 정상인의 행동을 설명하는 데에도 유효하다는 전제하에 일반적 성격특성을 유추하기 위한 용도로도 사용된다.

• 수검자의 성격적 특징을 보다 정확히 반영하기 위해 수검자가 검사 문항에 솔직하게 반응하는지, 의도적으로 좋게 또는 나쁘게 보이려고 하는지 파악한다.

더 알아두기

검사 실시상의 유의사항

• 수검자가 MMPI에 제대로 응답할 수 있는가의 여부를 결정해야 하며, 수검자의 독해력, 연령, 지능수준, 임상적인 상태 등을 고려해야 한다.

• 검사 소요시간은 보통 60~90분 정도이다.

• 검사는 가급적 검사자가 지정하는 곳에서 검사자의 감독하에 실시하는 것이 바람직하다.

• 검사 실시 전 검사의 목적, 결과의 용도, 누가 이 결과를 보게 되는가, 그리고 결과의 비밀보장 등에 대해 솔직하고 성실하게 설명해 준다.

• 수검자의 검사에 대한 제반 질문에 친절하게 답변함으로써 수검자의 협조를 얻도록 노력한다.

• 검사 도중 검사자는 수검자에게 방해되지 않도록 한두 번 정도 검사진행을 확인할 필요가 있다.

• 검사 실시와 함께 보호자나 주변인물과의 면접을 실시함으로써 수검자에 대한 생활사적 정보와 수검자의 현 상태에 대한 객관적인 정보를 얻는 것이 필요하다.

• 마지막으로 실시한 검사를 채점한 후에 다시 수검자와 면접을 실시해야 한다.

유사문제 · 관련문제

MMPI에서는 검사의 신뢰성과 타당성을 높여주기 위한 통계적 조작으로 몇몇 척도에 대해 K원점수 비율을 더해주는데, 다음 중 K교정점수를 더해주는 척도는 무엇인가?   14년 기출

① L척도

② D척도

③ Si척도

④ Pt척도

답 ④

유사문제 · 관련문제

MMPI와 같은 임상성격검사를 실시하고 해석할 때 고려할 사항으로 가장 거리가 먼 것은?   15년 기출

① 검사를 실시하기 전에 충분한 관계형성을 시도해야 한다.

② 보호자나 주변인물과의 면접을 통한 정보를 획득해야 한다.

③ 실시한 검사를 채점한 후에 다시 수검자면접을 실시해야 한다.

④ 검사의 지시는 가능하면 간결할수록 좋다.

답 ④

유사문제 · 관련문제

MMPI를 실시하고 해석할 때 주의해야 할 점으로 가장 적합한 것은?   15년 기출

① 피검자의 독해력, 학력수준 혹은 지능수준을 사전에 알고 있어야 한다.

② 응답하지 않은 문항도 채점되므로, 사전에 "가급적 모든 문항에 다 응답하라"고 지시해서는 안 된다.

③ 피검자가 문항의 의미에 관해 주관적인 기준에 의해 판단하지 않도록 모호한 문항내용에 대해서는 사전에 명확한 기준을 제시해 주어야 한다.

④ MMPI는 성격특성을 평가하는 인성검사이므로 성별에 관한 정보는 그리 중요하지 않다.

답 ①

057

두정엽의 병변과 가장 관련이 있는 장애는?

① 구성장애

② 시각양식의 장애

③ 청각기능의 장애

④ 고차적인 인지적 추론의 장애

핵심 키워드	• 두정엽 • 구성장애
기출 데이터	13, 17, 22, 23년 기출

답 ①

과락을 피하는 해설

구성장애(또는 구성실행증, Constructional Apraxia)

• 두정엽 또는 마루엽(Parietal Lobe)은 대뇌피질의 윗부분 중앙에 위치하며, 이해의 영역으로서 공간지각, 운동지각, 신체의 위치판단 등을 담당한다. 특히 신체 각 부위의 개별적인 신체표상을 비롯하여 입체적·공간적 사고, 수학적 계산 및 연상기능 등을 수행한다.

• '구성장애 또는 구성실행증'은 1차원 및 2차원의 자극을 토대로 2차원 또는 3차원으로 된 대상이나 형태를 구성하는 능력에서 결함을 나타내는 장애이다.

• 지각적 결함과도 밀접하게 연관되어 있는 것으로 알려져 있다. 특히 우측 두정엽에 병변이 있는 환자의 경우 지형학적 사고와 기억손상 등의 시공간적 장애를 보이기도 하며, 개별적 특징들을 전체로 통합하여 재인하지 못하는 지각적 단편화와 함께 특이한 각도로 제시되는 대상을 재인하지 못하는 지각적 분류장해를 보이기도 한다.

• 수학적 개념과 문제풀이 능력을 보유하고 있음에도 불구하고 공간적 관계에 따라 수를 조작하는 데 어려움을 보이는 '계산부전증 또는 난산증(Dyscalculia)'을 보이기도 한다. 이와 같은 장해 및 증상들은 구성적 결함 또는 구성능력의 손상과 밀접하게 연관되어 있다.

유사문제 · 관련문제

다음 중 뇌손상 환자의 병전 지능수준을 추정하기 위한 자료와 가장 거리가 먼 것은? 13, 19, 21년 기출

① 교육수준, 연령, 성별과 같은 인구학적 자료

② 웩슬러지능검사에서 상황적 요인에 의해 잘 변화하지 않는 소검사 점수

③ 이전의 암기력 수준, 혹은 웩슬러지능검사에서 기억능력을 평가하는 소검사 점수

④ 이전의 직업기능 수준 및 학업성취도

답 ③

유사문제 · 관련문제

뇌손상에 수반된 기억장애에 대한 설명으로 옳지 않은 것은? 03, 20, 23, 24년 기출

① 대부분의 경우에 정신성 운동속도의 손상이 수반된다.

② 장기기억보다 최근 기억이 더 손상된다.

③ 일차기억은 비교적 잘 유지된다.

④ 진행성 장애의 초기징후로 나타나기도 한다.

답 ①

058

집단용지능검사의 특징으로 옳은 것은?

① 개인용검사에 비해 임상적인 유용성이 높다.

② 선별검사(Screening Test)로 사용하기에 적합하다.

③ 대규모 실시로 실시와 채점, 해석이 상대적으로 어렵다.

④ 개인용검사에 비해 지적 기능을 보다 신뢰성 있게 파악할 수 있다.

핵심 키워드	• 집단용 • 지능검사 • 시간 · 비용절감
기출 데이터	05, 07, 10, 17년 기출

답 ②

과락을 피하는 해설

① 개인용검사에 비해 임상적인 유용성이 낮다.

③ 검사의 실시와 채점, 해석이 간편하며, 상대적으로 시간 및 비용을 절감할 수 있다.

④ 개인용검사에 비해 지적 기능을 보다 신뢰성 있게 파악할 수 없다.

개인용지능검사와 집단용지능검사

구 분	항 목
개인용지능검사	• 수검자 한 사람을 대상으로 검사를 실시하도록 되어 있는 검사를 말한다. • 개인용지능검사에서는 수검자의 행동을 빠짐없이 관찰할 수 있으므로 수검자의 심리상태나 결함 혹은 장점을 파악하는 데 도움이 된다. • 상대적으로 높은 신뢰성과 타당성, 임상적인 유용성을 기대할 수 있다. • 실시의 복잡성, 검사자를 위한 고도의 훈련과 기술의 요구, 오랜 검사시간 등의 단점이 있다.
집단용지능검사	• 한 번에 여러 사람에게 동시에 실시할 수 있도록 구성되어 있는 검사를 말한다. • 검사의 실시와 채점, 해석이 간편하며, 상대적으로 시간 및 비용을 절감할 수 있다. • 선별검사로 사용하기에 적합하다. • 검사장면에서 발생할 수 있는 여러 가지 오차요인을 통제하기 곤란하므로 신뢰성이 떨어지며, 개인용지능검사에 비해 임상적인 유용성이 낮다는 단점이 있다.

유사문제 · 관련문제

지능검사를 집단으로 실시하는 경우에 관한 설명으로 옳지 않은 것은? 16년 기출

① 전산화심리검사로 개발되어 사용될 수 있다.

② 검사실시자의 훈련이 쉽다.

③ 개인의 특수한 행동에 관한 정보를 수집하기 쉽다.

④ 수검자의 일시적인 상태를 충분히 고려하지 못한다.

답 ③

059

검사자가 지켜야 할 윤리적 의무로 옳지 않은 것은?

① 검사과정에서 피검자에게 얻은 정보에 대해 비밀을 보장할 의무가 있다.

② 자신이 다루기 곤란한 어려움이 있을 때는 적절한 전문가에게 의뢰하여야 한다.

③ 자신이 받은 학문적인 훈련이나 지도받은 경험의 범위를 벗어난 평가를 해서는 안 된다.

④ 피검자가 자해행위를 할 위험성이 있어도 비밀보장의 의무를 지켜야 하므로 누구에게도 알려서는 안 된다.

핵심 키워드	• 검사윤리 • 검사자의 윤리 • 비밀유지
기출 데이터	14, 18, 22, 25년 기출

답 ④

과락을 피하는 해설

검사의 적절한 활용을 위한 윤리

• 검사자는 자신의 능력 범위 안에서 사용할 수 있는 검사만을 사용해야 한다.

• 자신의 능력 범위를 벗어난다고 판단되면, 다른 전문가의 의견을 구하거나 의뢰하여야 한다.

• 피검자는 검사를 받을 때, 어떤 검사를 어떤 목적으로 받고 있고, 이 결과가 어떻게 사용될 것인지에 대해 설명을 들을 권리가 있다. 이에 검사자는 피검자에게 검사를 받거나 거부할 권리가 있음을 알려야 하고 검사실시에 대한 동의를 받아야 한다.

• 검사를 평가하는 평가자는 부족한 능력을 보완하기 위해 세미나나 워크숍에 참석해야 한다.

• 심리검사 결과가 피검자 자신이나 타인, 의뢰기관 등에 불리한 결과를 초래할 수 있을 경우, 이에 대해 검사자는 전문가의 양심과 윤리규정에 입각하여 정확하고 공정한 판단을 내려야 한다.

유사문제 · 관련문제

다음 중 검사윤리에 관한 설명으로 옳지 않은 것은?　　　　　　13, 18, 19, 24년 기출

① 제대로 자격을 갖춘 검사자만이 검사를 사용해야 한다.

② 일정한 자격을 갖춘 사람만이 심리검사를 구매할 수 있다.

③ 쉽게 이해할 수 있고 검사 목적에 맞는 용어로 검사결과를 제시하는 것이 좋다.

④ 검사결과는 어떠한 경우라도 사생활보장과 비밀유지를 위해 수검자 본인에게만 전달되어야 한다.

답 ④

유사문제 · 관련문제

심리평가와 관련된 윤리로 보기 어려운 것은?　　　　　　17, 24년 기출

① 가능하면 최근에 제작된 검사를 사용해야 한다.

② 심리검사를 구매하는 데도 일정한 자격이 필요하다.

③ 수검자 외의 어떠한 사람에게도 검사결과를 알려서는 안 된다.

④ 검사결과는 수검자가 이해할 수 있는 방식으로 설명해야 한다.

답 ③

060

특정 학업과정이나 직업에 대한 앞으로의 수행능력이나 적응을 예측하는 검사는?

① 적성검사 ② 지능검사

③ 성격검사 ④ 능력검사

핵심 키워드	• 적성검사 • 수행능력 및 적응 • 잠재력
기출 데이터	17, 22, 25년 기출

답 ①

적성검사

• 적성은 일반적 지식이나 특수한 기술을 습득하고 숙달할 수 있는 개인의 잠재력을 의미한다.

• 적성검사는 학업성취와 관련된 학업적성, 직업활동과 관련된 직업적성/사무적성, 기계적성, 음악적성, 미술적성, 언어적성, 수공적성, 수리적성 등의 특수적성으로 세분된다.

• 적성검사는 인지적 검사로 개인의 특수한 능력 또는 잠재력을 발견하도록 하여 학업이나 취업 등의 진로결정에 대한 정보 및 미래 성공가능성을 예측한다.

• 지능보다 특수하고 광범위한 능력을 측정한다.

• 일반적성검사(GATB), 차이적성검사(DAT)

유사문제 · 관련문제

다음 (   ) 안에 들어갈 알맞은 것은?   08, 11년 기출

> 지능검사가 개인의 일반적인 능력을 측정하는 것이라면, (   )는 특정 학업과정이나 직업에 대한 앞으로의 수행능력과 적응도를 예측하는 검사를 말한다.

① 창의성검사 ② 성취도검사 ③ 적성검사 ④ 발달검사

답 ③

유사문제 · 관련문제

적성검사에 관한 설명으로 옳지 않은 것은?   21년 기출

① 적성검사는 능력검사로 불리기도 한다.

② 학업적성은 실제 학업성취도와 일치한다.

③ 개인의 특수한 영역에서의 능력을 측정한다.

④ 적성검사는 개인의 미래수행을 예측하는 데 사용된다.

답 ②

임상심리학

061

인지치료에 대한 설명으로 옳지 않은 것은?

① 개인의 문제는 잘못된 전제나 가정에 바탕을 둔 현실왜곡에서 비롯된다.

② 개인이 지닌 왜곡된 인지는 학습상의 결함에 근거를 둔다.

③ 부정적인 자기개념에서 비롯된 자동적 사고들은 대부분 합리적인 사고들이다.

④ 치료자는 왜곡된 사고를 풀어주고 보다 현실적인 방식들을 학습하도록 도와준다.

핵심 키워드	• 인지치료 • 잘못된 전제나 가정 • 현실왜곡 • 자동적 사고
기출 데이터	14, 17년 기출

답 ③

과락을 피하는 해설

자동적 사고(Automatic Thoughts)

정서적 반응으로 이끄는 특별한 자극에 의해 유발된 개인화된 생각으로, 노력 혹은 선택 없이 자발적으로 일어나며, 사람들이 자신의 경험으로부터 생성한 신념과 가정을 반영하고 있다. 이에 심리적 장애를 가진 사람들의 자동적 사고는 흔히 왜곡되거나 극단적이거나 부정확하다.

자동적 사고의 식별방법

• 감정변화 인식하기(감정변화 즉시 질문하기)

• 심리교육하기

• 안내에 따른 발견

• 사고기록지 작성하기

• 심상(Imagery) 활용하기(생활사건 생생하게 떠올리기)

• 역할극 활용하기

• 체크리스트 활용하기

인지치료에서 강조하는 내용과 가장 거리가 먼 것은?   11년 기출

① 내담자로 하여금 자신의 신념들을 파악하게 한다.

② 내담자의 비합리적 생각을 변화시키기 위하여 논리적인 분석을 한다.

③ 내담자의 미해결된 과제를 '지금-여기'서 해결하도록 조력한다.

④ 내담자는 자기의 문제를 이해하고 해결할 수 있는 자각능력과 의식기능을 가지고 있으므로 지시적이고 능동적이며 구조적 접근을 실시한다.

답 ③

다음 보기에서 설명하고 있는 치료법은?   15년 기출

적정 체중에 미달되는데도 자신이 과체중이고 비만이라고 생각해서 음식을 거부하는 사람에 대해. 극단적인 흑백사고와 파국적 사고 등의 인지왜곡에 대한 접근을 시도하고 문제해결접근. 그리고 체계적 둔감화와 같은 방법을 포함하는 치료방법이다.

① 정신분석

② 인간중심치료

③ DBT

④ 인지행동치료

답 ④

임상심리학자로서 지켜야 할 내담자에 대한 비밀보장에 관한 설명으로 옳지 않은 것은?

① 일반적으로 상담과정에서 내담자에 대해 알게 된 사실을 다른 사람들에게 말하면 안 된다.

② 아동 내담자의 경우에도 아동에 관한 정보를 부모에게 알려서는 안 된다.

③ 자살 우려가 있는 경우 내담자의 비밀을 지키는 것보다는 가족에게 알려 자살예방조치를 취하는 것이 더 중요하다.

④ 상담 도중 알게 된 내담자의 중요한 범죄사실에 대해서는 비밀을 지킬 필요가 없다.

핵심 키워드	• 치료관계 • 내담자 정보 • 비밀보장
기출 데이터	11, 21, 25년 기출

답 ②

과락을 피하는 해설

비밀보장 예외규정(한국심리학회 윤리강령 규정)

• 필요한 전문적 서비스를 제공하기 위한 경우

• 적절한 전문적 자문을 구하기 위한 경우

• 내담자, 심리학자 또는 그 밖의 사람들을 상해로부터 보호하기 위한 경우

• 내담자로부터 서비스에 대한 비용을 받기 위한 경우

유사문제 · 관련문제

치료관계에서 얻은 내담자의 정보에 대한 비밀보장의 예외적인 경우에 해당하지 않는 것은? 17년 기출

① 자해의 위험성이 있는 경우

② 제3자에게 위해가 가해질 우려가 있는 경우

③ 감염성 질병이 있는 경우

④ 내담자에게 알리지 않고 내담자의 정보를 책에 인용한 경우

답 ④

유사문제 · 관련문제

임상심리학자의 법적 · 윤리적 책임에 관한 설명으로 옳지 않은 것은? 12, 20년 기출

① 임상심리학자의 직업수행에는 공적인 책임이 따른다.

② 어떠한 경우에도 내담자의 비밀은 보장해야 한다.

③ 내담자 사생활의 부당한 침해를 방지하기 위해 노력해야 한다.

④ 내담자, 피감독자, 학생, 연구참여자들을 성적으로 악용해서는 안 된다.

답 ②

정신상태검사(Mental Status Examination) 면접에서 환자를 통해 평가하는 항목이 아닌 것은?

① 외모와 태도

② 지남력

③ 정서의 유형과 적절성

④ 가족관계

핵심 키워드	• 정신상태검사 • 면 접 • 평가항목
기출 데이터	17, 24, 25년 기출

답 ④

과락을 피하는 해설

정신상태검사는 용모 및 외모, 면담태도, 정신운동활동, 정서적 반응, 언어와 사고, 감각과 지능, 기억력과 지남력 등을 평가한다.

더 알아두기

정신상태검사(MSE ; Mental Status Examination)에 포함되는 기술 내용

구 분	내 용
일반적 기술 (General Description)	외양, 행동, 정신활동, 검사자에 대한 태도 등
기분 및 정서 (Mood and Affect)	기분, 감정반응성, 정서의 적절성 등
말 (Speech)	말의 양과 질, 속도, 발음 등
지각 (Perception)	환각 및 착각, 관련 감각기관의 내용 및 특징 등
사고 (Thought)	사고의 과정 또는 형태, 사고의 내용 등
감각 및 인지 (Sensorium and Cognition)	각성 및 의식수준, 지남력, 기억, 주의집중, 읽기 · 쓰기 능력, 시공간능력, 추상적 사고, 상식과 지능 등
충동조절 (Impulse Control)	성적 · 공격적 및 기타 충동의 조절능력 등
판단 및 병식(통찰) (Judgment and Insight)	사회적 판단능력, 자신이 병들었다는 사실에 대한 인식 정도 등
신뢰도 (Reliability)	환자의 신뢰도, 자신의 상황에 대한 정확한 보고능력 등

정신병리가 의심될 때 주로 사용하는 구조화된 정신의학적 면접법은?   03, 12년 기출

① 정신역동적 면담

② 개인력 청취

③ 가계력 조사

④ 정신상태평가

cf. 정신상태평가 = 정신상태검사

답 ④

정신상태검사(Mental Status Examination)에서 파악하는 항목과 가장 거리가 먼 것은?   16, 24년 기출

① 감각기능 – 의식상태, 주의력, 기억력 등

② 인지기능 – 내담자의 치료 동기의 파악

③ 지각장애 – 착각, 환각의 유무 등

④ 지남력 – 시간, 장소, 사람 지남력

답 ②

다음 보기의 내용이 설명하는 면접의 유형은?   15, 24년 기출

> 이 면접은 전형적으로 인지, 정서 혹은 행동에 문제가 있는지 여부를 신속히 평가하고, 흔히 비구조적으로 행해졌기 때문에 신뢰도가 다소 낮은 한계점이 있었다. 이 문제를 보완하기 위해 구조적 면접이 고안되었고, 다양한 영역에서 보이는 행동을 포함하기 위해 특별한 질문이 보완되고 있다. 다양한 정신건강전문가들을 위한 중요한 임상면접 중 하나이다.

① 개인적면접

② 접수면접

③ 진단적면접

④ 정신상태검사면접

답 ④

064

로저스(Rogers)가 제안한 내담자의 긍정적 변화를 촉진시키기 위한 치료자의 3가지 조건에 해당하지 않는 것은?

① 무조건적 존중

② 정확한 공감

③ 창의성

④ 솔직성

핵심 키워드	• 로저스 • 치료자의 조건
기출 데이터	04, 13, 21, 23년 기출

답 ③

과락을 피하는 해설

③ 로저스(Rogers)가 주장한 촉진적 치료관계를 위한 상담자와 내담자의 관계의 3요소에 해당되지 않는다.

더 알아두기

인간중심상담에서 상담자가 갖추어야 할 바람직한 태도

• 공감적 이해와 경청
  - 동정이나 동일시로써 내담자의 감정에 빠져드는 것이 아닌 객관적인 입장에서 내담자를 깊이 있게 이해하는 것을 의미한다.
  - 상담자는 내담자의 주관적인 경험을 감지하고 내담자의 마음속에 들어감으로써 내담자가 자신의 감정을 더욱 강렬하게 경험하는 동시에 내부의 불일치를 인식하도록 도와야 한다.

• 일치성과 진실성(솔직성)
  - 상담자의 내적인 경험과 외적인 표현이 일치되며, 내담자와의 관계에서 개방적인 표현이 이루어지도록 노력하는 것을 의미한다.
  - 상담자는 자신의 감정을 솔직하게 인정하고 내담자의 진술한 감정 표현을 유도함으로써 진솔한 의사소통이 이루어지도록 노력해야 한다.

• 무조건적인 긍정적 수용(관심) 또는 존중
  - 상담자가 아무런 조건 없이 수용적인 태도로써 내담자를 존중하며, 따뜻하게 수용하는 것을 의미한다.
  - 상담자는 내담자의 사고나 감정, 행동에 대한 옳고 그름, 좋고 나쁨을 평가 또는 판단해서는 안 된다.

인간중심치료에 대한 설명으로 적합하지 않은 것은? 15, 21년 기출

① 인간중심접근은 개인의 독립과 통합을 목표로 삼는다.

② 인간중심적 상담(치료)은 치료과정과 결과에 대한 연구관심사를 포괄하면서 개발되었다.

③ 치료자는 주로 내담자의 자기와 세계에 대한 인식에 주로 관심을 가진다.

④ 내담자가 정상인가, 신경증 환자인가, 정신병 환자인가에 따라 각기 다른 치료원리가 적용된다.

답 ④

로저스(Rogers)의 인간중심접근에 대한 설명으로 옳지 않은 것은? 17, 22, 25년 기출

① 자기개념을 확장하도록 돕는 것이 치료의 목표이다.

② 자기-경험의 불일치가 불안의 원인이라고 본다.

③ 부모의 조건적 애정과 가치가 문제의 근원이 될 수 있다.

④ 치료자는 때에 따라 자신의 감정을 숨기거나 왜곡해야 한다.

답 ④

065

심리평가에 관한 설명과 가장 거리가 먼 것은?

① 심리평가는 심리학자들이 진단을 내리고, 치료를 계획하고, 행동을 예측하기 위하여 정보를 수집하고 평가하는 과정이다.

② 심리평가의 자료로는 환자에 대한 면접자료, 과거기록, 행동관찰사항, 심리검사에 관한 결과들이 포함된다.

③ 제1, 2차 세계대전 당시 신병들에 대한 심리평가의 요구는 임상심리학에서 심리평가의 중요성과 심리검사 제작의 필요성을 촉진시켰다.

④ 임상장면에서 심리검사를 실시할 때 자주 사용하는 MMPI, K-WAIS, Rorschach, TAT와 같은 검사들은 반드시 포함되어야 한다.

핵심 키워드	• 심리평가 • 진 단 • 심리평가 자료
기출 데이터	14, 17년 기출

답 ④

과락을 피하는 해설

심리검사를 실시할 때 반드시 포함되어야 하는 특정검사가 있는 것이 아니라, 임상심리전문가가 각 사례에 적절하고 유용한 심리검사를 선정하는 것이 바람직하다. 풀 배터리(Full Battery) 검사를 실시할 때에는 일반적으로 인지적 기능, 정서상태, 성격적 특성, 대인관계양식 등을 종합적으로 파악하기 위해 여러 가지 검사를 함께 실시한다.

더 알아두기

심리검사 선정의 원칙
• 심리검사의 목적을 분명히 하고 그러한 목적달성에 적절한 검사를 선정해야 한다.
• 표준화된 검사를 사용하는 경우 검사의 신뢰도를 검토해 보아야 한다.
• 타당도가 검증된 심리검사를 선택한다.
• 심리검사의 실용성을 고려하여 선정한다.

유사문제 · 관련문제

심리검사를 실시하거나 면접을 시행하는 동안 임상심리학자가 취해야 할 태도와 가장 거리가 먼 것은?　　04, 11, 13년 기출

① 행동관찰에서는 다른 사람 또는 다른 장면에서는 관찰할 수 없는 비일상적 행동이나 그 환자만의 특징적인 행동을 주로 기술한다.

② 관찰된 행동을 기술할 때에는 어떤 상황에서 어떤 방식으로 불안을 나타내는지를 구체적 용어로 설명하는 것이 바람직하다.

③ 정상적인 적응을 하고 있는 사람들도 심리검사와 같은 생소한 상황에 직면할 때는 여러 가지 특징적인 행동을 나타내게 되는데, 이러한 일반적인 행동까지 평가보고서에 포함시키는 것이 좋다.

④ 평가보고서에는 주로 환자의 특징적인 행동과 심리검사 결과뿐만 아니라 외모나 면접자에 대한 태도, 의사소통방식, 사고, 감정 및 과제에 대한 반응에서 특징적인 내용까지 포함시키는 것이 좋다.

답 ③

PART 2

유사문제 · 관련문제

심리평가 결과에 관한 설명으로 옳은 것은?　　12, 15년 기출

① 검사결과의 유용성은 평가대상(Target)의 기저율(Base Rate)과는 무관하게 결정된다.

② 정신분열증 유무검사의 경우 일반전집에서 오경보(Fales Positive)의 가능성이 거의 없다.

③ 전문가에 의한 임상적 판단은 대개 통계적 판단보다 일관되게 우월하게 나타난다.

④ 범주적 진단분류와 차원적 진단분류 중 어느 하나만을 선택할 필요는 없다.

답 ④

066

알코올중독 환자에게 술을 마시면 구토를 유발하는 약을 투약하여 치료하는 기법은?

① 행동조성
② 혐오치료
③ 자기표현훈련
④ 이완훈련

핵심 키워드	• 알코올중독 • 치료기법 • 고전적 조건형성 기법 • 혐오자극
기출 데이터	17, 20, 21, 23, 24년 기출

답 ②

과락을 피하는 해설

② 혐오치료(Aversion Therapy) : 고전적 조건형성의 기법으로, 바람직하지 못한 행동에 혐오자극을 제시하여 부적응적인 행동을 제거하는 방법이다. 주로 흡연, 음주문제, 과식 등의 문제를 해결하기 위해 사용되며, 부적응적이고 지나친 탐닉이나 선호를 제거하는 데 효과적이다.

① 행동조성 또는 조형(Shaping) : 내담자가 원하는 방향 안에서 일어나는 다양한 반응들만을 강화하고, 원하지 않는 방향의 행동에 대해 강화받지 못하도록 하여 결국 원하는 방향의 행동을 할 수 있도록 하는 것이다. 행동을 구체적으로 세분화하여 단계별로 구분한 후 각 단계마다 강화를 제공함으로써 내담자가 단번에 수행하기 어렵거나 그 반응을 촉진하기 어려운 행동 또는 복잡한 행동 등을 학습하도록 하는 데 유용하다.

③ 자기표현훈련(Self-Expression Training) : 자기표현을 통해 다른 사람과 상호작용하는 방법을 습득하도록 하는 기법으로, 대인관계에서 비롯되는 불안요인을 제거하기 위한 것이다.

④ 이완훈련(Relaxation Training) : 행동주의상담기법의 일종으로, 본래 일상생활에서 스트레스에 대처하기 위한 방법이 보편화된 것이다. 조용한 환경에서 근육을 이완하고 깊고 규칙적인 호흡을 함으로써 긴장과 이완에 따른 차이를 경험하도록 한다. 특히 점진적 이완훈련은 특히 최면, 명상은 물론 체계적 둔감화의 행동기법과 연결된다.

유사문제 · 관련문제

다음 중 고전적 조건형성의 원리를 응용한 치료기법은?　　　　　　　　　　　05, 07, 13년 기출

① 혐오치료
② 토큰경제
③ 타임아웃(Time-out) 기법
④ 부적 강화

답 ①

유사문제 · 관련문제

주로 흡연, 음주문제, 과식 등의 문제를 해결하기 위해 사용되며, 부적응적이고 지나친 탐닉이나 선호를 제거하는 데 사용되는 행동치료방법은?　　　　　　　　　　　15년 기출

① 체계적 둔감화
② 혐오치료
③ 토큰경제
④ 조 성

답 ②

067

초기 임상심리학자와 그의 활동으로 바르게 짝지어진 것은?

① 웩슬러(Wechsler) – 지능검사를 개발하였다.

② 위트머(Witmer) – g지능 개념을 제시하였다.

③ 비네(Binet) – 군대 알파(Army α)검사를 개발하였다.

④ 스피어만(Spearman) – 정신지체아 특수학교에서 심리학자로 활동하였다.

핵심 키워드	• 초기 임상심리학자 • 웩슬러 • 위트머 • 비네 • 스피어만
기출 데이터	18, 22, 23년 기출

답 ①

과락을 피하는 해설

② · ④ 1896년 위트머(Witmer)는 미국 펜실베니아(Pennsylvania) 대학에 세계 최초의 심리진료소(Psychological Clinic)를 개설하였다. 참고로 인간의 지능이 일반요인(General Factor)과 특수요인(Special Factor)으로 구분된다고 주장하면서 g지능 개념을 제시한 학자는 스피어만(Spearman)이다.

③ 1905년 비네(Binet)는 시몽(Simon)과 함께 초등학교 입학 시 정신지체아를 식별하기 위해 '비네-시몽 검사(Binet-Simon Test)'를 개발하였다. 참고로 'Army Alpha(군대 알파) 검사'는 제1차 세계대전 당시 미국심리학회(APA)의 심리검사 위원회를 통해 개발되었다.

유사문제 · 관련문제

Boulder 모델에서 제시한 임상심리학자의 주요역할로 가장 적합한 것은?　　　　　15년 기출

① 치료, 평가, 자문　　　　　　　　　　② 치료, 평가, 연구

③ 치료, 평가, 행정　　　　　　　　　　④ 평가, 교육, 행정

답 ②

유사문제 · 관련문제

심리검사를 실시하거나 면접을 시행하는 동안 임상심리학자가 취해야 할 태도와 가장 거리가 먼 것은?　　　04, 11, 13년 기출

① 행동관찰에서는 다른 사람 또는 다른 장면에서는 관찰할 수 없는 비일상적 행동이나 그 환자만의 특징적인 행동을 주로 기술한다.

② 관찰된 행동을 기술할 때에는 어떤 상황에서 어떤 방식으로 불안을 나타내는지를 구체적 용어로 설명하는 것이 바람직하다.

③ 정상적인 적응을 하고 있는 사람들도 심리검사와 같은 생소한 상황에 직면할 때는 여러 가지 특징적인 행동을 나타내게 되는데, 이러한 일반적인 행동까지 평가보고서에 포함시키는 것이 좋다.

④ 평가보고서에는 주로 환자의 특징적인 행동과 심리검사 결과뿐만 아니라 외모나 면접자에 대한 태도, 의사소통방식, 사고, 감정 및 과제에 대한 반응에서 특징적인 내용까지 포함시키는 것이 좋다.

답 ③

공식적인 임상심리학의 기원으로 보는 역사적 사건은?

① 분트(Wundt)의 심리실험실 개설
② 위트머(Witmer)의 심리클리닉 개설
③ 제임스(James)의 '심리학의 원리' 출판
④ 비네(Binet)의 지능검사 개발

핵심 키워드	• 임상심리학 • 분트 • 위트머 • 제임스 • 비네
기출 데이터	22년 기출

답 ②

과락을 피하는 해설

위트머(Witmer)는 미국 펜실베니아(Pennsylvania) 대학에서 1896년 세계 최초의 심리진료소(Psychological Clinic)를 설립하고, 1904년 임상심리학강좌를 개설함으로써 임상심리학의 본격적인 시작을 알렸다.

유사문제 · 관련문제

임상심리학의 역사에 관한 내용으로 옳지 않은 것은?　　　　　　　11년 기출

① Pennsylvania 대학교에 심리진료소를 설립한 것이 임상심리학의 탄생에 결정적 역할을 하였다.
② 1차 세계대전 당시 군인선발을 위한 심리검사의 개발은 임상심리학의 발전에 크게 기여하였다.
③ 임상심리학의 임상수련 모델인 과학자-전문가 모형은 Boulder 회의에서 채택되었다.
④ 1950년대 이후 항정신병 약물치료제 개발은 가정에 있던 많은 환자들을 정신병원으로 입원시키는 계기가 되었다.

답 ④

유사문제 · 관련문제

임상심리학의 발전에 영향을 준 인물과 사건에 관한 연결이 올바른 것은?　　　　　　　12년 기출

① Kraepelin – 정신병리의 유형에 관한 분류
② Terman – TAT와 같은 투사법 심리검사의 개발
③ Levy – 제1차 세계대전 당시 사용되었던 집단성격검사인 Army 알파 개발
④ Wilhelm Wundt – 의식에 관한 연구를 무의식의 영역까지 확대하여 연구함

답 ①

심리치료 과정에서 저항이 일어나는 일반적인 이유와 가장 거리가 먼 것은?

① 환자가 변화를 원하더라도 환자의 삶에 중요한 영향을 미치는 타인들이 현 상태를 유지하도록 방해할 수 있기 때문이다.

② 부적응적 행동을 유지함으로써 얻는 이차적 이득을 환자가 포기하기 어렵기 때문이다.

③ 익숙한 행동을 변화시키려는 시도가 환자에게 위협을 주기 때문이다.

④ 치료자가 가진 가치나 태도가 환자에게 위협적이기 때문이다.

핵심 키워드	• 심리치료 과정 • 저 항 • 저항의 이유
기출 데이터	05, 10, 13, 17, 22년 기출

답 ④

과락을 피하는 해설

개인 및 집단치료과정에서 상담자는 대체로 자신의 태도, 가치, 감정 등을 내보이지 않는 중립적인 상태로 임한다.

심리치료 과정에서 저항의 이유

• 환자는 자신의 익숙한 행동을 변화시키는 데 대해 불안과 위압감을 느낀다.

• 환자가 문제증상으로 인해 주변의 도움을 받으며 자신의 행동에 제지를 덜 받는 등의 이차적 이득을 포기하기 어렵다.

• 환자가 자신의 변화로 인해 주변 사람들의 시선이나 태도가 부정적으로 변할 수 있다는 생각에 두려움을 느낀다.

• 환자가 변화를 원하더라도 주변의 중요 인물들이 현 상태를 유지하기를 원한다.

유사문제 · 관련문제

정신분석적 상담에서 내적 위험으로부터 아이를 보호하고 안정시켜주는 어머니의 역할처럼, 내담자가 막연하게 느끼지만 스스로는 직면할 수 없는 불안과 두려움에 대해 상담자의 이해를 적절한 순간에 적합한 방법으로 전해주면서 내담자에게 의지가 되어주고 따뜻한 배려로 마음을 녹여주는 활동을 무엇이라고 하는가?   16, 20년 기출

① 버텨주기(Holding)   ② 역전이(Counter Transference)
③ 현실검증(Reality Testing)   ④ 해석(Interpretation)

답 ①

유사문제 · 관련문제

정신분석적 상담기법 중 상담진행을 방해하고 현재 상태를 유지하려는 의식적 · 무의식적 생각, 태도, 감정, 행동을 의미하는 것은?

16, 21, 22년 기출

① 전 이   ② 저 항   ③ 해 석   ④ 훈 습

답 ②

070

행동평가에 관한 설명으로 가장 적합한 것은?

① 자연적인 상황에서 실제 발생한 것만을 대상으로 평가한다.

② 행동표본은 내면심리를 반영한 것으로 해석된다.

③ 특정 표적행동의 조작적 정의가 상이할 수 있음을 고려해야 한다.

④ 관찰결과는 요구특성이나 피험자의 반응성 요인과는 무관하다.

핵심 키워드	• 행동평가 • 조작적 정의 • 행동평가 특성
기출 데이터	17, 21, 22, 25년 기출

답 ③

과락을 피하는 해설

③ 연구자들은 같은 변인에 대하여 서로 다른 조작적 정의를 사용할 수 있다.

① 자연관찰법에 해당하는 내용이며 행동평가는 관찰법 이외에도 조사법, 실험법 등 다양하다.

② 행동표본은 면담이나 심리검사 장면에서 내담자가 드러내 보이는 행동은 내담자의 일상적인 생활 상황에서의 행동을 반영한다.

④ 관찰의 결과는 관찰자의 요구특성, 피험자의 반응편향 등의 영향을 받을 수 있다.

유사문제 · 관련문제

행동평가에 관한 설명으로 옳지 않은 것은? 12, 19년 기출

① 목표행동을 정확히 기술한다.

② 행동의 선행조건과 결과를 확인한다.

③ 법칙정립적(Nomothetic) 접근에 기초한다.

④ 특정상황에 대한 개인의 행동에 초점을 맞춘다.

답 ③

유사문제 · 관련문제

전통적인 정신역동적 심리평가와 비교했을 때 행동평가의 특징으로 옳은 것은? 20년 기출

① 행동이 시간이나 장소에 관계없이 일관될 것으로 예상한다.

② 개인 간을 비교하며 보편적 법칙을 더 강조한다.

③ 행동을 징후라고 해석하기보다는 표본으로 간주한다.

④ 성격 특성의 병인론을 기술하는 데 초점을 둔다.

답 ③

개방형 질문 시행 시 일반적인 지침과 가장 거리가 먼 것은?

① 지적으로 심사숙고하여 반응하기 쉬운 '왜'로 시작하는 질문은 삼간다.

② 연관된 영역을 부연하여 회상할 수 있도록 질문한다.

③ 정확하고 구체적인 사실여부 확인을 위한 질문을 한다.

④ 너무 많은 질문을 하지 않는다.

핵심 키워드	• 개방형 질문 • 질문시행 지침 • 질문의 범위
기출 데이터	17년 기출

답 ③

과락을 피하는 해설

개방형 질문

• 질문의 범위가 포괄적이다.

• 내담자에게 가능한 많은 대답을 선택할 기회를 제공한다.

• 내담자로 하여금 시야를 보다 넓히도록 유도한다.

• 바람직한 촉진관계를 열어 놓는다.

• 상담자와 내담자 간의 바람직한 촉진관계를 형성하여 내담자로부터 보다 많은 정보를 얻어내기 위해서는 개방형 질문이 더 효과적이다.

• 상담 초기에 유용하게 사용될 수 있으나 익숙지 않은 내담자에게 오히려 답변에 대한 부담감을 줄 수 있다.

폐쇄형 질문

• 질문의 범위가 매우 좁고 한정되어 있다.

• 위기상황에서의 신속한 대응에 유리한 측면이 있으나 내담자의 시야를 좁게 만든다.

• 바람직한 촉진관계를 닫아 놓을 수 있다.

유사문제 · 관련문제

면접 시 임상가가 어떻게 질문을 하느냐에 따라 내담자로부터 유용한 정보를 얻을 수 있느냐가 결정된다. 다음의 질문형태 중 내담자로부터 많은 정보를 얻어내는 데 효과적인 질문방식으로만 짝지어진 것은?　11년 기출

A. 개방형 질문
B. 폐쇄형 질문
C. 간접형 질문
D. 직접적 질문

① A, B
② A, C
③ B, C
④ B, D

답 ②

유사문제 · 관련문제

다음 중 면접질문의 유형과 예로 잘못 짝지어진 것은?　18, 22, 24년 기출

① 개방형 – 당신은 그 상황에서 분노를 경험했나요?
② 촉진형 – 조금만 더 자세히 말씀해 주시겠습니까?
③ 직면형 – 이전에 당신은 이렇게 말했는데요.
④ 명료형 – 당신이 그렇게 느꼈다는 말인가요?

답 ①

유사문제 · 관련문제

임상적 면접에서 사용되는 바람직한 의사소통기술에 해당하는 것은?　16, 20, 23년 기출

① 면접자 자신의 사적인 이야기를 꺼내는 데 주저하지 않는다.
② 침묵이 길어지지 않게 하기 위해, 면접자는 즉각 개입할 준비를 한다.
③ 폐쇄형보다는 개방형 질문을 주로 사용한다.
④ 내담자의 감정보다는 얻고자 하는 정보에 주목한다.

답 ③

072

다음은 행동치료의 어떤 기법에 해당하는가?

> 수영하기를 두려워하는 어린 딸에게 수영을 가르치기 위해 아버지가 직접 수영하는 것을 보여주었다.

① 역조건화

② 혐오치료

③ 모델링

④ 체계적 둔감화

핵심 키워드	• 행동치료 • 치료기법 • 시범보이기
기출 데이터	03, 08, 17, 25년 기출

답 ③

과락을 피하는 해설

① **역조건화** : 조건자극과 새로운 자극을 함께 제시함으로써 불안을 감소시키는 기법(예 엘리베이터와 같이 밀폐된 공간 안에서 공포감을 느끼는 아이에게 장난감, 인형 등의 유쾌 자극을 제시하여 밀폐된 공간에서의 공포감을 소거시키는 것)이다.

② **혐오치료** : 고전적 조건형성 기법으로, 바람직하지 못한 행동에 혐오자극을 제시하여 부적응적인 행동을 제거하는 방법이다.

④ **체계적 둔감화** : 심리적 불안과 신체적 이완은 병존할 수 없다는 것을 전제로 하는 상호억제(Reciprocal Inhibition)의 원리를 이용하는 기법이다.

유사문제 · 관련문제

골수이식을 받아야 하는 아동에게 불안과 고통에 대처하도록 돕기 위하여 교육용 비디오를 보게 하는 치료법은?

16, 20, 23년 기출

① 유관관리기법

② 역조건형성

③ 행동시연을 통한 노출

④ 사회학습법

답 ④

073

치료장면에서의 효과적인 경청과 가장 거리가 먼 것은?

① 내담자가 자신의 문제를 심각하게 얘기하지만 치료자가 보기에는 그렇지 않을 때에는 중단시킨다.

② 치료자는 반응을 보이기에 앞서 내담자가 스스로 말할 시간을 충분히 주려고 한다.

③ 치료자는 내담자에게 주의를 많이 기울인다.

④ 내담자가 문제점을 피력할 때 가로막지 않는다.

핵심 키워드	• 치료장면 • 효과적인 경청 • 수 용
기출 데이터	10, 13, 17, 22, 25년 기출

답 ①

과락을 피하는 해설

경 청

• 상대방의 감정과 생각을 이해하기 위해 그의 말을 주의 깊게 듣는 것이다.

• 상담장면에서는 상담자가 관심의 초점을 내담자에게 두며, 내담자의 말에 주의를 기울이는 것이다.

• 내담자의 입장을 고려하는 공감적 이해, 자신의 고정관념에서 벗어나 내담자의 태도를 받아들이는 수용의 정신, 자신의 감정을 솔직하게 전달하는 성실한 태도가 필수적이다.

• 적극적 경청을 위한 지침

  − 내담자가 말하는 것에 수용의 태도를 취한다.

  − 내담자의 음조를 경청한다.

  − 내담자의 감정에 대한 단서를 경청한다.

  − 비언어적 내용과 방식을 경청한다.

  − 내담자가 자연스럽게 얘기하도록 적절한 침묵 및 정지를 유지한다.

  − 내담자의 얘기 중에 가능하면 끼어들지 않는다.

유사문제 · 관련문제

Cormier와 Cormier가 제시한 적극적 경청 기술과 그 내용에 해당하지 않는 것은?　　　20, 24년 기출

① 해석 – 당신이 그 사람과의 관계에서 재미없다고 말할 때 성적 관계에서 재미없다는 말씀으로 들립니다.

② 요약 – 이제까지의 말씀은 당신이 결혼하기에 적당한 사람인지 불확실해서 걱정하신다는 것이지요.

③ 반영 – 당신은 그 사람과의 관계에서 지루함을 느끼고 있군요.

④ 부연 – 그래서 당신은 자신의 문제 때문에 결혼이 당신에게 맞는지 확신하지 못하는군요.

답 ①

유사문제 · 관련문제

내담자와의 면접에서 중요한 기법 중 하나인 경청에 대한 설명과 가장 거리가 먼 것은?　　　16년 기출

① 반응하기에 앞서 내담자가 말할 충분한 시간을 준다.

② 대수롭지 않은 내용을 말할 때는 도움이 될 만한 충고를 생각하며 듣는다.

③ 내담자와 자주 눈을 맞추고 주의를 기울인다.

④ 가능한 한 내담자의 말을 끊고 반응하는 행동을 하지 않는다.

답 ②

074

프로이트(Freud)의 정신분석적 심리치료에 대한 비판을 토대로 발전한 신정신분석 학파의 주요인물 및 치료접근법에 해당하지 않는 것은?

① 아들러(Adler)의 개인심리학

② 설리번(Sullivan)의 대인관계이론

③ 페어베인(Fairbairn)의 대상관계이론

④ 글래서(Glasser)의 통제이론

핵심 키워드	• 프로이트 • 정신분석적 심리치료 • 신정신분석 학파
기출 데이터	17, 24, 25년 기출

답 ④

과락을 피하는 해설

- 프로이트(Freud) 사후에 정신분석 학파는 크게 2가지 흐름으로 발전하였다.
- 하나는 프로이트의 이론과 기법을 더 정교하게 발전시킨 것으로, 안나 프로이트, 하이즈 하트만의 자아심리학, 로널드 페어베인과 위니콧의 대상관계이론, 하인즈 코헛의 자기심리학 등을 들 수 있다.
- 다른 흐름은 무의식의 존재는 인정하지만 프로이트가 주장한 이론들을 비판하며 독자적인 이론체계를 발전시킨 신프로이트 학파로 에릭슨, 융, 아들러, 라캉, 설리번, 호나이, 프롬 등이 이에 해당된다.

유사문제 · 관련문제

자신의 초기 경험이 타인에 대한 확장된 인식과 관계를 맺는다는 가정을 강조하는 치료적 접근은?   16, 20, 23, 25년 기출

① 심리사회적 발달이론

② 자기심리학

③ 대상관계이론

④ 인본주의

답 ③

075

문장완성검사에 관한 설명으로 옳지 않은 것은?

① 수검자의 자기개념, 가족관계 등을 파악할 수 있다.

② 수검자가 검사자극의 내용을 감지할 수 없도록 구성되어 있다.

③ 수검자에 따라 각 문항의 모호함 정도는 달라질 수 있다.

④ 개인과 집단 모두에게 실시될 수 있다.

핵심 키워드	• 문장완성검사 • 모호성 • 방 어
기출 데이터	17, 21년 기출

답 ②

과락을 피하는 해설

문장완성검사(SSCT)의 특징

- 소요시간이 적으며, 검사를 실시하기가 간편하다.
- 피검자의 언어능력 및 현실검증능력 등을 확인할 수 있다.
- 표현의 욕구가 자유롭다.
- 나이가 어릴수록 문장이해가 어려워 적용이 힘들 수 있다.
- 피검자의 의식적인 통제나 방어가 쉽게 이루어진다.
- 지나친 긍정적 감정은 부인(Denial) 방어기제의 결과일 수도 있다.

문장완성검사(SSCT) 실시방법

- 문장의 첫 부분을 제시하고 미완성인 뒷부분을 자유롭게 완성하도록 한다.
- 시간은 보통 30분 정도 소요된다.
- 검사지 작성 시에는 주어진 문장에는 정답이 없으므로 옳고, 그름을 생각해 문장을 완성시키기보다는 문장을 보았을 때 가장 먼저 떠오르는 것을 적는 것이 중요하다.
- 정해진 시간은 없으나 주어진 문장을 보고 오래 고민하여 작성하지 않도록 하여야 한다.

문장완성검사(SSCT)의 4가지 주요 반응영역

- 가족 : 어머니, 아버지 등 가족에 대한 태도를 측정한다.
- 성 : 남성, 여성, 결혼, 성적 관계 등 이성관계에 대한 태도를 측정한다.
- 대인관계 : 가족 외의 사람, 즉 친구와 지인, 권위자 등에 대한 태도를 측정한다.
- 자아개념 : 자신의 능력, 목표, 과거와 미래, 두려움과 죄책감 등에 대한 태도를 측정한다.

문장완성검사(SSCT) 반응유형

- 고집형 : 내용의 변화가 적고, 특정의 대상이나 욕구를 고집하며 반복이 많은 사람들은 인성의 경직성, 흥미가 거짓임을 나타낸다.
- 감정단(短)반응형 : 짧막한 감정적 어휘로 반응하는 사람들은 저지능이거나 감정통제가 되지 않는다.
- 장황형 : 장황하게 빽빽하게 적어 넣는 사람들은 신경증적인 사람이나 강박 경향이 있다.
- 자기중심형 : 어느 문항이고 자기중심의 주제로 바꿔버리는 사람들은 미숙한 사람에게 잘 나타난다.
- 허위반응형 : 도전적인 반응으로 시종하는 사람들은 자기를 잘 보이게 하려는 방어태도의 출현으로 볼 수 있다.

- 공상반응형 : 비현실적인 생각이나 공상을 말하는 사람들은 도피적인 인성이거나 검사에 대한 방어적 태도를 나타낸다.
- 모순형 : 검사 전체에 모순이 보이는 사람들은 무의식적인 갈등을 나타낸다.
- 반문(反問)형 : 확실히 결정짓지 못하는 사람들은 권위에 대한 반항의 표현일 수 있다.
- 은닉형 : "말할 수 없다"와 같은 반응을 나타내는 사람들은 자기방어적인 태도를 나타낸다.
- 거부형 : 반발하는 태도를 보이는 사람들은 방어적 태도를 가지고 있다.
- 병적 반응형 : 망상과 같은 태도를 보이는 사람들은 정신분열증 증세를 가지고 있을 수 있다.

문장완성검사(SSCT) 해석요인 분류
- 성격적 요인 : 지적 능력, 정의적 측면, 가치지향적 측면, 정신역동적 측면
- 결정적 요인 : 신체적 요인, 가정적 · 성장적 요인, 대인적 · 사회적 요인

유사문제 · 관련문제

문장완성검사에 대한 설명으로 옳지 않은 것은?   22년 기출

① 가족, 이성관계 등 문항의미와 관련하여 이들 문항 세트를 함께 고려하여 해석하는 것이 도움이 된다.
② 라파포트(Rapaport) 등(1968)은 형식적 면에서 연상의 장애를 '근거리 반응'과 '원거리 반응'으로 개념화하여 설명하고자 하였다.
③ 국내에서 출판되고 있는 삭스(Sacks)의 문장완성검사는 아동용, 청소년용, 성인용으로 구분되어 있다.
④ 누락된 문항이라 하더라도 중요한 가설을 형성할 수 있다는 점에서 주의 깊게 검토해야 한다.

답 ②

유사문제 · 관련문제

삭스(J. Sacks)의 문장완성검사(SSCT)에서 자기개념 영역에 포함되지 않는 태도는?   18, 24년 기출

① 죄의식(죄책감)
② 이성관계
③ 목 표
④ 두려움

답 ②

심리사회적 또는 환경적 스트레스와 조합된 생물학적 또는 기타 취약성이 질병을 일으킨다는 것은?

① 상호적 유전-환경 조망

② 병적 소질-스트레스 조망

③ 사회적 조망

④ 생물학적 조망

핵심 키워드	• 심리사회적 스트레스 • 환경적 스트레스 • 취약성
기출 데이터	11, 14년 기출

답 ②

과락을 피하는 해설

임상심리학의 통합주의적 접근

1980년대 이전까지 심리학자들은 행동주의, 인지주의, 실존주의 등 각자 자신에게 적합한 이론적 접근방법을 통해 내담자나 환자의 심리적인 문제를 해결하고자 하였다. 그러나 각 이론들의 기법 및 접근법상의 차이에도 불구하고 치료적 개입의 공통적인 목표에 따라 다양한 기법들을 조합하는 것이 치료에 효과적이라는 사실이 경험적으로 입증되기에 이르렀다. 이러한 과정에서 임상심리학의 통합주의적 접근이 이루어졌으며, 최근에는 환자의 임상적·병리적 문제에 대해 생물학적·심리학적·사회학적 요인들을 통합한 접근방법이 부각되고 있다.

유사문제·관련문제

취약성-스트레스 접근에 관한 설명과 가장 거리가 먼 것은? 15, 24년 기출

① 스트레스와 생물학적 취약성이 질병발생의 필요조건이다.

② 정신장애의 발병에 생물학적 취약성을 우선시하는 접근이다.

③ 정신장애의 발병요인의 상호작용을 주장하는 접근이다.

④ 생물학적 두 부모가 고혈압을 가진 경우 자녀의 고혈압 발병 가능성이 매우 높게 나타난다.

답 ②

077

임상심리사가 개인적인 심리적 문제를 갖고 있다든지, 너무 많은 부담 때문에 지쳐있다든지, 교만하여 더 이상 배우지 않고 배울 필요가 없다고 생각하거나, 해당되는 특정 전문교육수련을 받지 않고도 특정 내담자군을 잘 다룰 수 있다고 여긴다면, 이는 다음 중 어느 항목의 윤리적 원칙에 위배되는 것인가?

① 유능성
② 성실성
③ 권리의 존엄성
④ 사회적 책임

핵심 키워드	• 임상심리사의 윤리원칙 • 유능성 • 전문교육수련 소홀
기출 데이터	04, 11, 18, 24, 25년 기출

답 ①

과락을 피하는 해설

① **유능성** : 임상심리학자가 자신의 강점과 약점, 자신이 가지고 있는 기술과 그것의 한계에 대해 자각해야 한다는 것이다. 그리하여 지속적인 교육수련으로 최신의 기술을 습득하며, 이를 통해 사회의 변화에 민첩하게 대응해야 한다는 점을 강조한다.

② **성실성** : 임상심리학자가 성실하고 정직한 자세로 내담자에게 자신의 서비스로부터 기대할 수 있는 바를 설명하며, 자신의 작업과 관련하여 스스로의 욕구 및 가치가 어떠한 영향을 미치는지 알고 있어야 한다는 것이다. 특히 성실성에서는 환자나 내담자, 학생들과의 부적절한 이중관계나 착취관계, 성적 관계를 금한다.

③ **권리의 존엄성** : 임상심리학자가 각 개인의 개성과 문화의 차이에 대해 민감해야 하며, 자신의 일방적인 지식과 편견을 다른 사람에게 강요하는 것을 금한다.

④ **사회적 책임** : 임상심리학자가 자신의 개인적·금전적 이득을 떠나 자신의 전문적인 지식과 기술을 이용하여 타인을 도움으로써 사회구성원으로서의 책임을 완수해야 한다는 점을 강조한다.

임상심리학자의 법적 · 윤리적 책임에 관한 설명으로 옳지 않은 것은?   12, 20년 기출

① 임상심리학자의 직업수행에는 공적인 책임이 따른다.

② 어떠한 경우에도 내담자의 비밀은 보장해야 한다.

③ 내담자 사생활의 부당한 침해를 방지하기 위해 노력해야 한다.

④ 내담자, 피감독자, 학생, 연구참여자들을 성적으로 악용해서는 안 된다.

답 ②

임상심리사로서 전문적인 관계를 유지하는 데 바람직한 지침사항과 가장 거리가 먼 것은?   21, 23, 25년 기출

① 다른 전문직에 종사하는 동료들의 욕구, 특수한 능력, 그리고 의무에 대하여 적절한 관심을 가져야 한다.

② 동료 전문가와 관련된 단체나 조직의 특권 및 의무를 존중하여 행동하여야 한다.

③ 소비자의 최대이익에 기여하는 모든 자원들을 활용해야 한다.

④ 동료 전문가의 윤리적 위반 가능성을 인지하면 즉시 해당 전문가 단체에 고지해야 한다.

답 ④

캐나다윤리규약(Canadian Psychological Association, 1995)에서 제시한 심리학자의 윤리원칙에 해당하지 않는 것은?

14년 기출

① 개인의 존엄성에 대한 존중

② 관계에서의 성실성

③ 환자와 심리전문가 간의 관계적 융통성

④ 사회에 대한 책임성

답 ③

078

내담자의 말과 행동에서 표현된 기본적인 감정, 생각 및 태도를 상담자가 다른 참신한 말로 부연해주는 것은?

① 해 석
② 반 영
③ 직 면
④ 명료화

핵심 키워드	• 적극적 경청 • 반 영
기출 데이터	03, 08, 10, 22, 23, 25년 기출

답 ②

PART 2

과락을 피하는 해설

② **반영(Reflection)** : 내담자가 전달하고자 하는 의사의 본질을 스스로 볼 수 있도록 내담자의 말과 행동에서 표현되는 감정·생각·태도를 상담자가 다른 참신한 말로 부연하는 기술이다. 상담자는 반영을 통해 내담자의 태도를 거울에 비추어 주듯이 보여줌으로써 내담자의 자기 이해를 도와줄 뿐만 아니라 내담자로 하여금 자기가 이해받고 있다는 인식을 주게 된다.

① **해석(Interpretation)** : 내담자가 새로운 방식으로 자신의 문제를 돌아볼 수 있도록 사건들의 의미를 설정해주고, 그 문제를 새로운 각도에서 이해할 수 있도록 생활경험 및 행동의 의미에 대해 설명하는 기술이다. 내담자의 사고, 행동, 감정의 패턴을 드러내거나 이를 통해 나타나는 문제를 이해할 수 있도록 새로운 틀을 제공한다.

③ **직면(Confrontation)** : 내담자의 말이나 행동이 일치하지 않는 경우 또는 내담자의 말에 모순점이 있는 경우 상담자가 그것을 지적해 주는 기술이다. 내담자의 자기 이해를 돕기 위해 상담자의 눈에 비친 내담자의 행동 특성 또는 사고방식의 스타일을 지적하여, 내담자가 상담자나 외부에 비친 자신의 모습을 되돌아보고 통찰의 순간을 경험하도록 하는 직접적이고 모험적인 자기대면의 방법이다.

④ **명료화(Clarification)** : 내담자의 말 중에서 모호한 점이나 모순된 점이 발견될 때, 이를 명확히 이해하고 넘어가기 위해 다시 그 점을 상담자 또는 면접자가 질문함으로써 내담자로 하여금 그 의미를 명백하게 하는 기술이다. 이러한 명료화는 상담자가 내담자의 말을 정확히 이해하기 위해서도 필요하고, 내담자가 스스로의 의사와 감정을 구체화하여 재음미하도록 하기 위해서도 필요하다.

유사문제 · 관련문제

환자에게 자신의 메시지를 정교화하도록 도울 뿐만 아니라 면접자가 그 메시지를 이해하고 있다는 것을 확실히 하기 위하여 사용되는 의사소통기법은?   06, 12, 17년 기출

① 요 약
② 명료화
③ 직 면
④ 부연설명

답 ②

079

불안을 유발하는 특정한 대상이나 상황이 불안하지 않은 상황으로 변화하도록 돕는 행동치료법은?

① 역조건형성
② 혐오치료
③ 토큰경제
④ 인지치료

핵심 키워드	• 불안유발 대상 • 불안유발 상황 • 역조건형성
기출 데이터	17년 기출

답 ①

과락을 피하는 해설

역조건형성

조건자극과 새로운 자극을 함께 제시함으로써 불안을 감소시키는 기법이다.

예 엘리베이터와 같이 밀폐된 공간 안에서 공포감을 느끼는 아이에게 장난감, 인형 등의 유쾌자극을 제시하여 밀폐된 공간에서의 공포감을 소거시키는 것

더 알아두기

혐오치료

역조건형성의 일종으로, 바람직하지 못한 행동에 혐오 자극을 제시하여 부적응적인 행동을 제거하는 기법이다.

토큰경제

행동치료에서 널리 사용되는 조작적 조건형성의 기법으로서, 바람직한 행동들에 대한 체계적인 목록을 정해 놓은 후 그러한 행동이 이루어질 때 그에 상응하는 보상을 하는 기법이다.

인지치료

벡(Beck)이 개인의 정보 수용 및 처리 그리고 그에 대한 적절한 반응으로서 지적능력의 개발을 위해 고안한 인지행동 치료기술이다. 개인의 역기능적이고 자동적인 사고 및 도식, 신념, 가정의 대인관계행동에서의 영향력을 강조하며, 이를 수정하여 내담자의 정서나 행동을 변화시키는 데 역점을 두었다.

유사문제 · 관련문제

정신건강의학과 병동에 입원한 환자들 중 단체생활의 규칙을 잘 지키지 않는 환자들의 행동문제들을 개선하는 데 가장 효과적인 치료적 접근은?
16, 19년 기출

① 정신분석
② 체계적 둔감법
③ 토큰경제
④ 현실치료

답 ③

080

Rorschach 검사의 실시에 관한 설명으로 옳은 것은?

① 수검자가 질문을 할 경우 검사자는 지시적으로 반응해야 한다.

② 일반적으로 수검자와 마주 보는 좌석배치가 표준적인 절차이다.

③ 질문단계에서는 추가적인 반응을 확인하기 위해 주의를 기울여야 한다.

④ 수검자가 카드 I에서 5개를 넘겨 반응을 할 때는 중단시킨다.

핵심 키워드	• 로샤검사 • 검사실시 • 비지시적 질문
기출 데이터	17년 기출

답 ④

과락을 피하는 해설

로샤검사(Rorschach Test)

• 1921년 스위스 의사인 로샤가 좌우대칭의 잉크얼룩이 있는 10장의 카드로 '로샤검사(Rorschach Test)'를 개발하였다.

• 수검자가 검사자의 얼굴을 마주 볼 수 있는 위치는 검사자의 비언어적 행동이 수검자의 반응에 영향을 미칠 수 있기에 바람직하지 않다.

• 피검자들의 모호한 보고에 대해서는 추가적인 질문을 할 수 있다. 단 질문은 비지시적이어야 하며 피검자가 반응단계에서 했던 내용 이외에 다른 새로운 반응을 하도록 유도해서는 안 된다.

• 카드 I에 대해 5개의 반응을 한 후 더 많은 반응을 하려고 하면 다음 카드로 넘어가도 된다.

유사문제 · 관련문제

현재 임상장면에서 많이 사용되는 심리평가 도구들 중 가장 먼저 개발된 검사는?　　　20년 기출

① 다면적 인성검사

② Strong 직업흥미검사

③ Rorschach 검사

④ 주제통각검사

답 ③

제 5 과목 심리상담

081

교류분석에서 치료의 바람직한 목표인 치유의 4단계에 해당되지 않는 것은?

① 계약의 설정
② 증상의 경감
③ 전이의 치유
④ 각본의 치유

핵심 키워드	• 교류분석 • 바람직한 목표 • 치유의 4단계
기출 데이터	17, 21, 22년 기출

답 ①

과락을 피하는 해설

교류분석치료 치유의 4단계

• 사회의 통제(Social Control) : 타인과의 상호작용에 있어 개인은 스스로의 행동의 통제를 발달시킨다.
• 증상의 경감 혹은 완화(Symptomatic Relief) : 개인이 불안과 같은 자신의 증세의 완화를 주관적으로 느끼는 것을 포함한다.
• 전이의 치유(Transference Cure) : 내담자는 치료사를 하나의 내사물(Introject)로 자신의 머릿속에 보유하여 건강을 유지할 수 있게 된다. 즉, 중요한 심리적 내사물을 보유하는 동안 내담자의 치유상태가 유지된다는 것이다.
• 각본의 치유(Script Cure) : 내담자는 각본에서 완전히 벗어나 제한적 각본결단을 재결단하여, 자율적인 사람이 되는 것을 포함한다.

유사문제 · 관련문제

교류분석상담에서 성격이나 일련의 교류들을 자아상태모델의 관점에서 분석하는 것은?   16, 20, 22, 23년 기출

① 구조분석
② 기능분석
③ 교류패턴분석
④ 각본분석

답 ①

인지행동적 상담이론의 특징과 가장 거리가 먼 것은?

① 인지적 재구성에 초점을 둔 이론

② 선천적으로 진화적인 성장지향 접근

③ 문제해결 및 대처기술접근

④ 기술에 대한 훈련을 강조하는 접근

핵심 키워드	• 인지행동적 • 상담이론 • 인지적 재구성
기출 데이터	17년 기출

답 ②

과락을 피하는 해설

② 인간은 선천적으로 성장가능성을 갖고 태어난 것으로 가정하는 인본주의상담이론에 해당된다. 인지행동치료는 인지, 행동, 정서 모두에 관심을 두는 상담이론으로, 인지에 초점을 두면서 인지변화를 통해 문제행동과 부정적 정서를 적응적 행동과 적절한 정서로 변화시키는 것을 목표로 한다.

유사문제 · 관련문제

인지행동치료의 기본가정에 속하지 않는 것은? 15년 기출

① 인지매개가설을 전제로 한다.

② 단시간의 상담을 지향한다.

③ 감정과 행동의 이면에 있는 인지를 대상으로만 치료를 시행한다.

④ 내담자의 왜곡되고 경직된 생각을 찾아내어 이를 현실적으로 타당한 생각으로 바꾸어 준다.

답 ③

유사문제 · 관련문제

인지행동상담에서 사용하는 스트레스접종방법이 아닌 것은? 16년 기출

① 재구조화 연습

② 이완훈련

③ 심호흡연습

④ 인지재교육

답 ④

083

다음은 무엇에 대한 설명인가?

내담자에 의해 표현된 내용을 새로운 용어로 표현하는 것

① 공 감   ② 경 청   ③ 반 영   ④ 수 용

핵심 키워드	• 반 영 • 표현된 내용 • 새로운 용어
기출 데이터	17, 24년 기출

답 ③

과락을 피하는 해설

① 공감 : 내담자가 전달하려는 내용에서 한 걸음 더 나아가 그 내면적 감정에 대해 반영하는 것이다.

② 경청 : 상대방의 감정과 생각을 이해하기 위해 그의 말을 주의 깊게 듣는 것이다. 상담 장면에서는 상담자가 관심의 초점을 내담자에게 두며, 내담자의 말에 주의를 기울이는 것이다.

④ 수용 : 내담자의 장·단점, 바람직성·비바람직성, 긍정적·부정적 감정 등을 있는 그대로 받아들이는 것이다.

유사문제·관련문제

다음에서 설명하는 상담기술은?   20년 기출

내담자의 감정에 대한 명확한 이해를 포함하여 내담자의 진술을 반복하거나 재표현하기도 한다.

① 재진술   ② 감정반영   ③ 해 석   ④ 통 찰

답 ②

유사문제·관련문제

다음 상담치료에서 사용된 상담기술은?   16년 기출

내담자 : 당신은 나에 대해 모든 것을 아는 것처럼 행동하지만, 당신은 아무것도 몰라요.
상담자 : 내가 당신의 아버지를 기억나게 하는 것은 아닌지 의문스럽군요. 당신은 아버지가 모든 것을 아는 것처럼 행동한다고 말했었지요.

① 재진술   ② 직면(도전)   ③ 해 석   ④ 감정반영

답 ③

다음 알코올중독내담자에게 적용할 만한 동기강화상담의 기법과 가장 거리가 먼 것은?

> "제가 술 좀 마신 것 때문에 아내가 저를 이곳에 남겨 두었다는 것을 믿을 수가 없군요. 그녀의 문제가 무엇인지 모르겠어요. 이 방에 불러서 이야기 좀 하고 싶어요. 음주가 문제가 아니라 그녀가 문제인 것이니까요."

① 반영 반응(Reflection Response)
② 주창 대화(Advocacy Talk)
③ 재구성하기(Reframing)
④ 초점 옮기기(Shifting Focus)

핵심 키워드	• 알코올중독 • 동기강화상담
기출 데이터	21, 23년 기출

답 ②

과락을 피하는 해설

② **주창 대화(Advocacy Talk)** : 상담의 목적을 위해 내담자의 저항을 심화하는 대화 방법으로, 주로 내담자와 논쟁하거나 내담자의 저항을 유발할 만한 입장에서 항변하는 기법이다.

① **반영 반응(Reflection Response)** : 내담자가 표현한 말을 정확히 듣고 그 말 속에 담긴 의미를 해석하여 적절하게 반응하는 기법이다.

③ **재구성하기(Reframing)** : 내담자의 행동에 대한 인식을 변화시키는 전략으로 내담자가 문제를 다른 시각으로 바라볼 수 있도록 돕는 기법이다.

④ **초점 옮기기(Shifting Focus)** : 내담자의 저항이 있을 때 내담자의 지각을 살짝 다른 쪽으로 돌리거나, 색다른 시각으로 해석해 주어 저항을 변화를 위한 힘으로 돌리는 기법이다.

유사문제 · 관련문제

알코올중독자상담에 관한 설명으로 옳지 않은 것은?   03, 11, 13, 18년 기출

① 가족을 포함하여 타인의 방해를 받지 않기 위하여 비밀리에 상담한다.
② 치료 초기단계에서 술과 관련된 치료적 계약을 분명히 한다.
③ 문제행동에 대한 행동치료를 병행할 수 있다.
④ 치료 후기에는 재발가능성을 언급한다.

답 ①

085

게슈탈트심리치료에서 알아차림–접촉주기 단계의 진행순서로 옳은 것은?

① 배경 → 알아차림 → 감각 → 에너지동원 → 행동 → 접촉 → 배경

② 배경 → 에너지동원 → 감각 → 알아차림 → 접촉 → 행동 → 배경

③ 배경 → 감각 → 알아차림 → 에너지동원 → 행동 → 접촉 → 배경

④ 배경 → 감각 → 알아차림 → 행동 → 에너지동원 → 접촉 → 배경

핵심 키워드	• 게슈탈트 • 심리치료 • 알아차림–접촉주기
기출 데이터	13, 16년 기출

답 ③

과락을 피하는 해설

게슈탈트 심리치료에서의 '알아차림–접촉주기 단계(7단계)'

• 1단계(배경단계) : 배경으로 존재

• 2단계(감각단계) : 유기체의 욕구가 신체감각의 형태로 나타남

• 3단계(알아차림단계) : 이를 알아차려 게슈탈트 형성

• 4단계(에너지동원단계) : 게슈탈트 해소를 위한 에너지동원, 흥분경험

• 5단계(행동단계) : 적절한 행동선택 및 실행

• 6단계(접촉단계) : 환경과의 접촉을 통한 게슈탈트의 해소

• 7단계(휴식) : 게슈탈트가 사라지고 휴식을 취함. 이후 계속하여 1단계부터 반복

유사문제 · 관련문제

다음 중 게슈탈트심리치료에서 강조하는 것이 아닌 것은?   09, 12, 18년 기출

① 지금–여기

② 내담자의 억압된 감정에 대한 해석

③ 미해결과제 또는 회피

④ 환경과의 접촉

답 ②

유사문제 · 관련문제

게슈탈트상담기법에 해당하지 않는 것은?   14, 18년 기출

① 신체자각   ② 환경자각

③ 행동자각   ④ 언어자각

답 ③

상담 및 심리치료의 발달사에 관한 설명으로 옳지 않은 것은?

① 글래서(William Glasser)는 1960년대에 현실치료를 제시하였다.

② 가족치료 및 체계치료는 1970년대부터 본격적으로 등장하였다.

③ 메이(Rollo May)와 프랭클(Viktor Frankl)의 영향으로 게슈탈트 상담이 발전하였다.

④ 위트머(Witmer)는 임상심리학이라는 용어를 최초로 사용했으며, 치료적 목적을 위해 심리학의 지식과 방법을 활용하였다.

핵심 키워드	• 상담의 역사 • 심리치료의 역사 • 심리학의 역사
기출 데이터	17, 20, 23, 25년 기출

답 ③

과락을 피하는 해설

게슈탈트 상담은 펄스(Perls)에 의해 개발되었으며 상담목표를 개인의 성숙 및 성장에 두고 있다. 롤로 메이(Rollo May)와 빅터 프랭클(Viktor Frankl)은 의미치료(Logotherapy)라는 실존주의적 상담접근을 발전시켰다.

더 알아두기

게슈탈트치료

• 자신의 욕구와 감정을 알아차리고 수용하며, 환경과의 접촉을 통해 문제를 해결함으로써 성숙하고 성장하도록 도우며, 지금-여기의 삶을 살도록 하는 치료이론

• 게슈탈트 상담은 경험적이며, 실존적이며, 실험적인 접근

• 언어를 통해 정신적 조작을 하는 것보다 행동을 강조한다는 점에서 경험적, 개인의 독립적인 선택과 책임을 강조한다는 점에서 실존적, 개인이 매 순간에 느끼는 감정을 표현하도록 촉진한다는 점에서 실험적

유사문제·관련문제

상담심리학의 역사에서 상담심리학의 기반형성에 근원이 된 주요영향이 아닌 것은?   17, 24년 기출

① 의학적 관점으로부터의 상담과 심리치료의 발달

② Parsons의 업적과 직업운동의 성숙

③ 정신건강에 대한 관심

④ 심리측정적 경향의 발달과 개인차 연구

답 ①

정신분석상담에서 말하는 불안의 종류에 해당하는 것은?

① 구체적 불안

② 특성적 불안

③ 도덕적 불안

④ 실존적 불안

핵심 키워드	• 정신분석상담 • 현실불안 • 신경증적 불안 • 도덕적 불안
기출 데이터	17년 기출

답 ③

과락을 피하는 해설

정신분석상담 – 불안의 종류

• 현실불안(Reality Anxiety)

 – '객관적 불안(Objective Anxiety)'이라고도 하며, 외부세계에서의 실제적인 위협을 지각함으로써 발생하는 감정적 체험이다.

• 신경증적 불안(Neurotic Anxiety)

 – 자아(Ego)가 본능적 충동인 원초아(Id)를 통제하지 못할 경우 발생할 수 있는 불상사에 대해 위협을 느낌으로써 나타난다.

 – 신경증적 불안의 근본적인 원인은 원초아의 쾌락을 탐닉하는 경우 처벌을 받을 수 있다는 불안감에서 비롯된다.

• 도덕적 불안(Moral Anxiety)

 – 원초아와 초자아(Superego) 간의 갈등에 의해 야기되는 불안으로, 본질적 자기양심에 대한 두려움과 연관된다.

 – 원초아의 충동을 외부로 표출하는 것이 도덕적 원칙에 위배될 수 있다는 인식하에 이를 외부로 표출하는 것에 거부감을 느끼며, 경우에 따라 수치심과 죄의식에 사로잡힌다.

유사문제 · 관련문제

세 자아 간의 갈등으로 인해 야기되는 불안 중 원초아와 초자아 간의 갈등에서 비롯된 불안은?　　　　15, 18년 기출

① 현실불안

② 신경증적 불안

③ 도덕적 불안

④ 무의식적 불안

답 ③

체계적 둔감법(Systematic Desensitization)의 기초가 되는 학습원리는?

① 혐오조건형성

② 고전적 조건형성

③ 조작적 조건형성

④ 고차적 조건형성

핵심 키워드	• 체계적 둔감법 • 상호제지이론 • 고전적 조건형성
기출 데이터	05, 17년 기출

답 ②

과락을 피하는 해설

파블로프(Pavlov)의 고전적 조건형성의 원리에 입각하여 볼프(Wolpe)가 확립한 이론으로, '상호제지이론' 또는 '역제지이론'이라고도 한다.

유사문제 · 관련문제

체계적 둔감법에 대한 설명으로 틀린 것은?   21년 기출

① 고전적 조건형성 원리에 기초한 행동치료 기법이다.

② 특정한 대상에 불안을 느끼는 경우에 효과적이다.

③ 이완훈련, 불안위계 목록 작성, 둔감화로 구성된다.

④ 심상적 홍수법과는 달리 불안유발 심상에 노출되지 않는다.

답 ④

유사문제 · 관련문제

체계적 둔감절차의 핵심적인 요소는?   16, 24년 기출

① 이 완

② 공 감

③ 해 석

④ 인지의 재구조화

답 ①

089

청소년비행의 원인을 사회학적 관점에서 설명하는 이론이 아닌 것은?

① 아노미이론
② 사회통제이론
③ 욕구실현이론
④ 하위문화이론

핵심 키워드	• 청소년비행 • 비행의 원인 • 사회학적 관점
기출 데이터	17, 21, 23, 24, 25년 기출

답 ③

과락을 피하는 해설

아노미이론

• 문화적 가치를 획득할 합법적인 수단이 없다고 판단될 때 아노미상태(예 혼란, 무규범)가 일어나고 범죄로 이어진다는 이론이다.
• 사회적으로 중요시되는 가치를 획득하고 싶은데, 이러한 가치를 획득할 수 있는 기회가 제한되어 있어 성공하기 어렵다는 좌절감을 느낄 경우 비행을 저지르게 된다는 것이다.
• 성공할 수 있는 기회의 제약 → 좌절감 → 비행의 발생

사회통제이론

• 사회통제력이 약화되어 범죄로 이어진다는 이론이다(사회적 연대를 중요시).
• 비행성향을 통제해 줄 수 있는 사회와의 유대가 약화될 때 비행에 빠지게 된다는 것이다.
• 가정, 학교 등의 애착, 참여 및 관여가 강하면 강할수록 비행이 적고, 약하면 약할수록 비행에 빠진다는 것이다.
• 사회적 유대약화 → 통제력약화 → 비행발생

비행하위문화이론

• 비행을 하위문화를 형성하고 있는 집단의 관습적 문제로 보는 이론이다.

더 알아두기

그 외 비행의 원인을 설명하는 이론적 관점

• 생태학적 비행이론 : 하류층 주거지역에서 비행이 발생할 확률이 높다는 이론이다.
• 사회해체이론 : 핵가족화, 결손가정, 거주불안정 등의 사회해체가 사회통제를 약화시켜 범죄와 일탈을 발생시킨다는 이론이다.
• 사회학습이론 : 간접학습을 통해 비행을 배워 행하게 된다는 이론이다(예 난폭한 환경이 사람을 난폭하게 한다).
• 차별적 교제이론 : 비슷한 무리끼리 어울리면서 서로 학습하고 상호작용한다는 이론이다.
• 낙인이론 : 사회적 낙인이 이차적 일탈을 불러일으킨다는 이론이다.
• 합리적 선택이론 : 비행으로 인한 손실보다 보상이 클 때 비행이 발생한다는 이론이다.

와이너(Weiner)의 비행분류에 관한 설명으로 옳지 않은 것은?　　　　　　　　　　　　　　13, 16, 20년 기출

① 비행자의 심리적인 특징에 따라서 사회적 비행과 심리적 비행을 구분한다.
② 심리적 비행에는 성격적 비행, 신경증적 비행, 정신병적(기질적) 비행이 속한다.
③ 신경증적 비행은 행위자가 타인의 주목을 끌 수 있는 방식으로 비행을 저지르는 경우가 많다.
④ 소속된 비행하위집단 내에서 통용되는 삶의 방식들은 자존감과 소속감을 가져다주므로 장기적으로 적응적이라고
　 할 수 있다.

답 ④

청소년비행 중 우발적이고 기회적이어서 일단 발생하면 반복되고 습관화되어 다른 비행행동과 복합되어 나타날 수 있는 것은?
　　　　　　　　　　　　　　　　　　　　　　　　　　　　　　　13, 20, 22, 23년 기출

① 약물사용
② 인터넷 중독
③ 폭 력
④ 도 벽

답 ④

청소년비행의 원인에 관한 설명으로 옳지 않은 것은?　　　　　　　　　　　　　　　　18, 24년 기출

① 생물학적 접근 – 매우 심각한 비행청소년집단에서 측두엽간질이 유의미하게 발견되기도 한다.
② 사회학습이론 – 청소년의 역할모형이 바람직하지 못한 반사회적 행동이었을 경우에는 그 행동패턴이 비행적으로
　 나타나게 된다.
③ 아노미이론 – 비행행동도 개인과 사회 간 상호행위과정의 산물로 이해한다.
④ 문화전달이론 – 빈민가나 우범지대와 같은 사회해체지역에서 성장하는 청소년은 각종 비행을 배우고 또 직접 행동
　 으로 실행하기도 한다.

답 ③

집단상담에서 상대방의 행동이 나에게 어떤 반응을 일으키는가에 대하여 상대방에게 직접 이야기해 주는 개입 방법은?

① 자기투입과 참여

② 새로운 행동의 실험

③ 피드백 주고받기

④ 행동의 모범을 보이기

핵심 키워드	• 집단상담 • 직접 개입
기출 데이터	15, 20, 22년 기출

답 ③

과락을 피하는 해설

피드백(Feedback)

• 피드백 혹은 환류는 다른 집단성원의 행동, 사고, 감정에 대한 반응으로 자신의 생각과 감정을 되돌려 주는 것을 말한다.

• 집단 내에서 학습을 유발하는 중요한 수단으로서, 솔직하고 구체적인 피드백은 집단성원의 행동이 다른 구성원들에게 어떤 영향을 주는지, 대인관계에서 어떤 변화가 필요한지 깨닫도록 한다.

• 집단성원들은 우호적인 피드백과 비우호적인 피드백을 교환해 봄으로써 그것이 인간관계에 어떤 영향을 미치는가를 경험해 볼 수 있다.

• 집단상담자는 언제 어떤 종류의 피드백을 제공할 것인가에 관한 선택이 결국 자기 자신과 다른 사람과의 관계형성에 영향을 미치며, 그 변화의 책임이 바로 집단성원 자신에게 있음을 알려준다.

• 집단 초기에 상담자는 시기적절한 피드백을 제공함으로써 집단성원들이 이를 모방하여 실행해볼 수 있도록 한다.

• 자기 자신을 비현실적으로 인식하는 집단성원의 경우 다른 구성원들의 피드백을 통해 자기 이해의 폭을 넓히는 동시에 자신을 다른 각도에서 조망할 수 있게 된다.

유사문제 · 관련문제

알코올중독자상담에 관한 설명으로 옳지 않은 것은?　　　　　　　　　　　　　　　　03, 11, 13, 18년 기출

① 가족을 포함하여 타인의 방해를 받지 않기 위하여 비밀리에 상담한다.

② 치료 초기단계에서 술과 관련된 치료적 계약을 분명히 한다.

③ 문제행동에 대한 행동치료를 병행할 수 있다.

④ 치료 후기에는 재발가능성을 언급한다.

답 ①

현실치료에서 글래서(Glasser)가 제시한 8가지 원리에 해당되지 않는 것은?

① 감정보다 행동에 중점을 둔다.

② 현재보다 미래에 초점을 맞춘다.

③ 계획을 세워 계획에 따라 반드시 실천하겠다는 약속을 다짐 받는다.

④ 변명은 금물이다.

핵심 키워드	• 현실치료 • 글래서 • 현재에 초점
기출 데이터	12, 15년 기출

답 ②

과락을 피하는 해설

글래서(Glasser)는 현실치료자가 과거나 미래보다 현재에 초점을 두며, 무의식적 행동보다 행동선택에 대한 평가에 초점을 두어야 한다고 주장하였다.

현실치료의 8가지 원리(단계)

• 제1단계 : 관계형성단계

• 제2단계 : 현재 행동에 대한 초점화단계

• 제3단계 : 자기행동평가를 위한 내담자초청단계

• 제4단계 : 내담자의 행동계획발달을 위한 원조단계

• 제5단계 : 내담자의 의무수행단계

• 제6단계 : 변명거부단계

• 제7단계 : 처벌금지단계

• 제8단계 : 포기거절단계

현실치료의 인간관으로 가장 적합한 것은? 14년 기출

① 인간의 행동은 유전과 환경의 상호작용에 의해 형성된다.
② 인간의 삶은 개인의 자유로운 능동적 선택의 결과이다.
③ 인간은 자신의 자유로운 선택에 의해 잠재력을 각성할 수 있는 존재이다.
④ 인간은 기본적으로 자유롭고 자신의 목표를 스스로 선택하고자 하는 욕구를 가진 존재이다.

답 ④

현실치료에 관한 설명으로 틀린 것은? 21, 24년 기출

① 내담자가 실행하지 못한 것에 대한 변명을 허용하지 않는다.
② 전행동(Total Behavior)의 '생각하기'에는 공상과 꿈이 포함된다.
③ 개인은 현실에 대한 지각을 통해 현실 그 자체를 알 수 있다.
④ 내담자 개인의 책임을 강조한다.

답 ③

Glasser의 현실요법상담이론에서 가정하는 기본적인 욕구가 아닌 것은? 16, 21년 기출

① 생존의 욕구
② 권력에 대한 욕구
③ 자존감의 욕구
④ 재미에 대한 욕구

답 ③

자신조차 승인할 수 없는 욕구나 인격특성을 타인이나 사물로 전환시킴으로써 자신의 바람직하지 않은 욕구를 무의식적으로 감추려는 방어기제는?

① 동일화   ② 합리화

③ 투 사   ④ 승 화

핵심 키워드	• 승인할 수 없는 욕구 • 타인이나 사물로 전환 • 방어기제 • 투 사
기출 데이터	11, 14, 17년 기출

답 ③

과락을 피하는 해설

③ 투사(Projection) : 자신이 갖고 있는 좋지 않은 충동을 다른 사람이 가지고 있다고 원인을 돌리는 것이다.

① 동일시 또는 동일화(Identification) : 자신보다 더 훌륭하다고 판단되는 인물 혹은 집단과 강한 정서적 유대를 형성하여 그들의 행동을 모방하는 것이다.

② 합리화(Raitonalization) : 자신의 행동을 그럴듯한, 그러나 부정확한 핑계를 사용하여 받아들여질 수 있게끔 재해석하는 것이다.

④ 승화(Sublimation) : 수용될 수 없는 충동을 사회적으로 용납되는 건설적이고 유익한 목적으로 표출시키는 것이다.

유사문제 · 관련문제

인간의 심리적 방어기제에 대한 설명으로 바르지 않은 것은?   07년 기출

① 방어기제는 인간발달에 필요한 기제이다.

② 방어기제는 인간이 경험하는 다양한 불안에서 자아를 보호하려는 심리적 기제이다.

③ 방어기제는 부적응적인 것이 대부분인 것으로 병리적인 관점에서 관찰을 해야 한다.

④ 상담자는 내담자가 자신의 방어기제에 대해 통찰하도록 함으로써 자신의 불안 및 우울에 직면하여 새롭게 처리하는 대안적이며 적응적인 방식을 채택하도록 도울 수 있다.

답 ③

유사문제 · 관련문제

자기가 화가 난 것을 의식하지 못하고 상대방이 자기에게 화를 냈다고 생각하는 것은?   04, 12년 기출

① 승 화   ② 투 사

③ 부 정   ④ 퇴 행

답 ②

집단상담에서 집단응집력에 관한 설명으로 옳지 않은 것은?

① 응집력이 높은 집단은 자기개방을 많이 한다.

② 응집력은 집단상담의 성공에 매우 중요한 요소가 된다.

③ 응집력이 낮은 집단은 '지금-여기'에서의 사건이나 일에 초점을 맞춘다.

④ 응집력이 높은 집단은 집단의 규범이나 규칙을 지키지 않는 다른 집단성원을 제지한다.

핵심 키워드	• 집단상담 • 집단응집력 • 집단상담 특성
기출 데이터	12, 16년 기출

답 ③

과락을 피하는 해설

③ '지금-여기'에 초점을 맞추는 집단의 경우 활기차고 응집력이 높은 경향이 있다.

① 응집력이 높은 집단은 자기개방과 집단갈등의 표출을 통해 문제를 건설적인 방법으로 해결하고자 하는 경향이 있다.

② 얄롬(Yalom)은 응집력을 집단의 성공에 강력한 영향을 미치는 결정요인으로 보았다.

④ 응집력이 높은 집단은 성원들 간에 친밀감과 결속력이 높으며, 공유된 태도 및 가치관, 집단문화를 가진다. 그들은 집단의 규범이나 규칙을 준수하며, 이를 지키지 않는 다른 집단성원을 제지한다.

더 알아두기

응집력이 높은 집단의 특징

• 자기 자신을 개방하며, 자기 탐색에 집중한다.

• 다른 성원들과 고통을 함께 나누며, 이를 해결해 나간다.

• 자유로운 분위기에서 집단활동에 적극적으로 동참한다.

• 자신의 생각과 느낌을 즉각적으로 표현한다.

• 서로를 보살피며, 있는 그대로 수용한다.

• 보다 진실되고 정직한 피드백을 교환한다.

• 건강한 유머를 통해 친밀감을 느끼며, 기쁨을 함께 한다.

• 깊은 인간관계를 맺으므로 중도이탈자가 적다.

• 집단의 규범이나 규칙을 준수하며, 이를 지키지 않는 다른 집단성원을 제지한다.

• '지금-여기'에 초점을 맞추는 경우 활기차고 응집력이 높은 경향이 있다.

유사문제·관련문제

집단상담자는 집단성원이 비생산적 행위를 할 때 이러한 행위를 저지 또는 제한할 수 있다. 집단성원의 비생산적 행위에 해당하지 않는 것은?

11년 기출

① 여러명이 한 명에게 계속 감정을 표출한다.
② 특정집단성원에게 개인적 정보를 캐묻는다.
③ 자기–드러내기를 시도한다.
④ 사회현상에 대한 자신의 의견을 늘어놓는다.

답 ③

유사문제·관련문제

다음 설명에 해당하는 기법은?

21년 기출

- 공통의 관심사를 공유함으로써 집단응집력을 촉진한다.
- 연계성에 주목하며 집단원 간의 상호작용을 촉진한다.
- 집단원의 말과 행동을 다른 집단원의 관심사나 공통점과 관련짓는다.

① 해석하기
② 연결하기
③ 반영하기
④ 명료화하기

답 ②

유사문제·관련문제

집단상담에 대한 설명으로 가장 적합한 것은?

16, 24, 25년 기출

① 집단 크기, 기간, 집단성격, 프로그램 등을 미리 결정해야 한다.
② 집단상담에서는 개인상담에 있는 접수면접과 같은 단계는 생략된다.
③ 집단상담에서 상담자는 조언을 사용해서는 안 된다.
④ 만성적 우울증을 가진 내담자로 이루어진 집단은 자조집단에 어울린다.

답 ①

상담의 구조화에 관한 설명으로 옳지 않은 것은?

① 상담의 다음 진행과정에 대한 내담자의 두려움이나 궁금증을 줄일 수 있다.

② 구조화는 상담초기뿐만 아니라 전체과정에서 진행될 수 있다.

③ 상담의 효과를 최대한으로 높이기 위해 행해진다.

④ 상담에서 다루려는 내용을 구체적으로 정의하는 작업이다.

핵심 키워드	• 상담의 구조화 • 상담의 진행과정 • 상담의 특성
기출 데이터	17, 24, 25년 기출

답 ④

과락을 피하는 해설

상담의 구조화

• 구조화는 상담과정의 본질, 제한조건과 방향에 대해 상담자가 내담자에게 정의를 내려주는 것. 즉 상담자가 내담자에게 상담과정의 바람직한 체계와 방향을 알려주는 것이다.

• 구조화는 그 자체가 상담의 목적이 아니라 상담관계를 바람직한 방향으로 안정시키는 중요한 수단으로 기능한다.

• 구조화는 필요에 따라 상담과정 중에 언제나 일어날 수 있지만, 특히 상담초기에 적절한 구조화가 이루어지는 게 필요하다.

• 구조화를 통해 상담시간, 내담자의 행동, 상담자의 역할, 내담자의 역할 및 과정목표, 비밀유지, 상담회기의 길이와 빈도, 상담의 계획된 지속기간, 내담자와 상담자의 책임, 가능한 상담성과 및 상담 시의 행동제한 등을 설정한다.

상담구조화의 종류

• 암시적 구조화 : 이미 알려진 상담자의 역할과 내담자가 처해 있는 상황이 자동적으로 상담관계에 어떤 구조를 가하게 되는 것이다.

• 정규적 구조화 : 내담자에게 상담과정에 대해 의도적으로 설명하고 제약을 가하는 것이다.

상담구조화의 원칙

• 상담자와 내담자가 서로 편안히 느끼도록 구조화가 최소한으로 설정되어야 한다.

• 구조화는 적절한 시점에서 이루어지되 결코 내담자를 처벌하는 식으로 되어서는 안 된다.

• 면담시간의 약속과 내담자의 행동규범에 관해서는 구체적으로 정해야 한다.

유사문제 · 관련문제

다음 보기에서 상담자가 소홀히 하고 있는 것은?   15, 24년 기출

> 내담자가 심리상담실에 찾아와서 자신이 어떻게 행동해야 할지(예를 들면, 무슨 말을 해야 하는지, 휴대폰을 어떻게 해야 하는지, 오늘은 언제까지 심리상담이 진행되는 것인지 등)를 모르고 불안해한다.

① 수 용   ② 해 석   ③ 구조화   ④ 경 청

답 ③

아들러(Adler)의 개인심리학적 상담에 대한 설명으로 옳지 않은 것은?

① 아들러(Adler)는 일반적으로 인간이 열등감을 갖는 것은 필요하고 바람직하기까지 하다고 보았다.

② 프로이트(Freud)와 마찬가지로 아들러(Adler)도 인간의 목표를 중시하면서 주관적 요인을 강조하였다.

③ 아들러(Adler)는 신경증, 정신병, 범죄 등 모든 문제의 원인은 사회적 관심의 부재라고 보았다.

④ 아들러(Adler)는 생활양식을 개인 및 사회의 정신병리를 일으키는 주요 요인으로 보았다.

핵심 키워드	• 아들러 • 개인심리학 • 열등감 극복
기출 데이터	17년 기출

답 ②

과락을 피하는 해설

아들러(Adler)의 개인심리이론

• 아들러는 한 개인을 나누어질 수 없는 전체이며, 목표달성을 위해 끊임없이 노력하는 존재로 보면서, 개인심리학(Individual Psychology)을 개발하였다.

• 아들러는 인간을 목적론적 존재로 보면서 인간으로서 누구나 느끼는 열등감을 극복하여 자기완성을 이룰 것을 강조하였다.

• 개인심리이론에서는 인간을 전체적 존재, 사회적 존재, 목표지향적이고 창조적인 존재, 주관적 존재로 보았다.

• 아들러는 '인간이 추구하는 궁극적인 목적은 무엇인가, 인간은 단지 열등감의 해소만을 추구하는가' 등의 질문에 대해 '공격성', '힘에 대한 의지', '우월성 추구'의 개념으로 설명하였다.

• 주요개념은 열등감, 우월성의 추구, 생활양식, 가족구도, 출생순위 등이 있다.

• 출생순위 : 첫째 아이(폐위된 왕, 권위의 중요성을 알고, 동정적, 과거에 관심 많음)/둘째(경쟁, 달리는 꿈)/막내(과잉보호 가능성, 문제아 또는 영웅)/독자(자신의 중요성에 대한 과장된 견해, 소심하고 의존적)

• 아들러는 사람들의 주요문제를 3가지 측면, '사회적 관심의 결여', '상식의 결여', '용기의 결여'라고 보았고, 이에 상담자들은 내담자들의 문제해결을 위해 내담자들에게 사회적 관심, 상식, 용기를 불어넣어 바람직한 삶을 영위하도록 조력해야 한다고 보았다.

• 사회적 관심과 활동수준에 따라 4가지 유형 : 지배형, 기생형, 회피형, 사회적 유용형

• 5가지 인생과제 : 영성, 자기지향, 일과 여가, 우정, 사랑

• 주요 상담기법은 즉시성, 격려, 마치 ~처럼 행동하기, 내담자의 수프에 침 뱉기, 단추누르기 등이 있다.

유사문제 · 관련문제

아들러(Adler)의 개인심리학적 접근에서 세운 치료목표가 아닌 것은?

07년 기출

① 사회적 관심을 증진시키기

② 개인 내적인 무의식적 동기를 탐색하기

③ 내담자의 생활양식 변화시키기

④ 잘못된 동기를 변화시키고 다른 사람과 동등한 감정을 갖도록 돕기

🗊 ②

유사문제 · 관련문제

다음과 관련된 치료적 접근은?

19, 24년 기출

> 치료과정에서 내담자의 열등감 극복을 주요과제로 상정하며, 보상을 향한 추구행동으로서의 생활방식을 변화시키는 데 주목한다.

① 에릭슨(Erikson)의 심리사회적 발달이론

② 프로이트(Freud)의 정신분석학

③ 아들러(Adler)의 개인심리학

④ 대상관계이론

🗊 ③

유사문제 · 관련문제

아들러(Adler)가 인간의 성격을 설명하면서 강조한 것이 아닌 것은?

15, 18, 24년 기출

① 열등감의 보상

② 우월성 추구

③ 힘에 대한 의지

④ 신경증 욕구

🗊 ④

096

상담자의 윤리에 관한 설명으로 옳지 않은 것은?

① 비밀보장은 상담진행과정 중 가장 근본적인 윤리기준이다.

② 내담자의 윤리는 개인상담뿐만 아니라 집단상담이나 가족상담에서도 고려되어야 한다.

③ 상담여부를 결정하는 것은 내담자이며 상담자는 내담자에게 정확한 정보를 제공해야 한다.

④ 상담이론과 기법은 반복적으로 검증된 것이므로 시대 및 사회여건과 무관하게 적용해야 한다.

핵심 키워드	• 상담자 윤리 • 윤리기준 • 윤리지침
기출 데이터	17, 21년 기출

답 ④

과락을 피하는 해설

상담자와 내담자의 상담관계에서의 일반적인 윤리지침

• 상담자는 자신이 어떠한 개인적 욕구를 가지고 있으며, 자신의 그와 같은 욕구가 내담자에게 어떤 영향을 미치는지를 명확히 자각하고 있어야 한다.

• 상담자는 치료적 관계를 명백히 해칠 수 있는 내담자와의 어떤 다른 관계를 가져서는 안 된다.

• 상담자는 내담자의 비밀을 보장해야 하며, 상담관계에 부정적인 영향을 미칠 수 있는 다른 문제들에 대해 내담자에게 이를 알려줄 책임이 있다.

• 상담자는 상담의 목표, 절차 등을 비롯하여 상담관계를 시작함으로써 내담자에게 닥칠지도 모르는 위험, 상담결정을 내리기 전에 고려해야 할 요인들에 대해 미리 내담자에게 알려주어야 한다.

• 상담자는 자신이 제공할 수 있는 전문적인 도움의 한계를 명확히 알고 있어야 하며, 내담자에게 적절한 도움을 제공하기 어렵다고 판단하는 경우, 지도감독자의 도움을 받거나 내담자를 다른 상담자에게 의뢰해야 한다.

청소년 상담사에게 요구되는 윤리적인 내용과 가장 거리가 먼 것은?   14년 기출

① 비밀보장에 대한 원칙을 내담자에게 알려준다.

② 청소년 내담자의 법적, 제도적 권리에 대해 알려준다.

③ 청소년 내담자에게 존중의 의미에서 경어를 사용할 수 있다.

④ 비밀보장을 위하여 내담자에 대한 기록물은 상담의 종결과 함께 폐기한다.

답 ④

상담의 일반적인 윤리적 원칙에 해당하지 않는 것은?   15, 19년 기출

① 자율성(Autonomy)

② 무해성(Nonmaleficence)

③ 선행(Beneficience)

④ 상호성(Mutuality)

답 ④

미국심리학회(APA)와 미국상담학회(ACA)에서 제시한 전문적 심리상담자의 기본적인 도덕원칙에 해당하지 않는 것은?

20년 기출

① 자율성(Autonomy)

② 명확성(Clarity)

③ 성실성(Fidelity)

④ 덕행(Beneficence)

답 ②

097

성폭력 피해자 심리상담 초기단계의 유의사항으로 옳지 않은 것은?

① 치료관계 형성에 힘써야 한다.

② 상담자는 상담내용의 주도권을 가져야 한다.

③ 성폭력 피해로 인한 합병증이 있는지 묻는다.

④ 성폭력 피해의 문제가 없다고 부정을 하면 일단 수용해 준다.

핵심 키워드	• 피해자 상담 • 피해자 상담 유의사항 • 상담 초기
기출 데이터	03, 09, 11, 18, 22, 23년 기출

답 ②

과락을 피하는 해설

성폭력 피해자 심리상담 초기단계의 유의사항

• 상담자는 피해자인 내담자와 신뢰할 수 있는 관계를 유지함으로써 치료관계 형성에 힘써야 한다.

• 상담자는 내담자에게 상담내용의 주도권을 줌으로써 내담자에게 현재 상황에서 표현할 수 있는 내용에 대해서만 이야기할 수 있도록 배려해야 한다.

• 상담자는 내담자의 비언어적인 표현에 주의를 기울이며, 그에 대해 적절히 반응해야 한다.

• 상담자는 내담자의 성폭력 피해로 인한 합병증 등을 파악해야 한다.

• 상담자는 내담자가 성폭력 피해의 문제가 없다고 부인하는 경우 일단 수용하며, 언제든지 상담의 기회가 있음을 알려주어야 한다.

성피해자에 대한 상담의 초기단계에서 상담자가 유의해야 할 사항으로 옳은 것은?　　　13, 15, 17, 24, 25년 기출

① 피해자가 첫 면접에서 성피해 사실을 부인하는 경우, 솔직한 개방을 하도록 지속적으로 유도한다.

② 가능하면 초기에 피해자의 가족상황과 성폭력 피해의 합병증 등에 관한 상세한 정보를 얻는다.

③ 성피해로 인한 내담자의 심리적 외상을 신속하게 탐색하고 치유할 수 있도록 적극적으로 개입한다.

④ 피해상황에 대한 상세한 정보수집이 중요하므로 내담자가 불편감을 표현하더라도 상담자가 주도적으로 면접을 진행한다.

답 ②

성폭력 피해자의 상담원리와 가장 거리가 먼 것은?　　　14년 기출

① 상담자 자신이 가진 성폭력에 대한 편견을 자각하고 올바른 태도로 수정한다.

② 위기상황에 있는 피해자의 상태를 수용하고 반영해 주며 진지한 관심을 전달한다.

③ 성폭력 피해가 내담자의 책임이 아니며, 가치가 손상된 것이 아님을 확신하도록 한다.

④ 성폭력 피해자의 고통과 공포, 분노감이 가능한 재생되지 않도록 유의한다.

답 ④

성희롱 피해 경험으로 인해 분노, 불안, 수치심을 느끼고 대인관계를 기피하는 내담자에 대한 초기 상담 개입 전략으로 옳지 않은 것은?　　　21년 기출

① 분노상황을 탐색하고 호소 문제를 구체화한다.

② 불안감소를 위해 이완 기법을 실시한다.

③ 수치심과 관련된 감정을 반영해 준다.

④ 대인관계 문제 해결을 위해 가해자에 대한 공감 훈련을 한다.

답 ④

성피해자에 대한 심리치료 과정 중, 초기단계에서 상담자가 유의해야 할 사항과 가장 거리가 먼 것은?　　　16, 19, 24년 기출

① 치료의 관계형성을 위해 수치스럽고 창피한 감정이 정상적인 감정임을 공감한다.

② 피해상황에 대한 진술은 상담자 주도로 이루어져야 한다.

③ 성피해 사실에 대한 내담자의 부정을 허락한다.

④ 내담자에게 치료자에 대한 감정을 물어주고 치료자를 선택할 수 있도록 해준다.

답 ②

우울한 사람들이 보이는 체계적인 사고의 오류 중 결론을 지지하는 증거가 없거나 증거가 결론과 배치되는데도 불구하고 어떤 결론을 이끌어내는 과정을 의미하는 인지적 오류는?

① 선택적 추상화(Selective Abstraction)

② 과일반화(Overgeneralization)

③ 개인화(Personalization)

④ 임의적 추론(Arbitrary Inference)

핵심 키워드	• 우울한 사람 • 사고의 오류 • 인지적 오류 • 임의적 추론
기출 데이터	05, 11, 13, 17년 기출

답 ④

과락을 피하는 해설

① 선택적 추상화(Selective Abstraction) : 다른 중요한 요소들은 무시한 채 사소한 부분에 초점을 맞추고, 그 부분적인 것에 근거하여 전체 경험을 이해하는 것을 의미한다.

② 과일반화 또는 과도한 일반화(Overgeneralization) : 한두 개의 고립된 사건에 근거해서 일반적인 결론을 내리고 그것을 서로 관계없는 상황에 적용하는 것을 의미한다.

③ 개인화(Personalization) : 자신과 관련시킬 근거가 없는 외부사건을 자신과 관련시키는 성향으로, 실제로는 다른 것 때문에 생긴 일에 대해 자신이 원인이고 자신이 책임져야 할 것으로 받아들이는 것을 의미한다.

유사문제 · 관련문제

벡(Beck)의 인지치료에서 인지적 오류에 해당되지 않는 것은?　　　　　　　　　14년 기출

① 이분법적 사고　　　　　　　　　　　　② 과잉일반화

③ 의미확대　　　　　　　　　　　　　　④ 강박적 추론

답 ④

유사문제 · 관련문제

벡(A. Beck)이 제시한 인지적 오류와 그 내용이 옳은 것을 모두 고른 것은?　　　　22년 기출

> ㄱ. 개인화 – 내담자가 두 번째 회기에 오지 않을 경우, 첫 회기에서 내가 뭘 잘못하였기 때문이라고 강하게 믿는 것
> ㄴ. 임의적 추론 – 남자 친구가 바쁜 일로 연락을 못하면 나를 멀리하려 한다고 결론 내리고 이별을 준비하는 것
> ㄷ. 과잉일반화 – 한두 번의 실연당한 경험으로 누구로부터도 항상 실연을 당할 것이라고 생각하는 것

① ㄱ, ㄴ
② ㄱ, ㄷ
③ ㄴ, ㄷ
④ ㄱ, ㄴ, ㄷ

답 ④

유사문제 · 관련문제

벡(Beck)이 제시하는 인지적 오류 중 '평범하다는 평가를 받는다는 것은 내가 얼마나 부족한지 증명하는 것이다'라고 생각하는 경우는?　　　　　　　　　15, 24년 기출

① 전부 아니면 전무의 사고
② 긍정적인 면의 평가절하
③ 과장/축소
④ 과잉일반화

답 ③

다음 중 특성-요인상담에 관한 설명으로 옳지 않은 것은?

① 상담자 중심의 상담방법이다.

② 사례연구를 상담의 중요한 자료로 삼는다.

③ 문제의 객관적 이해보다는 내담자에 대한 정서적 이해에 중점을 둔다.

④ 내담자에게 정보를 제공하고 학습기술과 사회적 적응기술을 알려주는 것을 중요시한다.

핵심 키워드	• 특성-요인상담 • 상담방법 • 상담이론
기출 데이터	08, 11, 13, 21, 22, 23년 기출

답 ③

과락을 피하는 해설

특성-요인상담

- 윌리암슨(Williamson)이 파슨스(Parsons)의 '개인', '직업', '개인과 직업 간의 관계'를 기본으로 하여 만든 직업이론의 원리를 토대로 발전시킨 것이다.
- '특성(Trait)'은 성격, 적성, 흥미, 가치관 등 검사에 의해 측정 가능한 개인의 특징을 의미한다. 반면, '요인(Factor)'은 책임감, 성실성, 직업성취도 등 성공적인 직업수행을 위해 요구되는 특징을 의미한다.
- 개인차심리학과 응용심리학에 근거를 두고 있으며, 개인의 특성과 직업을 구성하는 요인에 관심을 둔다. 특히 다양한 검사를 통해 개인의 특성을 밝혀내어 이를 직업의 특성에 연결시키는 것에 초점을 둔다.
- 내담자의 의사결정능력을 향상시키며, 합리적인 과정을 통해 자신의 학문적·직업적 능력에 부합하는 직업을 선택하도록 돕는 것을 목표로 한다.
- 상담자 중심의 상담방법으로 내담자에 대한 정서적 이해보다 문제의 객관적 이해에 중점을 둔다.
- 특성-요인상담의 기본은 변별진단이다. 변별진단이란 일련의 관련이 있거나 관련이 없는 사실들로부터 일관된 형식의 의미를 논리적으로 사고하는 과정 또는 하나씩 해결하는 과정이다.
- 내담자에게 정보를 제공하고 학습기술 및 사회적 적응기술을 알려주는 것을 중시한다.
- 내담자를 객관적으로 이해하고, 올바른 예언을 하기 위해 사례나 사례연구를 상담의 중요한 자료로 삼는다.

도박중독에 관한 설명으로 가장 적합한 것은?

① 원하는 흥분을 얻기 위해 액수를 낮추면서 도박을 한다.

② 정상적인 사회생활에는 큰 지장이 없다.

③ 도박을 중단하면 금단증상이 나타나며, 심하면 자살을 초래한다.

④ 도시보다 시골지역에 많으며, 평생 유병률은 5% 정도로 보고되고 있다.

핵심 키워드	• 도박중독 • 중독의 특성 • 금단증상
기출 데이터	06, 11, 16, 18, 20년 기출

답 ③

과락을 피하는 해설

도박중독의 특징

- 도박에 과도하게 집착하는 경향을 보인다.
- 자신이 바라는 흥분감을 얻기 위해 돈의 액수를 늘리려고 한다.
- 도박행동의 조절이나 중지에 대한 노력이 반복적으로 실패한다.
- 도박행동에 대한 제한을 시도할 때 안절부절 못하거나 과민하다.
- 무기력감이나, 우울감, 죄책감 등의 문제에서 벗어나기 위한 수단으로서 도박을 한다.
- 도박으로 돈을 잃고 나서 이를 만회하기 위해 다음날 다시 도박을 한다.
- 자신이 도박에 빠졌다는 것을 숨기기 위해 가족, 치료사, 다른 사람에게 거짓말을 한다.
- 도박자금을 마련하기 위해 도둑질, 지폐위조, 사기 등 불법행위를 시도한다.
- 도박으로 인해 중요한 대인관계가 위태로워지거나 직업 및 교육상의 기회를 잃는다.

유사문제 · 관련문제

도박중독의 심리 · 사회적 특징에 대한 설명으로 옳은 것은?　　　　　06, 11, 18, 21, 22, 23, 24년 기출

① 도박중독자들은 대체로 도박에만 집착할 뿐 다른 개인적인 문제를 가지지 않는다.

② 도박중독자들은 직장에서 도박자금을 마련하기 위해 남보다 더 열심히 노력한다.

③ 심리적 특징으로 단기적인 만족을 추구하기보다는 장기적인 만족을 추구한다.

④ 도박행위에 문제가 있음을 받아들이지 않고 변명하고 논쟁하려 든다.

답 ④

PART

3

부록편

만나면 당황하는 문제 20선

끝까지 책임진다! 시대에듀!

QR코드를 통해 도서 출간 이후 발견된 오류나 개정법령, 변경된 시험 정보, 최신기출문제, 도서 업데이트 자료
등이 있는지 확인해 보세요! **시대에듀 합격 스마트 앱**을 통해서도 알려 드리고 있으니 구글 플레이나 앱 스토어
에서 다운받아 사용하세요. 또한, 파본 도서인 경우에는 구입하신 곳에서 교환해 드립니다.

인생은 자전거를 타는 것과 같다.
균형을 잡기 위해서는 계속 움직여야 한다.

– 알버트 아인슈타인 –

심리학개론

01

다음은 어떤 상담에 관한 설명인가?

> 정상적인 성격발달이 특정 발달단계의 성공적인 문제 해결과 관련 있다고 보는 상담 접근

① 가족체계상담

② 정신분석상담

③ 해결중심상담

④ 인간중심상담

관련 범주	정신분석상담
기출 데이터	22년 기출

답 ②

당황을 반감시키는 해설

정신분석상담

- 인간심리에 대한 구조적 가정 및 여러 가지 형태의 부적응행동에 대한 역동적 이해 등의 이론적 배경에 기초를 둔다.
- 인생의 초기경험을 중시하며, 무의식 혹은 심층에 숨어 있는 문제의 원인을 분석하여 의식의 세계로 노출시킴으로써 자아의 기능을 강화한다.
- 건전한 성격이란 자아(Ego)가 초자아(Superego)와 원초아(Id)의 기능을 조정할 능력이 있어서 적절한 심적 균형을 유지하는 것을 말한다.
- 정신분석상담은 무의식적 자료에 접근하기 위해 환자들의 관념이나 느낌, 환상 등을 우선 거리낌 없이 자유롭게 표현하도록 하는 방법을 사용한다.
- 최근의 정신역동(Psychodynamic)은 정신분석(Psychoanalysis)보다 넓은 의미를 포함하나 프로이트(Freud)의 정신분석이론의 주요개념에 근거하므로 사실상 정신분석과 같은 개념으로 이해하는 것이 일반적이다. 다만, 정신역동이 지금-여기(Here & Now)의 치료적 관계에서 환자의 의식과 잠재의식에 초점을 두는 반면, 정신분석은 환자의 무의식과 과거경험에 주목하여 치료적 관계를 통한 과거의 재경험 및 재구성과정에 초점을 둔다는 점에서 차이가 있다.

PART 3

02

다음은 무엇에 관한 설명인가?

> 방어기제 중 우리가 가진 바람직하지 않은 자질들을 과장하여 다른 사람들에게 부여함으로써 우리의 결함을 인정하지 않도록 막아주는 것

① 부 인
② 투 사
③ 전 위
④ 주지화

관련 범주	방어기제
기출 데이터	21, 25년 기출

답 ②

당황을 반감시키는 해설

② 투사(Projection) : 사회적으로 인정받을 수 없는 자신의 행동과 생각을 마치 다른 사람의 것인 양 생각하고 남을 탓하는 것이다.
　　예 자기가 화가 난 것을 의식하지 못한 채 상대방이 자기에게 화를 낸다고 생각하는 경우
① 부인 또는 부정(Denial) : 의식화되는 경우 감당하기 어려운 고통이나 욕구를 무의식적으로 부정하는 것이다.
　　예 자신의 애인이 교통사고로 사망했음에도 불구하고 그의 죽음을 인정하지 않은 채 여행을 떠난 것이라고 주장하는 경우
③ 전치(전위) 또는 치환(Displacement) : 자신이 어떤 대상에 대해 느낀 감정을 보다 덜 위협적인 다른 대상에게 표출하는 것이다.
　　예 아빠에게 꾸중들은 아이가 적대감을 아빠에게 표현하지 못하고 동생을 때리는 경우
④ 주지화(Intellectualization) : 불편한 감정을 조절하거나 최소화하기 위해 지나치게 추상적으로 사고하거나 일반화함으로써 감정적 갈등이나 스트레스를 처리하는 것이다.
　　예 죽음에 대한 불안감을 덜기 위해 죽음의 의미와 죽음 뒤의 세계에 대해 추상적으로 사고하는 경우

표준화검사에 대한 설명으로 옳은 것은?

① 표준화검사는 검사의 제반 과정에서 검사자의 주관적인 의도나 해석이 개입될 수 있도록 한다.

② 절차의 표준화는 환경적 조건에 대한 엄격한 지침을 제공함으로써 시간 및 공간의 변화에 따라 검사 실시 절차가 달라지는 것을 의미한다.

③ 실시 및 채점의 표준화를 위해서는 그에 관한 절차를 명시해야 한다.

④ 표준화된 여러 검사에서 원점수의 의미는 서로 동등하다.

관련 범주	표준화검사
기출 데이터	20년 기출

🗐 ③

당황을 반감시키는 해설

표준화검사(Standardized Test)는 검사절차의 표준화를 통해 검사 실시 상황이나 환경적 조건에 대한 엄격한 지침을 제공하는 동시에 검사자의 질문 방식이나 수검자의 응답 방식까지 구체적으로 규정한다. 이와 같은 표준화 검사는 측정된 결과들을 상호 비교할 수 있도록 해 주지만, 수검자의 반응의 자유도를 좁힘으로써 독특한 반응을 제한하는 단점을 가진다.

04

다음이 설명하는 개념은?

> 학교에서 강의를 듣는 학생이 강의를 받던 곳에서 시험을 치르면 강의를 받지 않은 다른 곳에서 시험을 보는 것보다 시험결과가 좋아질 수 있다.

① 처리수준모형
② 부호화 특정원리
③ 재인기억
④ 우연학습

관련 범주	인지심리학 개념
기출 데이터	11, 19년 기출

답 ②

당황을 반감시키는 해설

② 부호화 특정원리(Encoding Specificity Principle) : 어떠한 기억 대상을 장기기억에서 인출하는 경우 그와 관련된 단서가 있을 때 보다 쉽게 기억해낼 수 있다는 원리이다. 어떠한 정보를 학습한 바로 그 장소에서 기억정보의 인출을 시도하는 경우, 부호화 당시와 동일한 생리학적 상태에서 인출을 시도하는 경우 보다 효과적으로 기억해 낼 수 있다.

① 처리수준모형(Levels of Processing Model) : 크레이크와 로크하트(Craik & Lockhart)가 주장한 기억에 대한 이론으로, 기억의 지속이 정보처리의 수준과 연관되어 있다고 보는 관점이다. 어떠한 정보에 대해 완전한 이해를 토대로 기억하는 경우 보다 오래 기억할 수 있으나, 단순 암기식으로 기억하는 경우 쉽게 잊힌다.

③ 재인(Recognition) : 이전에 경험한 어떠한 대상과 다시 마주하는 경우 느끼게 되는 친근감을 통해 기억에 이르게 되는 것을 말한다. 즉, 재인기억은 친숙성(Familiarity)과 회고(Recollection)를 통해 구체화되는 것이다.

④ 우연학습(Incidental Learning) : '의도학습(Intentional Learning)'과 대비되는 개념으로, 기억의 재인 또는 재생이라는 실험의 본질적인 목적을 숨긴 채 참가자들에게 일련의 단어들을 제시한 후 본래의 목적대로 실험을 진행하는 경우, 참가자들은 예상 외의 기억검사에도 불구하고 의도학습에서와 크게 다르지 않은 결과를 나타내 보인다는 것이다.

제**2**과목 # 이상심리학

05

항정신병 약물 부작용으로서 나타나는 혀, 얼굴, 입, 턱의 불수의적 움직임 증상은?

① 무동증(Akinesia)

② 만발성운동장애(Tardive Dyskinesia)

③ 추체외로 증상(Extrapyramidal Symptoms)

④ 구역질(Nausea)

관련 범주	항정신병 약물 부작용
기출 데이터	17, 20, 23년 기출

답 ②

당황을 반감시키는 해설

② 만발성운동장애 : 장기에 걸친 항정신병제제의 복용경과 중 또는 중단이나 감량을 계기로 나타나는 것으로, 주로 입술, 혀, 아래턱 등에서 볼 수 있는 불수의적인 움직임을 말한다.

① 무동증 : 쇠약이나 마비가 없이 일어나는 신체 움직임의 감소로 습관적인 움직임(예 팔을 흔듦)이 제한되거나 없는 것이다.

③ 추체외로 증상 : 항정신병 약물 투여 후 급성으로 나타나는 다양한 종류의 운동곤란증을 말한다. 약물 투여 시 수 시간 혹은 수일 사이에 턱, 혀, 눈, 사지, 눈 및 동체근육에 나타나는 지속적인 운동곤란증이다.

④ 구역질 : 구토를 하기 전 속이 메스꺼워서 토하려고 하는 상태를 말한다.

PART 3

인간의 정신병리가 경험회피와 인지적 융합으로 인한 심리적 경직성 때문이라고 주장하며 창조적 절망감, 맥락으로서의 자기 등의 치료 요소를 강조하는 가장 대표적인 치료법은?

① 수용전념치료(ACT)

② 변증법적 행동치료(DBT)

③ 합리적 정서행동치료(REBT)

④ 마음챙김에 근거한 인지치료(MBCT)

관련 범주	수용전념치료
기출 데이터	20년 기출

답 ①

당황을 반감시키는 해설

① 수용전념치료(ACT ; Acceptance and Commitment Therapy) : 제3세대 인지행동치료로서, 내담자로 하여금 고통스러운 부정적 감정에 저항하지 말고 이를 수용하면서 자신이 원하는 가치와 목표를 실현하는 데 전념하도록 돕는다.

② 변증법적 행동치료(DBT ; Dialectical Behavior Therapy) : 본래 경계선 성격장애의 치료를 위해 개발된 것으로, 내담자의 경험에 대한 수용과 변화의 변증법적 갈등을 해결하고 균형을 이루도록 돕는다.

③ 합리적 정서행동치료(REBT ; Rational-Emotive Behavior Therapy) : 인지적 요인의 중요성을 강조한 최초의 치료이론으로, 내담자의 신념체계를 합리적인 것으로 바꿈으로써 내담자의 정서와 행동을 적응적으로 변화시키는 동시에 삶의 전반을 변화시키도록 돕는다.

④ 마음챙김에 근거한 인지치료(MBCT ; Mindfulness-Based Cognitive Therapy) : 본래 우울증의 재발 방지를 위해 개발된 것으로, 우울증을 유발하는 자동적 사고의 영향력을 약화시키도록 돕는다.

다음에서 설명하고 있는 것은?

> 신경성식욕부진증 환자들이 사회적 및 신체적 문제들에도 불구하고 절식행동과 과도한 운동을 하는 생물학적 이유를 설명하기 위해 제안된 것으로, 굶는 동안 엔돌핀 수준이 증가하여 긍정적 정서를 체험함으로써 신경성식욕부진증적 행동이 강화된다.

① 상호억제원리
② Premack의 원리
③ 신해리이론
④ 자가중독이론

관련 범주	신경성식욕부진증
기출 데이터	16년 기출

답 ④

당황을 반감시키는 해설

자가중독이론

• 신경성식욕부진증(거식증)에 대한 생물학적인 원인이다.
• 신경성식용부진증 환자들은 굶는 동안 또는 운동을 하는 동안 엔돌핀 수준이 증가하고, 엔돌핀 수준 증가가 거식증 환자의 기분을 충전시킨다는 것이다.
• 이 상태를 유지하기 위해 음식을 피하고 운동을 하게 된다는 것이다.

뉴런의 전기화학적 활동에 관한 설명으로 옳지 않은 것은?

① 뉴런은 자연적으로 전하를 띠는데, 이를 활동전위라고 한다.

② 안정전위는 뉴런의 세포막 안과 밖 사이의 전하 차이를 의미한다.

③ 활동전위는 축색의 세포막 채널에 변화가 있을 경우 발생한다.

④ 활동전위는 전치 쇼크가 일정 수준, 즉 역치에 도달할 때에만 발생한다.

관련 범주	뉴 런
기출 데이터	20년 기출

답 ①

당황을 반감시키는 해설

뉴런은 자연적으로 전하를 띠는데, 이를 안정전위(Resting Potential)라고 부른다. 안정전위는 뉴런의 세포막 안과 밖 사이의 전하 차이를 의미한다. 활동전위는 뉴런의 축색을 따라 시냅스에 전달되는 전기적 신호이다.

유사문제 · 관련문제

뉴런이 휴식기에 있을 때의 상태로 옳은 것은?　　　　　　　　　19, 23년 기출

① 칼륨 이온이 뉴런 밖으로 나간다.

② 나트륨 이온이 뉴런 안으로 밀려온다.

③ 뉴런 내부는 외부와 비교하여 음성(-)을 띠고 있다.

④ 뉴런이 발화한다.

답 ③

제**3**과목 # 심리검사

09

교통사고 환자의 신경심리검사에서 꾀병을 의심할 수 있는 경우는?

① 기억과제에서 쉬운 과제에 비해 어려운 과제에서 더 나은 수행을 보일 때

② 즉각 기억과제와 지연 기억과제의 수행에서 모두 저하를 보일 때

③ 뚜렷한 병변이 드러나며 작의적인 반응을 보일 때

④ 단기기억 점수는 정상범위이나 다른 기억점수가 저하를 보일 때

관련 범주	신경심리검사
기출 데이터	16, 22, 24, 25년 기출

답 ①

당황을 반감시키는 해설

신경심리평가 시 위장자(Faker)들을 변별하는 방법(홍경자, 1995)

• 일관성 : 위장하는 사람들은 동일한 영역을 측정하는 비슷한 검사로 재검사를 시행했을 때 같은 양상의 장애를 나타내지 않는 경우가 많고, 자신의 증상 및 병력에 대해서는 잘 기억하면서 기억력 검사에 들어가서는 장애를 보일 수 있다.

• 위장자들은 모든 검사에서 다 못하는 경우가 많은데, 실제 환자는 손상 양상에 따라 어떤 검사는 잘 수행하고 어떤 검사는 대단히 못한다. 만약 위장자가 일부 검사에서 선택적으로 장애를 보이려고 할 때는 주로 감각 및 운동기능의 장애를 보인다고 한다.

• 난이도를 살펴보면, 일반적으로 환자들은 쉬운 소검사는 잘 수행하고 어려워지면 잘 수행하지 못하는 데 비해 위장자들은 난이도가 낮은 소검사부터 잘 수행하지 못하는 경향이 있다.

• 위장자들은 검사에서 나타난 장애 정도와 손상으로부터 예측되는 장애 정도 사이에 상당한 차이를 보인다.

10

"통계적으로 유의미하다"라는 말의 뜻을 나타내는 것은?

① 실험 결과가 우연이 아닌 실험 처치에 의해서 나왔다.

② 실험 결과를 통계적 방법을 통해 분석할 수 있다.

③ 실험 결과가 통계적 분석 방법을 써서 나온 것이다.

④ 실험 결과가 통계적 혹은 확률적 현상이다.

관련 범주	실험 결과
기출 데이터	15, 20, 23, 24년 기출

답 ①

당황을 반감시키는 해설

실험 결과가 우연에 의한 것인 경우 통계적으로 유의미하다고 할 수 없다. "통계적으로 유의미하다"의 의미는 주어진 유의수준에서 귀무가설이 틀리고 대립가설이 옳다는 뜻으로 귀무가설을 기각하고, 대립가설을 채택한다는 의미가 된다.

11

아래 그림은 42세 된 환자의 Rey Complex Figure Test(RCFT) 결과이다. 이에 대한 설명으로 옳지 않은 것은?

① 시각−공간이 단편화되어 있다.
② 왼쪽과 하단부의 무시현상(Neglect)이 일어나고 있다.
③ 우측 전두정골(Frontoparietal)의 문제를 의심할 수 있다.
④ 보속증 경향은 보이지 않는다.

관련 범주	레이복합도형검사
기출 데이터	15년 기출

답 ④

당황을 반감시키는 해설

위의 검사결과는 4일 전에 우측 전두정골 뇌졸중(Right Frontoparietal Stroke)이 발생한 42세 환자의 그림으로, 도형 왼쪽과 하단부의 무시(Neglect), 강한 보속증 경향, 시각−공간 단편화(Visual−Spatial Fragmentation)를 보이고 있다.

참고

레이복합도형검사(RCFT ; Rey Complex Figure Test)
• 복잡한 도형을 따라 그리게 하고 이후 회상과제를 통하여 비언어적, 시각 기억력을 측정한다.
• 구성능력을 검사하는 평가도구이다.
• 대뇌피질의 후부(Posterior Cerebral Cortex) 손상이 있을 경우 구성능력에 있어 심각한 장애가 초래되는데, 특히 좌반구 손상보다는 우반구 손상이 있을 때 구성능력의 장애가 심각해진다.

로렌츠바이크(Rosenzweig)의 그림좌절검사(Picture Frustration Test)에서는 표출되는 공격성의 세 방향을 구분하고 있다. 세 방향에 속하지 않는 것은?

① 투사지향형   ② 내부지향형
③ 외부지향형   ④ 회피지향형

관련 범주	그림좌절검사
기출 데이터	13, 16년 기출

🔑 ①

당황을 반감시키는 해설

로렌츠바이크(Rosenzweig)의 그림좌절검사(Picture Frustration Test)

[그림좌절검사의 예]

- 그림좌절검사는 수검자로 하여금 구조화된 언어적-회화적 자극에 대해 반응하도록 한 준투사기법의 검사도구이다.
- 어떤 욕구가 좌절된 상황을 묘사하는 24개의 그림으로 구성되어 있다.
- 각 그림마다 두 사람이 등장한다. 왼쪽 사람이 오른쪽 사람에게 좌절감을 유발하는 상황을 이야기하는데, 이는 말풍선을 통해 제시된다.
- 그림 속 인물들에게서 아무런 표정을 찾아볼 수 없으며, 수검자는 좌절된 그림 속 인물의 입장에서 가장 먼저 떠오르는 생각을 오른쪽의 비어있는 말풍선에 써넣게 된다.
- 수검자로 하여금 좌절된 인물의 반응을 대신하도록 함으로써 욕구좌절 상황에서 수검자가 어떠한 반응을 나타내 보일지 평가할 수 있다.
- 그림좌절검사는 욕구좌절이 어떠한 형태로든 공격적인 반응을 유발한다는 가정에 기초한다. 그에 따라 다음과 같이 공격성의 방향 유형을 각각 3가지 요소들로 제시한다.

공격성의 방향	공격성의 유형
• 외부지향적(Extraggresive) • 내부지향적(Intraggressive) • 회피지향적(Imaggresive)	• 장애물우월(Obstacle-Dominant) • 자아방어(Ego-Defensive) • 요구지속(Need-Persistent)

13

미국에서 임상심리학이 비약적으로 발전하게 된 계기가 된 것은?

① 자원봉사자들의 활동

② 루스벨트 대통령의 후원

③ 제2차 세계대전

④ 매카시즘의 등장

관련 범주	임상심리학의 역사
기출 데이터	21, 25년 기출

답 ③

당황을 반감시키는 해설

제2차 세계대전이 미국 임상심리학의 발전에 미친 영향

• 미국은 제2차 세계대전과 함께 신병 평가의 필요성이 절박해짐에 따라 입영대상 군인들이 가진 기술뿐만 아니라 지적·심리적 기능을 효율적으로 평가하는 기술들을 개발하기 위해 위원회를 구성하였다.

• 위원회는 제1차 세계대전 당시에 개발된 집단 심리검사도구인 '군대 알파(Army α)'와 '군대 베타(Army β)'보다 정교해진 '군대 일반 분류검사(Army General Classification Test)'를 개발한 것은 물론, 군 장교들과 특정 병과 집단을 평가하는 데 다양한 능력검사들을 사용하도록 권고함으로써 제2차 세계대전 동안 무려 2천만 명 이상에 대해 다양한 심리검사를 실시하게 되었다. 또한 이 시기에 MMPI와 같은 새로운 검사들도 개발되었다.

• 1945년 코네티컷(Connecticut) 주에서는 심리 자격증에 관한 법률을 통과시킴으로써 자격을 갖춘 전문자들에 의해 임상심리학 실무에 대한 체계적인 규정들이 마련되도록 하였다.

• 1946년 《American Psychologist》의 첫판이 출간되었고, 미국 전문심리학 검사위원회(ABEPP ; American Board of Examiners in Professional Psychology)가 심리학자들에게 자격증을 수여하기 위해 발족되었다.

14

다음은 어떤 치료에 관한 설명인가?

> 경계선성격장애와 감정조절의 어려움과 충동성이 문제가 되는 상태를 치료하기 위해 상대적으로 최근에 개발된 인지행동치료이다. 리네한(Linehan)은 자살행동을 보이는 여자 환자들과의 임상경험을 바탕으로 이 치료를 개발하였다.

① 현실치료
② 변증법적 행동치료
③ 의미치료
④ 게슈탈트치료

관련 범주	인지행동치료
기출 데이터	16, 19, 23년 기출

답 ②

당황을 반감시키는 해설

마샤 리네한(Marsha Linehan)의 변증법적 행동치료(DBT ; Dialectical Behavior Therapy)

- 경계선성격장애 환자들을 위해 1993년에 개발한 다면적 치료 접근이다.
- 최근에는 진단과 상관없이 강렬한 정서적 고통이나 충동을 경험하는 내담자들에게 효과적인 것으로 알려져 있다.
- DBT에서는 대인관계의 개선, 정서조절, 불쾌감정의 인내, 마음챙김 훈련이 핵심적 요소를 이룬다.
- 환자들이 자신의 감정을 잘 조절하여 좀 더 행복한 삶, 특히 좀 더 원만한 대인관계를 유지하도록 돕는 것을 목표로 한다.
- 리네한은 경계선성격장애 환자들은 감정조절에 어려움을 겪게 하는 정서적 취약성(Emotional Vulnerability)을 지닌다고 언급하였다.
- 정서적 취약성은 정서자극에 예민하고, 정서자극에 매우 강렬하게 반응하며, 평상시의 정상상태로 돌아오는 데 시간이 걸리는 특성을 의미한다.
- 변증법이란 특정한 문제에 대한 주장(정)이 있고 이에 반하는 주장(반)이 공존하고 있으며, 최종적으로 이 정과 반이 양극단의 중간지점에서 타협점을 찾으며 통합화하는 과정(합), 즉 정반합의 과정을 변증법이라고 한다.
- 삶은 일련의 타협-변증법으로 이루어져 있다. 그러나 정서적 강렬성을 가진 사람들은 변증법적 갈등을 더욱 심하게 겪고 타협형성을 이룰 때 충동적인 경향이 있다.
- DBT는 잘못된 타협형성으로 인한 긴장감을 잘 다루고 균형을 찾을 수 있게 도와주는 행동치료 접근방법이다.

15

전체 지능지수는 평균이나 상식이 부족하고, 다면적성격검사의 임상척도에서 1번과 3번 척도가 유의하게 상승하여 전환 V 형태를 나타내는 내담자에 대한 설명으로 옳은 것은?

① 구체적인 정보습득에 대한 관심이 부족하고 평소 감정적이고 스트레스 상황에서 신체증상이 나타나기 쉽다.

② 타인에 대한 신뢰와 믿음이 매우 부족해서 대인관계에 어려움을 보인다.

③ 불안수준이 매우 높아 특정대상이나 상황에 대한 공포경험이 빈번하기 쉽다.

④ 망상, 환각 등의 정신증적 증상이 나타나기 쉽다.

관련 범주	검사결과해석
기출 데이터	15년 기출

답 ①

당황을 반감시키는 해설

전환 V 프로파일

- 척도 1과 3이 65 이상 상승, 척도 2는 그보다 낮은 형태의 프로파일이다.
- 자신의 정서적 고통이나 심리적인 문제를 신체적 증상으로 전환시킴으로써 문제를 외재화시킨다.
- 심리적 갈등을 신체적 갈등으로 전환하기 때문에 불안을 거의 경험하지 않으며, 신체적 고통에 관해서만 불편감을 호소한다.
- 성격적으로 미성숙하고 자기중심적이며 이기적이고, 애정이나 주의에 대한 욕구가 강하고 의존적이다.
- 겉으로는 외향적이고 사교적인 것처럼 행동하나 대인관계가 피상적이다.
- 자신의 외현적 증상이 심리적인 요인에 의한 것임을 인정하지 않으려는 경향이 있다.

16

신경심리학적 기능을 연구하는 방법 중 비침습적인 방법에 해당하는 것은?

① 양전자방출단층촬영(PET)

② WADA 검사

③ 심전극(Depth Electrode)

④ 뇌파(EEG)

관련 범주	신경심리학적 기능 연구방법
기출 데이터	11, 17년 기출

답 ④

당황을 반감시키는 해설

④ **뇌파분석(EEG ; Electroencephalography)** : 뇌에서 발생하는 알파파(α파), 베타파(β파) 등의 전기적 파동에 의한 주파수 상의 변화를 분석하는 방법이다. 머리 표면에 여러 개의 전극을 부착하여 여기서 얻어지는 신호를 증폭하는 방식으로, 뇌신경세포의 전위변동을 기록하여 뇌질환을 진단하는 대표적인 비침입적 방법에 해당한다.

① **양전자방출단층촬영(PET ; Positron Emission Tomography)** : 양전자를 방출하는 방사성 의약품을 정맥주사로 투여한 후 일정시간이 경과한 후 단층촬영을 하여 인체의 기능적·생화학적 정보를 입수하는 침입적 방사선 이용 검사방법이다. 위암, 대장암, 폐암 등의 각종 암의 진단에서부터 협심증(가슴조임증), 심근경색 등의 심질환, 치매, 파킨슨병 등의 각종 뇌신경질환의 진단에 사용된다.

② **WADA 검사(WADA Test)** : 나트륨 아모바르비탈(Sodium Amobarbital)이나 티오펜탈(Thiopental)을 주사로 투여하여 대뇌반구의 언어기능 및 기억기능의 상태를 분석하는 방법이다. 혈관조형술에 의한 침입적 검사방법으로, 특히 난치성 간질의 수술에 앞서 시행한다.

③ **심전극 또는 심부전극(Depth Electrode)** : EEG와 같이 전극을 머리 표면에 부착하는 것이 아닌, 뇌의 내부에 삽입하여 전기적 신호를 입수하는 검사방법이다. 뇌의 각부에 대한 뇌신경세포의 전위를 기록하기 위해 사용하기도 하고, 해당 부위를 자극하기 위해 사용하기도 한다.

제5과목 심리상담

17

생애기술상담이론에서 기술언어(Skills Language)에 해당하는 것은?

① 내담자가 어떻게 생각하고 느끼는가를 의미하는 것이다.

② 내담자가 어떤 외현적 행동을 하는가를 의미하는 것이다.

③ 내담자 자신의 책임감 있는 삶을 의미하는 것이다.

④ 내담자의 행동을 설명하고 분석하기 위해 사용하는 것을 의미하는 것이다.

관련 범주	생애기술상담이론
기출 데이터	17, 22, 23, 25년 기출

답 ④

당황을 반감시키는 해설

생애기술상담(Lifeskill Counselling)

- 생애기술은 개인의 심리적 삶을 보장하기 위해 구체적 기술영역에서 결정하는 일련의 선택이라고 할 수 있다.
- 생애기술상담은 인지−행동적 접근의 통찰을 활용하여 사고와 행동의 변화를 유도하며, 인본주의적 실존주의의 메시지를 전달하여 현재와 미래 생활에 도움이 되는 보다 효과적인 기술들을 습득하도록 돕는 것이다.
- 개인생애기술상담은 한 개인이 보다 넓은 공동체 속에서 생애기술을 획득ㆍ유지ㆍ발달시키는 것을 중재하는 활동의 기본개념이다.
- 기술언어(Skills Language) : 생애기술 장점과 단점의 관점에서 내담자 문제에 대해 생각하고 말하는 것이다. 특히 내담자의 문제를 지속시키는 구체적인 사고기술과 행동기술상의 단점을 규명하고, 그것들을 상담목표로 전환하는 것을 포함한다.
- 내적 게임 : 내면에 어떤 일이 일어나고 있는가, 즉 당신이 어떻게 생각하고 느끼는가를 의미하는 것으로, 사고기술과 감정기술 등이 있다.
- 외적 게임 : 어떤 외현적 행동을 하는가, 즉 행동기술을 의미한다. 행동기술은 관찰가능한 행동들을 포함하는 것으로, 어떻게 느끼고 생각하는가보다는 어떻게 행동하는가와 관련된 것이다.
- 개인적 책임성 : 개인을 자신의 삶에 대한 책임감을 갖는 주체로 보는 것으로, 사람들은 자신의 삶을 창조적으로 만들 책임이 있다.

PART 3

18

액슬린(Axline)의 비지시적 놀이치료에서 놀이치료자가 갖추어야 할 원칙에 포함되지 않는 것은?

① 아동을 있는 그대로 수용한다.

② 아동과 따뜻하고 친근한 관계를 가능한 빨리 형성하도록 한다.

③ 가능한 비언어적인 방법으로만 아동의 행동을 지시한다.

④ 아동이 타인과의 관계형성이 본인의 책임이라는 것을 알도록 하기 위해서는 제한을 둘 수 있다.

관련 범주	놀이치료
기출 데이터	16, 24년 기출

답 ③

당황을 반감시키는 해설

비지시적 놀이치료의 8가지 원칙(Axline)

• 치료자는 아동과 따뜻하고 친근한 관계를 형성한다. (②)

• 치료자는 아동을 있는 그대로 수용한다. (①)

• 치료자는 아동의 감정을 인식하고 반영해 주어 아동 스스로 자신의 문제에 대한 통찰을 얻도록 돕는다.

• 치료자는 아동이 자신의 감정을 자유롭고 충분히 표현할 수 있도록 허용적인 관계를 형성한다.

• 치료자는 아동이 자신의 문제를 스스로 해결할 수 있는 능력이 있음을 인정하여, 아동 스스로 선택하고 변화할 수 있도록 한다.

• 치료자는 아동의 행동이나 대화를 이끌지 않으며, 아동의 주도에 따른다.

• 치료자는 치료가 점진적인 과정임을 인식하여 서둘러 치료를 재촉하지 않는다.

• 치료자는 아동으로 하여금 책임을 받아들이도록 하기 위해 필요한 경우 제한을 둘 수 있다. (④)

19

만성정신질환에 대한 재활모델 단계 중 "핸디캡"의 정의로 가장 알맞은 것은?

① 원인요소에 의한 중추신경계 이상

② 생물학적 · 심리학적 구조나 기능에 이상이 있는 것

③ 개인이 사회적 상황에서 주어진 역할이나 과제를 수행하지 못하거나 수행하는 데 한계를 보이는 것

④ 장애 때문에 사회에서 다른 사람에 비해 상대적으로 불이익을 받는 것

관련 범주	만성정신질환의 재활모델
기출 데이터	15년 기출

답 ④

당황을 반감시키는 해설

핸디캡(Handicap)

- 손상이나 장애로 정상적인 역할 수행에 제한이 발생하여 불이익을 경험하는 상태를 말한다.
- '장애인'이라는 수식어가 사회적 불리조건을 형성한다.
- 일정한 거주지가 없거나 취업을 하지 못한 상태 등을 말한다.
- 사회적 재활을 통해 사회체계의 변화를 이끌어 낸다.

참고

손상(Impairment)

- 생리적 · 심리적 · 해부학적 구조 및 기능에 이상이 있는 상태
- 신체기관의 구조나 기능이 상실되는 것, 병리적 상태에 놓이는 것 등
- 환각, 망상, 우울 등
- 임상적 치료를 통해 장애를 제거 또는 경감

장애(Disability)

- 손상으로 인해 정상적인 행동을 수행할 능력의 제한 또는 결핍 상태
- 기능상의 어려움으로 일을 할 때, 의사소통이나 사회생활을 할 때 지장
- 직무능력이나 일상생활의 유지능력 부족
- 개인의 능력을 개발시키고 환경적 자원을 활용

20

개인의 일상적 경험구조, 특히 소속된 분야에서 특별하다고 간주되던 사람들의 임상적 경험구조를 상세하게 연구하고자 하는 목적에서 생겨난 심리상담의 핵심적인 전제조건에 해당하는 것은?

① 매순간 새로운 자아가 출현하고 새로운 경험을 할 때마다 우리는 새로운 위치에 있게 된다.

② 어린 시절의 창조적 적응은 습관적으로 알아차림을 방해한다.

③ 내담자로 하여금 문제를 해결하는 것뿐만 아니라 그 문제를 유지시키는 보다 근본적인 기술을 변화시키도록 돕는 것이 중요하다.

④ 개인은 마음, 몸, 영혼으로 이루어진 체계이며, 삶과 마음은 체계적 과정이다.

관련 범주	성공한 사람들의 심리에 대한 연구
기출 데이터	19, 22년 기출

답 ④

당황을 반감시키는 해설

Neuro Linguistic Programming(NLP) 심리치료

- 1970년대 중반 리처드 밴들러(Richard Bundler)와 존 그린다(John Grinder)에 의해 개발되었다.
- 각 분야에서 탁월성을 발휘하면서 자신의 뜻대로 자신의 꿈을 이루고 사는 성공한 사람들의 공통적인 성공심리를 연구하였다.
- 성공한 사람의 성공적인 두뇌심리 운영체계 구조와 운영원리를 파악해 낸 경험과학으로 인간에게 내재해 있는 능력의 우수성을 개발하는 새로운 접근방법이다.
- 생활 속 문제나 제한과 제동은 어떻게 일어나며 그 결과를 다르게 만드는 것은 무엇인지를 탐색한다.

20
25
년

기출복원문제 및 해설

모든 전사 중 가장 강한 전사는 이 두 가지,
시간과 인내다.

– 레프 톨스토이 –

끝까지 책임진다! 시대에듀!

QR코드를 통해 도서 출간 이후 발견된 오류나 개정법령, 변경된 시험 정보, 최신기출문제, 도서 업데이트 자료
등이 있는지 확인해 보세요! **시대에듀 합격 스마트 앱**을 통해서도 알려 드리고 있으니 구글 플레이나 앱 스토어
에서 다운받아 사용하세요. 또한, 파본 도서인 경우에는 구입하신 곳에서 교환해 드립니다.

제1회 임상심리사 2급 필기 기출복원문제 및 해설

※ 2022년 제3회 시험부터 CBT로 시행되어 기출문제가 공개되지 않으므로, 응시자의 후기와 과년도 기출데이터를 통해 기출과 유사하게 복원된 문제를 제공합니다.
※ 실제 시험문제와 일부 다를 수 있습니다.

제1과목 | 심리학개론

01 기억정보의 인출에 대한 설명으로 옳은 것은?

19, 23년 기출

① 기억탐색과정은 일반적으로 외부적 자극정보를 부호화하는 과정을 말한다.
② 설단현상은 특정 정보가 저장되어 있지 않다는 증거로 볼 수 있다.
③ 회상과 같은 명시적 인출방법과 대조되는 방법으로 재인과 같은 암묵적 방법이 있다.
④ 인출 시의 맥락과 부호화 시의 맥락이 유사할 때 인출가능성이 클 것이라는 주장을 부호화명세성(특수성)원리라고 한다.

해설
부호화명세성원리(Encoding Specificity Principle)
어떠한 기억대상을 장기기억에서 인출하는 경우 그와 관련된 단서가 있을 때보다 쉽게 기억해 내는 원리이다.

02 원점수 25(평균=20, 표준편차=4)를 Z점수로 변환한 값으로 옳은 것은?

18년 기출

① +1.25
② +0.25
③ −0.25
④ −1.25

해설
• Z점수 = (원점수 − 평균) ÷ 표준편차
• (25 − 20) ÷ 4 = +1.25

03 다음 사례에서 사용하고 있는 방어기제는?

> 아버지의 학대로 대인기피증과 우울증에 걸렸던 아이가 학대에 대한 분노심을 억제하여 아버지에 대한 이야기를 무의식적으로 꺼린다.

① 주지화
② 해 리
③ 합리화
④ 억 압

해설
① 주지화 : 위협적이거나 고통스러운 정서적 문제를 피하기 위해 또는 그것을 둔화시키기 위해 사고, 추론, 분석 등의 지적 능력을 사용한다.
② 해리 : 괴로움이나 갈등상태에 놓인 인격의 일부를 다른 부분과 분리한다.
③ 합리화 : 현실에 더 이상 실망을 느끼지 않기 위해 또는 정당하지 못한 자신의 행동에 그럴듯한 이유를 붙이기 위해 자신의 말이나 행동을 정당화한다.

제1회 기출복원문제

04 성격의 일반적인 특성과 가장 거리가 먼 것은?

20, 24년 기출

① 독특성
② 안정성
③ 일관성
④ 적응성

> **해설**
> 성격의 일반적 특성

독특성	성격은 사람들을 구별할 수 있는 개인의 독특성 혹은 개인차를 반영한다. 즉, 성격은 개인들 간의 심리적 차이를 설명하는 개념이라고 할 수 있다.
공통성	성격은 사람들이 보편적으로 공유하는 공통성을 내포한다. 그로 인해 개인의 독특한 행동들을 공통성에 근거하여 통합적으로 설명할 수 있다.
일관성 (안정성)	성격은 비교적 일관되고 안정적인 행동패턴을 반영한다. 성격을 통해 개인의 행동을 이해하고 예언할 수 있는 것도 이와 같은 일관성 혹은 안정성에서 비롯된다.
역동성	성격은 개인 내부의 역동적이고 조직화된 특성을 반영한다. 개인의 다양한 행동은 외부 자극에 대한 반사적 반응이 아닌 내면적 조직체의 심리적 과정을 통해 표출된 것이다.

05 집단 전체의 의사결정이 개인의 의사결정 평균보다 더 극단적으로 나오는 현상은?

18년 기출

① 사회적 촉진
② 사회적 태만
③ 집단극화
④ 집단사고

> **해설**
> ① 개인이 혼자 일할 때보다 타인이 존재할 때 행동수행이 더욱 좋아지는 현상
> ② 개인이 혼자 일할 때보다 집단으로 일할 때 노력을 절감하여 개인당 수행이 저하되는 현상
> ④ 응집력이 강한 집단의 성원들이 집단의사결정 상황에서 만장일치를 이루려고 하는 사고의 경향

06 밤에 등대불을 깜빡이는 이유는 무슨 현상을 방지하기 위해서인가?

15년 기출

① 자동운동착시 현상
② 파이(Phi) 현상
③ 유인운동 현상
④ 양안부등 현상

> **해설**
> 자동운동착시 현상이란 어두운 공간에서 하나의 불빛을 보고 있으면 그 불빛이 움직이는 것처럼 보이는 착각을 하게되는 현상을 말한다. 즉 깜깜한 암실에서 멀리 떨어져 있는 고정된 불빛을 보면, 그 불빛이 정지해 있음에도 불구하고 마치 움직이는 것처럼 보인다. 이에 등대불을 깜박이게 함으로써 착시를 방지하는 것이다.

07 어떤 사람의 행동을 보고 상황이나 외적 요인보다는 사람의 기질이나 내적 요인에 그 원인을 두려고 하는 것은?

16, 22, 23년 기출

① 기본적 귀인오류
② 현실적 왜곡
③ 후광효과
④ 고정관념

> **해설**
> 기본적 귀인오류 또는 근본 귀인오류(Fundamental Attribution Error)
> 어떤 행위가 발생하였을 때, 외부귀인보다 행위자의 기질이나 성향 등 내부적인 요인에 귀인하는 경향을 의미한다.

08 고전적 조건형성에 관한 설명으로 옳은 것은?

21, 22, 23년 기출

① 중립자극은 무조건자극 직후에 제시되어야 한다.
② 행동변화의 효과를 거두기 위해서는 적절한 반응의 수나 비율에 따라 강화가 이루어져야 한다.
③ 적절한 행동은 즉시 강화하고, 부적절한 행동은 무시함으로써 새로운 행동을 가르칠 수 있다.
④ 대부분의 정서적인 반응들은 고전적 조건형성을 통해 학습될 수 있다.

해설

① 고전적 조건형성에서 중립자극은 무조건자극에 선행되어야 한다.

② 조작적 조건형성에 대한 내용이다.

③ 이미 하고 있는 행동을 강화시킬 수는 있지만 새로운 행동을 가르칠 수는 없다.

09 마리화나가 기억에 미치는 현상을 연구하려고 한다. 선행조건인 마리화나의 양은 무슨 변수인가? 16, 19년 기출

① 독립변수

② 종속변수

③ 가외변수

④ 외생변수

해설

① 독립변수 : 효과를 연구하기 위해 사용되는 특정변인

② 종속변수 : 독립변수의 조작에 의해 영향을 받는 변인

③ · ④ 가외변수(= 외생변수) : 독립변인과 종속변인 이외의 종속변인에 영향을 미칠 수 있는 다른 변수

10 기억에 관한 설명으로 옳지 않은 것은? 22년 기출

① 기억의 세 단계는 부호화, 저장, 인출이다.

② 감각기억은 매우 큰 용량을 가지고 있지만 순식간에 소멸한다.

③ 외현기억은 무의식적이며, 암묵기억은 의식적이다.

④ 부호화와 인출을 증진시키는 한 가지 방법은 심상을 사용하는 것이다.

해설

외현기억(Explicit Memory)과 암묵기억(Implicit Memory)

• 외현기억은 자기가 기억하고 있다는 것을 자각할 수 있는 기억으로서, 의도적으로 저장한 기억이다.

• 암묵기억은 무의식적이고 간접적으로 접근할 수 있는 기억으로서, 우연적이고 비의도적인 기억이다.

• 외현기억은 의식적이므로 회상검사나 재인검사를 통해 직접 측정할 수 있는 반면, 암묵기억은 무의식적이므로 간접적인 방법으로 측정할 수 있다.

• 암묵기억은 연령, 약물(예 알코올), 기억상실증, 파지 간격의 길이, 간섭 조작 등의 변인에 의해 영향을 받지 않는 반면, 외현기억은 이들 요인의 영향을 많이 받는다.

11 인지학습이론에 대한 설명으로 틀린 것은? 18, 22, 24년 기출

① 형태주의는 공간적인 관계보다는 시간변인에 주로 관심을 갖는다.

② 톨만(Tolman)은 강화가 무슨 행동을 하면 어떤 결과가 일어날 것이란 기대를 확인시켜준다고 보았다.

③ 통찰은 해결 전에서 해결로 갑자기 일어나며 대개 '아하' 경험을 하게 된다.

④ 인지도는 학습에서 내적 표상이 중요함을 보여준다.

해설

형태주의는 시간변인보다는 공간적인 관계에 주로 관심을 갖는다. 그래서 "전체는 부분의 합 이상이다"라는 말이 형태주의의 구호가 되었다.

12 인간성격을 공통특질과 개별특질로 구분한 학자는? 18, 24년 기출

① Cattell

② Eysenck

③ Allport

④ Adler

해설

올포트(Allport) 특질이론의 주요개념

• 특질(Trait) : 성격이론의 핵심개념으로, 다양한 종류의 자극에 같거나 유사한 방식으로 반응할 경향 혹은 사전성향(Predisposition)

• 공통특질(Common Traits) : 어떤 문화에 속해 있는 많은 사람이 공유

• 개별특질(Individual Traits) : 개인에게 독특한 것이며 그의 성격을 나타냄

13 기질과 애착에 관한 설명으로 틀린 것은?

21년 기출

① 내적작동모델은 아동의 대인관계에 대한 지표 역할을 한다.
② 불안정-회피애착 아동은 주양육자에게 과도한 집착을 보인다.
③ 기질은 행동 또는 반응의 개인차를 설명해 주는 생물학적 기초를 가지고 있다.
④ 주양육자가 아동의 기질을 고려하여 적절하게 양육한다면 아동의 까다로운 기질이 반드시 불안정애착으로 이어지는 것은 아니다.

해설
② 불안정-회피애착 아동은 낯선 상황에서도 양육자를 찾는 행동을 보이지 않으며, 양육자가 떠났다가 돌아와도 다가가려고 하지 않는다.

14 성격 5요인에서 특질요인과 대표적인 척도가 바르게 연결되지 않은 것은?

18년 기출

① 개방성 : 인습적인-창의적인, 보수적인-자유로운
② 성실성 : 부주의한-조심스러운, 믿을 수 없는-믿을 만한
③ 외향성 : 위축된-사교적인, 무자비한-마음이 따뜻한
④ 신경증 : 안정된-불안정한, 강인한-상처를 잘 입는

해설
성격 5요인 이론(Big 5)의 5가지 성격특성

성격특성	관련되는 표현
개방성 (Openness)	호기심(Curiosity), 상상력(Imagination), 독창성(Originality), 관대함(Broad Mind) 등
성실성 (Conscientiousness)	자기훈련(Self-Discipline), 강한 의지(Strong Will), 신중함(Deliberation), 신뢰(Reliability) 등
외향성 (Extraversion)	사회성(Sociability), 쾌활함(Cheerfulness), 낙관주의(Optimism), 수다스러움(Talkativeness) 등
우호성 (Agreeableness)	정중함(Courtesy), 유동성(Flexibility), 온화함(Good Nature), 협동감(Cooperation) 등
신경증 (Neuroticism)	걱정(Fearfulness), 불안(Anxiety), 비관주의(Pessimism) 등

15 강화계획 중 소거에 대한 저항이 가장 큰 것은?

① 고정간격강화계획
② 변동비율강화계획
③ 고정비율강화계획
④ 변동간격강화계획

해설
변동비율강화계획(Variable-Ratio Schedule)
• 강화물을 받기 위해 요구되는 반응 수가 시행에 따라 변화하는 것이다.
• 강화물을 받기 위해 요구되는 평균반응 수는 항상 일정하나, 정확하게 몇 번째 반응에 대해 강화가 제공되는지는 알 수 없다.
• 반응률이 높게 유지되고, 지속성이 높으며, 소거에 대한 저항이 크다.

16 다음의 설명에 해당하는 연구방법은?

• 기록되지 않은 부분에 대해서는 연구가 어려움
• 가설에 대한 주관적인 해석의 소지가 있음

① 사례분석조사
② 문헌연구법
③ 실험연구
④ 관찰연구

해설
문헌연구의 장·단점

장점	• 연구시행 과정에서 생기는 시행착오를 피할 수 있다. • 시간과 공간의 제약이 없으며, 시간과 비용을 절감할 수 있다. • 기존 연구의 동향을 알 수 있다.
단점	• 연구자의 주관적 판단이 개입될 우려가 있다. • 문헌의 신뢰도에 문제가 있을 경우 연구가 손상된다. • 실험을 하지 않기 때문에 평면적이고 서술적인 연구가 되기 쉽다. • 기록되지 않은 부분에 대해서는 연구가 어렵다. • 연구내용과 부합하는 문헌자료를 찾기 힘들다.

17 프로이트(Freud)의 정신분석적 심리치료에 대한 비판을 토대로 발전한 신 프로이트학파의 주요 인물 및 치료접근법에 해당하지 않는 것은?

17, 24년 기출

① 아들러(Adler)의 개인심리학
② 설리번(Sullivan)의 대인관계이론
③ 페어베언(Fairbairn)의 대상관계이론
④ 글래서(Glasser)의 통제이론

해설

프로이트(Freud) 사후 정신분석의 2가지 흐름(1939년 이후)
- 프로이트 사후에 정신분석학파는 크게 2가지 흐름으로 발전하였다.
- 하나는 프로이트의 이론과 기법을 더 정교하게 발전시킨 것으로, 안나 프로이트(Anna Freud), 하트만(Hartmann)의 자아심리학, 페어베언(Fairbairn)과 위니콧(Winnicott)의 대상관계이론, 코헛(Kohut)의 자기심리학 등이 해당된다.
- 다른 흐름은 무의식의 존재는 인정하지만 프로이트가 주장한 이론들을 비판하며 독자적인 이론체계를 발전시킨 신 프로이트학파로, 에릭슨(Erikson), 융(Jung), 아들러(Adler), 라캉(Lacan), 설리번(Sullivan), 호나이(Horney), 프롬(Fromm) 등이 이에 해당된다.

18 자신과 타인의 휴대폰 소리를 구별하거나 식용버섯과 독버섯을 구별하는 것은? 04, 17, 21년 기출

① 일반화
② 변 별
③ 행동조형
④ 차별화

해설

② 변별(Discrimination) : 둘 이상의 자극을 서로 구별하는 것으로, 조건자극과 유사한 자극에서도 조건반응이 나타나지 않는 것을 말한다.
① 일반화(Generalization) : 특정 조건자극에 대해 조건반응이 성립되었을 때 그와 유사한 조건자극에 대해서도 똑같은 조건반응을 보이는 학습현상을 말한다.
③ 행동조형(Shaping) : 목표행동에 근접하는 반응들을 강화함으로써 새로운 행동을 가르치는 것을 말한다.
④ 차별화(Differentiation) : 차이를 두는 것을 의미한다.

19 그림을 보고 피검사자가 상상해 이야기를 만드는 검사는?

① 주제통각검사(TAT)
② 문장완성검사(SCT)
③ 로샤검사(Rorschach Test)
④ HTP검사

해설

② 문장완성검사(SCT) : 미완성 문장을 통해 수검자의 투사를 유도하여 욕구, 감정, 태도를 파악하는 심리검사 방법으로 자유연상을 토대로 하므로 수검자의 내적 갈등이나 욕구, 환상, 주관적 감정 등을 효과적으로 파악할 수 있다.
③ 로샤검사(Rorschach Test) : 1921년 스위스의 정신과의사인 로샤(Rorschach)가 만든 것으로, 이 검사의 재료는 데칼코마니 양식에 의한 대칭형의 잉크 얼룩으로 이루어진 무채색 카드 5장, 부분 유채색 카드 2장, 전체 유채색 카드 3장으로 이루어진 총 10장의 카드로 구성된다.
④ HTP검사 : 집-나무-사람 그림검사(House-Tree-Person)는 1948년 벅(Buck)이 처음 개발한 투사적 그림검사로서, 수검자가 자신의 개인적 발달사와 관련된 경험을 그림에 투사한다는 점에 기초하며 개인의 성격구조를 이해하는 데 효과적이다.

20 표본의 크기에 관한 설명으로 틀린 것은?

21, 24년 기출

① 모집단이 동질적일수록 표본 크기는 작아도 된다.
② 동일한 조건에서 표본의 크기가 클수록 통계적 검증력은 증가한다.
③ 사례수가 작으면 표준오차가 커지므로 작은 크기의 효과를 탐지할 수 있다.
④ 측정도구의 신뢰도가 낮을 경우 대규모 표본을 이용하는 것이 효과적이다.

해설

표본의 크기는 표본의 사례수를 의미하며, 이는 표집오차(Sampling Error)와 연관된다[주의 : 표준오차(Standard Error)가 아님]. 동일한 조건에서 표본의 크기가 작을수록 통계적 검증력은 감소하며, 작은 크기의 효과를 탐지하지 못할 가능성이 있다.

21 MMPI-2의 각 척도에 대한 해석으로 가장 적합한 것은? 16, 21, 22, 23, 24년 기출

① 6번 척도가 60T 내외로 약간 상승한 것은 대인관계 민감성에 대한 경험을 나타낸다.
② 2번 척도는 반응성 우울증보다는 내인성 우울증과 관련이 높다.
③ 4번 척도의 상승 시 심리치료 동기가 높고 치료의 예후가 좋음을 나타낸다.
④ 7번 척도는 불안 가운데 상태불안 증상과 연관성이 높다.

해설

② 2번 척도는 신경증적 혹은 내인성 우울증이라기보다는 반응성 혹은 외인성 우울증을 측정하고, 이에 2번 척도의 점수는 피검자의 기분이 변함에 따라 하루하루 변할 수 있다.
③ 4번 척도가 높은 경우 유연한 사회적 기술로 심리치료나 상담에 좋은 반응을 보일 것 같이 보이지만, 이러한 능력은 주로 사람을 착취하는 데 이용된다. 더 괴로운 결과(예 처벌이나 이혼 등)를 면하기 위해 치료에 동의하기는 하나, 자신의 문제에 대한 책임을 수용할 수 없어 되도록 빨리 치료를 종결하려 한다.
④ 7번 척도는 강박적인 성향과 특성불안이라고 할 수 있는 만성적인 불안, 삶에 대한 전반적인 불만족, 우유부단함, 주의집중 곤란, 자기의심, 자신에 대한 반추와 초조, 걱정 등을 측정(상태불안은 일시적인 불안, 즉 불안한 상태를 가리키는 반면에 특성불안은 그 사람의 성격처럼 언제나 내면에 존재하고 있는 불안을 의미)한다.

22 검사의 종류와 검사구성방법을 짝지은 것으로 가장 옳지 않은 것은? 15, 22, 23, 24년 기출

① 16PF – 요인분석에 따른 검사구성
② CPI – 경험적 준거에 따른 검사구성
③ MMPI – 경험적 준거방법
④ MBTI – 합리적·경험적 검사구성의 혼용

해설

검사구성방법(척도구성방법)

• 연역적 방법

논리적–내용적 방법	안면타당도에 근거하여 측정하고자 하는 심리 특성을 가장 잘 나타내 주는 문항을 논리적으로 추론하여 기술하는 방법이다. 예 우드워스(Woodworth)의 개인자료기록지(Personal Data Sheet) 등
이론적 방법	특정의 심리학적 이론에 근거하여 문항을 선정하는 방법이다. 예 마이어스–브릭스 성격유형검사(MBTI), 에드워즈(Edwards)의 욕구진단검사(EPPS) 등

• 경험적 방법

준거집단 방법 (경험적 준거 방법)	어떤 심리 특성을 가진 준거집단과 정상적인 통제집단을 구별해 주는 문항을 선정하는 방법이다. 예 미네소타다면적인성검사(MMPI), 캘리포니아 성격검사(CPI) 등
요인분석 방법	요인분석을 통해 검사문항의 의미를 결정하고 이를 보다 단순한 차원으로 축소시키는 방법이다. 예 16성격 요인검사(16PF) 등

23 주의력결핍 및 과잉행동장애(ADHD)의 특징이 아닌 것은?

04, 24년 기출

① 수업수행능력의 결핍
② 또래관계 형성의 어려움
③ 부끄러움
④ 과잉행동성

해설

주의력결핍 및 과잉행동장애(ADHD ; Attention-Deficit/Hyperactivity Disorder)

- ADHD의 주된 특징은 부주의(주의력결핍), 충동성, 과잉행동이다.
- 뇌손상 및 기능결함, 유전, 심리적 요인 등에 의해 발병할 수 있다.
- ADHD 아동은 지능수준에 비해 학업성취도가 저조하고 또래관계에서 거부당하거나 소외될 가능성이 높다. 부모나 교사에게도 꾸중과 처벌을 받기 쉬워서 부정적 자아개념을 형성하고 정서적으로 불안정하며 공격적이고 반항적인 행동을 나타내는 경향이 있다. 이로 인해 ADHD를 지닌 아동의 40~50%가 나중에 품행장애의 진단을 받는다는 보고가 있다.
- 청소년기에 호전되는 경향이 있으나 성인기까지 지속되는 경우도 있다. 대부분 과잉행동은 개선되지만 부주의와 충동성은 오래 지속되는 경우가 흔하다.
- ADHD가 청소년기까지 지속되는 경우에는 품행장애가 발생될 가능성이 높으며, 품행장애를 나타내는 청소년의 약 50%는 성인이 되어 반사회적 성격장애를 나타낸다는 보고가 있다.
- 일반적으로 남자아동이 여자아동에 비하여 높은 발병빈도를 보인다.
- 주변 신호자극을 각성하는 데 문제가 생겨 발생할 수도 있다.

24 스트레스 호르몬이라고 불리는 코르티솔(Cortisol)이 분비되는 곳은?

15, 21, 22년 기출

① 부 신
② 변연계
③ 해 마
④ 대뇌피질

해설

스트레스를 받으면 시상하부는 2가지 경로를 통해 부신으로 명령을 내린다. 첫 번째로는 자율신경계의 교감신경을 통해 부신으로 하여금 에피네프린을 혈류로 방출하도록 하여 교감신경계의 직접적인 위급반응효과를 보강하고, 두 번째로는 뇌하수체를 통해 부신으로 하여금 스트레스 호르몬인 코티솔 등 여러 가지 호르몬을 신체 전반으로 방출하게 하여 위급 시에 대처할 준비태세를 갖춘다.

25 조현병의 양성증상에 해당하는 것은?

21, 23년 기출

① 와해된 행동
② 무사회증
③ 무의욕증
④ 감퇴된 정서 표현

해설

조현병의 양성증상과 음성증상

양성증상 (Positive Symptom)	• 정상적, 적응적 기능의 과잉 또는 왜곡을 나타냄 • 도파민 등 신경전달물질의 이상에 의한 것으로 추정됨 • 스트레스사건에 의해 급격히 발생함 • 약물치료에 의해 호전되며, 인지적 손상이 적음 예 망상 또는 피해망상, 환각, 환청, 와해된 언어나 행동 등
음성증상 (Negative Symptom)	• 정상적, 적응적 기능의 결여를 나타냄 • 유전적 소인이나 뇌세포 상실에 의한 것으로 추정됨 • 스트레스사건과의 특별한 연관성 없이 서서히 진행됨 • 약물치료로도 쉽게 호전되지 않으며, 인지적 손상이 큼 예 정서적 둔마, 무논리증 또는 무언어증, 무욕증 등

26 다음 중 C군 성격장애가 아닌 것은?

① 회피성성격장애
② 의존성성격장애
③ 경계성성격장애
④ 강박성성격장애

해설

경계성성격장애는 B군 성격장애에 속한다.

27 성도착장애에 관한 설명으로 틀린 것은?

17, 21, 24년 기출

① 물품음란장애는 여성보다 남성에게서 훨씬 더 많이 나타난다.
② 동성애를 하위 진단으로 포함한다.
③ 복장도착장애는 강렬한 성적 흥분을 위해 이성의 옷을 입는 것이다.
④ 관음장애는 대부분 15세 이전에 발견되며 지속되는 편이다.

해설

성도착장애는 성행위 대상이나 성행위 방식에서 비정상성을 나타내는 다양한 문제행동으로 관음장애, 노출장애, 접촉마찰 장애, 성적 피학장애 등의 하위개념을 포함하지만 동성애는 포함하지 않는다. 동성애는 동성인 사람에 대해서 성적인 애정과 흥분을 느끼거나 성적 욕구를 충족하기 위한 성행위를 하는 경향을 말한다. 과거에는 동성애를 정신장애로 여긴 적 있었으나, 1973년 미국정신의학협회(APA)는 동성애를 정신장애 분류체계에서 삭제하였다.

28 환각제에 해당되는 약물은?

17, 20, 23년 기출

① 카페인
② 대 마
③ 펜시클리딘
④ 오피오이드

해설

- 흥분제 : 카페인, 코카인, 암페타민(필로폰), 니코틴
- 진정제 : 알코올, 아편, 모르핀, 헤로인
- 환각제 : 펜시클리딘, LSD, 메스칼린, 살로사이빈, 암페타민류, 항콜린성 물질

29 치매에 관한 설명으로 가장 적합한 것은?

17, 21, 23년 기출

① 기억 손실이 없다.
② 자신의 무능을 최소화하거나 자각하지 못한다.
③ 증상은 오전에 가장 심해진다.
④ 약물남용의 가능성이 많다.

해설

치매의 일반적인 증상

- 치매의 주요증상은 기억력의 장애이다.
- 언어기능의 장애가 나타나 초기에는 적절한 단어를 못찾다가 점차적으로 상대방의 질문에 엉뚱한 대답을 하거나 주제와 연관되지 않은 말을 반복한다.
- 인지기능의 장애가 나타나 공간지각에 대한 심각한 저하로 왼쪽과 오른쪽을 구별하지 못하거나 자주 다니는 길 또는 집을 찾지 못한다.
- 성격 및 정서의 변화가 나타나 가족을 의심하거나 항상 불안하고 우울증과 조증의 양상을 보이기도 한다.

30 양극성장애에 대한 설명으로 옳지 않은 것은?

16, 21, 23년 기출

① 조증은 서서히, 우울증은 급격히 나타난다.
② 우울증 상태에서는 자살을 시도하기도 한다.
③ 조증 상태에서는 사고의 비약 등의 사고장애가 나타난다.
④ 조증과 우울증이 반복되는 장애이다.

해설

양극성장애

- 우울한 기분상태와 고양된 기분상태가 교차되어 나타나는 경우이다.
- 조증 상태에서는 평소보다 말이 많아지고 빨라지며 행동이 부산해지고 자신감에 넘쳐 여러 가지 일을 벌이며 과대망상적 사고를 나타내며 잠도 잘 자지 않고 활동적으로 일하지만 이루어지는 일은 없고, 결과적으로 현실적응에 부적응적 결과를 초래한다.
- 제1형 양극성장애는 가장 심한 형태의 양극성장애로서, 한 번 이상의 조증삽화가 나타나는 모든 경우에 해당한다. 비정상적이고 지속적인 의기양양함, 자신만만함, 과민한 기분, 목표 지향적 행동이나 에너지의 지속적인 증가가 최소 일주일간 거의 매일, 하루 중 대부분의 시간에 나타난다.
- 제2형 양극성장애는 제1형 양극성장애와 유사하나, 조증삽화 증상이 상대적으로 미약한 경조증 삽화를 보인다.
- 순환감정장애는 기분 삽화에 해당되지 않는 경미한 우울증상과 조증증상이 번갈아 가며 2년 이상(아동과 청소년은 1년 이상) 장기적으로 나타나는 만성적인 기분장애이다.
- 주요우울장애는 여성에게 많이 나타나는 반면, 제1형 양극성장애는 대체로 남성과 여성에게 비슷하게 나타나지만 남성은 조증 삽화가 먼저, 여성은 주요 우울증 삽화가 먼저 나타나는 경우가 많다.
- 제1형 양극성장애는 다른 유형에 비해 유전적인 영향을 가장 많이 받는다는 증거들이 보고되고 있다.
- 양극성장애는 주요우울장애와 더불어 자살 위험성이 가장 높은 장애, 특히 주요 우울증 삽화의 시기에 자살 시도를 많이 하는 경향을 보인다.

31 여성의 알코올 중독에 관한 설명으로 옳은 것은? 22년 기출

① 알코올 중독의 남녀 비율은 비슷한 수준이다.
② 여성은 유전적으로 남성보다 알코올 중독의 가능성이 더 높다.
③ 여성 알코올 중독자들은 남성 알코올 중독자들보다 우울을 더 많이 경험하고 자살시도 횟수가 더 많다.
④ 여성은 남성보다 체지방이 많기 때문에 술의 효과가 늦게 나타나고 대사가 빠르다.

해설

③ 여성 알코올 중독자들의 경우 남성에 비해 불안, 우울 등의 심리적인 문제를 가지고 있는 경우가 많으며, 자살시도를 비롯한 정신과적 병력이 있는 경우도 많은 것으로 나타나고 있다.
① 남성이 여성에 비해 음주와 관련된 장애를 가지는 비율이 높다. DSM-5에서는 알코올사용장애(Alcohol Use Disorder)의 유병률에서 성인 남성(12.4%)이 성인 여성(4.9%)보다 높다고 보고하고 있다.
② 여성의 경우 남성과 마찬가지로 알코올 중독에 있어서 유전적 요소가 작용하나, 남성에 비해 결혼유무, 스트레스사건, 성적인 문제 등 개인의 심리적·환경적 요인이 중요하게 작용한다.
④ 일반적으로 여성은 남성에 비해 체중이 가볍고, 체지방 비율이 높은 반면 수분의 비율이 낮으며, 식도와 위에서 알코올을 적게 대사하기 때문에 같은 음주량에도 남성보다 높은 혈중 알코올 농도를 보일 수 있다.

32 DSM-5의 신경발달장애에 해당하지 않는 것은? 21, 23년 기출

① 지적 장애
② 분리불안장애
③ 자폐스펙트럼장애
④ 주의력결핍 과잉행동장애

해설

② 분리불안장애(Separation Anxiety Disorder)는 불안장애(Anxiety Disorders)의 하위유형에 해당한다.
DSM-5에 의한 신경발달장애의 주요 하위유형
• 지적 장애(Intellectual Disabilities)
• 의사소통장애(Communication Disorders)
• 자폐스펙트럼장애(Autism Spectrum Disorder)
• 주의력결핍 및 과잉행동장애(Attention-Deficit/Hyperactivity Disorder)
• 특정학습장애(Specific Learning Disorder)
• 운동장애(Motor Disorders) - 틱장애(Tic Disorders) 등

33 우울장애에 대한 치료방법으로 적절하지 않은 것은? 21, 23년 기출

① 대인관계치료(Interpersonal Psychotherapy)
② 기억회복치료(Memory Recovery Therapy)
③ 인지행동치료(Cognitive Behavioral Therapy)
④ 단기정신역동치료(Brief Psychodynamic Therapy)

해설

① 대인관계치료는 개인의 사회적, 대인관계적 기능에 초점을 둔 구조화된 심리치료법이다.
③ 인지행동치료는 부정적인 사고 개선에 역점을 두는 치료법으로, 내담자의 사고 편견이나 인지 왜곡을 제거하는 것을 목표로 하는 치료법이다.
④ 단기정신역동치료는 정신분석이론에 기초를 두고 환자의 문제유발적 정신역동 패턴을 탐색하는 데 초점을 두는 치료법이다.

34 공황장애의 특징에 해당하는 것을 모두 고른 것은? 16, 21년 기출

> ㄱ. 메스꺼움 또는 복부 불편감
> ㄴ. 몸이 떨리고 땀 흘림
> ㄷ. 호흡이 가빠지고 숨이 막힐 것 같은 느낌
> ㄹ. 미쳐버리거나 통제력을 상실할 것 같은 느낌

① ㄷ, ㄹ
② ㄱ, ㄴ, ㄹ
③ ㄴ, ㄷ, ㄹ
④ ㄱ, ㄴ, ㄷ, ㄹ

해설

공황발작의 13가지 증상
• 가슴이 두근거리거나 심장박동이 강렬하거나 또는 급작스럽게 빨라짐
• 땀 흘림
• 몸 떨림 또는 손발 떨림
• 숨이 가쁘거나 막히는 느낌
• 질식할 것 같은 느낌
• 가슴 통증 또는 답답함
• 구토감 또는 복부통증
• 현기증, 비틀거림, 몽롱함, 기절 상태의 느낌
• 몸에 한기나 열기를 느낌
• 감각이상(마비감이나 저린 느낌)
• 비현실감 또는 이인감(자기 자신으로부터 분리된 느낌)
• 자기통제를 상실하거나 미칠 것 같은 두려움
• 죽을 것 같은 두려움

35 광장공포증에 관한 설명으로 가장 적합한 것은?

21년 기출

① 광장공포증의 남녀 간 발병비율은 비슷한 수준이다.
② 아동기에 발병률이 가장 높다.
③ 광장공포증이 있으면 공황장애는 진단할 수 없다.
④ 공포, 불안, 회피 반응은 전형적으로 6개월 이상 지속된다.

해설
① 여성 발병률이 더 높다.
② 대부분 성인기에 발병한다.
③ 광장공포증은 공황장애 출현을 무시하고 개별적으로 진단될 수 있다.

36 주요우울장애에 대한 설명으로 옳은 것은?

20년 기출

① 주요우울장애의 유병률은 문화권에 관계없이 비슷하다.
② 주요우울장애의 유병률은 60세 이상에서 가장 높다.
③ 정신증적 증상이 나타나면 주요우울장애로 진단할 수 없다.
④ 생물학적 개입방법으로는 경두개자기자극법, 뇌심부자극 등이 있다.

해설
④ 주요우울장애의 일반적인 치료방법으로 약물치료, 유지치료, 심리치료 등이 병행되고 있으며, 미주신경자극(VNS), 경두개자기자극(TMS), 뇌심부자극(DBS) 등의 치료방법도 시행되고 있다.
① 다양한 문화권의 주요우울장애 연구들에서 주요우울장애의 1년 유병률이 7배 정도 차이를 나타내는 것으로 보고되고 있다.
② 주요우울장애의 유병률은 20대 연령층에서 높게 나타나고 있으며, 미국의 경우 18~29세 연령집단 유병률이 60세 이상 연령집단보다 3배 이상 높은 것으로 보고되고 있다.
③ DSM-5 진단 기준에서는 만약 정신병적 양상이 나타나는 경우 삽화의 심각도와 관계없이 "정신병적 양상 동반(With Psychotic Features)"을 명시하도록 하고 있다.

37 행동주의적 견해에 따르면 강박행동은 어떤 원리에 의해 유지되는가?

20, 24년 기출

① 고전적 조건형성
② 부적강화
③ 소 거
④ 모델링

해설
환자의 강박행동은 불안이나 고통을 없애거나 줄이기 위해 강화하는 것이므로, 불쾌자극을 제거하여 반응의 확률을 높이는 것인 부적강화 원리에 해당된다.

38 일반적 성격장애의 DSM-5의 진단 기준에 해당하지 않는 것은?

20년 기출

① 지속적인 유형이 물질(남용약물 등)의 생리적 효과나 다른 의학적 상태로 인한 것이다.
② 지속적인 유형이 다른 정신질환의 현상이나 결과로 더 잘 설명되지 않는다.
③ 지속적인 유형이 개인의 사회상황의 전 범위에서 경직되어 있고 전반적으로 나타난다.
④ 유형은 안정적이고 오랜 기간 동안 있어 왔으며 최소한 청년기 혹은 성인기 초기부터 시작된다.

해설
지속적인 유형이 물질(예 남용약물, 치료약물)의 생리적 효과나 다른 의학적 상태(예 두부외상)로 인한 것이 아니다.

39 아동 A에게 진단할 수 있는 가장 가능성이 높은 장애는?

21년 기출

> 4세 아동 A는 어머니와 애정적 관계를 형성하지 못하며, 장난감을 가지고 노는 데는 흥미가 없고 사물을 일렬로 배열하거나 자신의 몸을 앞뒤로 흔들면서 알 수 없는 말을 한다.

① 자폐스펙트럼장애
② 의사소통장애
③ 틱장애
④ 특정학습장애

해설

자폐스펙트럼장애의 핵심증상

사회적 상호작용 결함	• 사회적–정서적 상호작용 시 결함 • 사회적 상호작용에서 사용되는 비언어적 의사소통 행동 시 결함 • 대인관계의 발전, 유지, 이해 시 결함
반복적 행동 패턴	• 운동, 물체 사용, 언어 사용 시 정형화된 또는 반복적 패턴 • 동일한 것 고집, 일상적인 것 집착, 언어적 비언어적 행동의 의식화된 패턴 • 제한적이고 고정된 흥미를 보이는데, 그 강도나 초점이 비정상적 • 감각자극에 과소 혹은 과대반응 또는 주변 감각적 측면에 비정상적인 흥미

40 대형 화재현장에서 살아남은 남성이 불이 나는 장면에 극심하게 불안증상을 느낄 때 의심할 수 있는 가능성이 가장 높은 장애는?

17, 20, 23년 기출

① 외상후스트레스장애
② 적응장애
③ 조현병
④ 범불안장애

해설

① 외상후스트레스장애 : 충격적인 사건, 예를 들어 강간, 폭행, 교통사고, 자연재해, 가족이나 친구의 죽음 등을 경험한 후 불안상태가 지속적으로 나타나는 장애이다.
② 적응장애 : 주요한 생활사건에 대한 적응실패로 나타나는 정서적 또는 행동적 부적응 증상을 말한다.
③ 조현병 : 뇌의 특별한 기질적 이상 없이 사고나 감정, 언어, 지각, 행동 등에서 부적응적인 장애를 나타내는 정신장애이다.
④ 범불안장애 : '일반화된 불안장애'라고도 하며, 과도한 불안과 긴장을 지속적으로 경험하는 상태를 말한다.

제3과목 | 심리검사

41 다음에서 설명하는 검사는?

18, 21, 23, 24년 기출

> 유아 및 학령 전 아동의 발달과정을 체계적으로 측정하기 위한 최초의 검사로서, 표준 놀이기구와 자극 대상에 대한 유아의 반응을 직접 관찰하며, 의학적 평가나 신경학적 원인에 의한 이상을 평가하기 위해 사용된다.

① 베일리(Bayley)의 영아발달 척도
② 게젤(Gesell)의 발달검사
③ 시·지각 발달검사
④ 사회성숙도 검사

해설

• 베일리의 영아발달 척도(BSID–Ⅱ ; Bayley Scale of Infant Development–Ⅱ)
  – 베일리(Bayley)가 1969년 생후 2개월에서 30개월까지의 영유아를 대상으로 한 발달척도(BSID)를 고안한 이후, 1993년 개정판(BSID–Ⅱ)을 통해 생후 1개월에서 42개월까지의 영유아를 대상으로 한 표준화가 이루어졌다.
  – 1969년 초판(BSID–Ⅰ)은 정신척도(Mental Scale)와 운동척도(Motor Scale)로만 구성되었으나, 1993년 개정판(BSID–Ⅱ)은 행동평정척도(Behavior Rating Scale)가 포함되었다.
  – 검사과정은 검사자와 아이가 1:1로 마주앉은 상태로 진행되며, 아이의 연령이나 기질 등의 다양한 요인을 고려하여 융통성 있게 전개된다.
• 시·지각 발달검사(DTVP ; Developmental Test of Visual Perception)
  – 프로스티그(Frostig)가 1966년 개발한 것으로 3~8세의 읽기 쓰기에 문제가 있는 아동의 시·지각능력을 측정하여 시·지각장애를 조기발견하는 데 사용된다.
  – 시각–운동협응검사, 도형–배경지각검사, 형태항상성검사, 공간위치지각검사, 공간관계지각검사의 5개 하위검사로 구성된다.
• 사회성숙도 검사(SMS ; Social Maturity Scales)
  – 사회성이 적응행동에 미치는 영향이 크다는 것을 인식하고, 적응행동을 측정하기 위해 개발되었다.
  – 이 검사는 개인의 성장이나 변화를 측정하면서 정신지체 여부나 그 정도를 판별하는 데 이용될 수 있다.
  – 검사는 부모, 형제나 자매, 수검자를 잘 아는 친척이나 후견인 등이 실시한다(수검자가 자신에 관한 정보를 제공할 수 있을 정도로 성숙해 있어도 직접 수검자를 면접 대상으로 하지 않음).

42

말의 유창성이 떨어지고 더듬거리는 말투, 말을 길게 하지 못하고 어조나 발음이 이상한 현상 등을 보이는 실어증은? 18, 22, 24년 기출

① 브로카 실어증
② 전도성 실어증
③ 초피질성 감각 실어증
④ 베르니케 실어증

해설

뇌손상 부위에 따른 실어증

• 브로카 실어증(Broca's Aphasia)
  – 브로카영역을 포함한 인근 전두엽영역의 손상에 의함
  – 대화나 설명 시 표현능력이 저하되며 특히 유창성의 저하
  – 비정상적으로 단조로운 운율, 속도가 느리며 단어 사이 쉬는 것이 긴 경향
  – 청각적 이해력은 유지
  – 읽기는 말하기나 쓰기에 비해 좋은 편
• 전도성 실어증(Conduction Aphasia)
  – 브로카영역과 베르니케영역을 연결하는 활모양의 섬유 다발의 병변에 의함
  – 따라 말하기 능력 저하
  – 청각적 이해력은 유지
  – 발화는 유창한 편이나 음소착어의 잦은 출현
  – 이름대기에서 음소착어의 잦은 출현 및 여러 차례에 걸친 자기수정
• 초피질성 감각 실어증(Transcortical Sensory Aphasia)
  – 두정엽 및 베르니케영역의 심층부, 후반부의 피질하 부위 병변에 의함
  – 청각적 이해력이 저하
  – 따라 말하기 능력 저하
  – 이름대기 능력 저하

43

Rorschach 구조변인 중 형태질에 대한 채점이 아닌 것은? 19, 22, 24년 기출

① u
② –
③ o
④ v

해설

'v'는 발달질에 대한 채점으로 모호반응(Vague Response)을 기호화한 것이다.

Rorschach 구조변인 중 형태질

• 반응이 잉크반점의 특징에 얼마나 부합하는가?
• 검사자는 수검자가 사용한 반점 영역의 형태가 지각한 대상의 형태와 어느 정도 일치하는지를 평가한다.
• 우수–정교한(+ ; Superior–Overelaborated), 보통의(o ; Ordinary), 드문(u ; Unusual), 왜곡된(– ; Minus)으로 기호화한다.

44

지능을 일반요인과 특수요인으로 구분한 학자는? 22, 24년 기출

① 스피어만(C. Spearman)
② 서스톤(L. Thurstone)
③ 카텔(R. Cattell)
④ 길포드(J. Guilford)

해설

① 스피어만(Spearman)은 지능은 모든 개인이 공통적으로 가지고 있는 일반요인(General Factor)과 함께 언어나 숫자 등 특정한 부분에 대한 능력으로서 특수요인(Special Factor)으로 구분된다는 2요인설을 제안하였다.
② 서스톤(Thurstone)은 지능은 언어이해(Verbal Comprehension), 수(Numerical), 공간시각(Spatial Visualization), 지각속도(Perceptual Speed), 기억(Memory), 추리(Reasoning), 단어유창성(Word Fluency) 등 7가지 요인으로 구성된다는 다요인설을 제안하였다.
③ 카텔과 혼(Cattell & Horn)은 지능은 유동성 지능(Fluid Intelligence)과 결정성 지능(Crystallized Intelligence)으로 구분된다는 위계적 요인설을 제안하였다.
④ 길포드(Guilford)는 지능의 구조는 내용(Content), 조작(Operation), 결과(Product)의 3차원적 입체모형으로 이루어지며, 이들의 상호작용에 의한 180개의 조작적 지적 능력으로 구성된다는 복합요인설(입체모형설)을 제안하였다.

참고

'Thurstone'은 교재에 따라 '서스톤', '써스톤', '썰스톤' 등으로, 'Cattell'은 '카텔', '케텔', '캐텔' 등으로 제시되고 있습니다. 이는 우리말 번역에 의한 발음상 차이일 뿐 동일인물에 해당합니다.

45 다음은 Thurstone이 제안한 지능에 관한 다요인 중 어느 요인을 측정하는 검사인가?

13, 24년 기출

> 4분 이내에 "D"로 시작되는 말을 가능한 많이 적어보시오.

① 언 어
② 단어유창성
③ 공 간
④ 기 억

해설

서스톤(Thurstone)의 다요인설에 의한 지능의 7가지 구성요인

- 언어이해(Verbal Comprehension) : 언어의 개념화, 추리 및 활용 등에 대한 능력이다. 어휘력 검사와 독해력 검사로 측정한다.
- 수(Numerical) : 계산 및 추리력, 즉 수를 다루며 계산하는 능력이다. 더하기나 곱하기, 큰 숫자나 작은 숫자 찾기 등의 기초적인 산수문제로 측정한다.
- 공간시각(Spatial Visualization) : 공간을 상상하고 물체를 시각화할 수 있는 능력이다. 상징물이나 기하학적 도형에 대한 정신적 조작을 요하는 검사로 측정한다.
- 지각속도(Perceptual Speed) : 어떤 대상이나 현상을 빠르고 정확하며, 구체적이고 객관적으로 파악하는 능력이다. 상징들의 신속한 재인을 요하는 검사로 측정한다.
- 기억(Memory) : 지각적·개념적 자료들을 명확히 기억하고 재생할 수 있는 능력이다. 단어, 문자 등을 이용한 회상 검사로 측정한다.
- 추리(Reasoning) : 주어진 자료들로써 일반원칙을 밝히며, 목표달성을 위해 생산적으로 적용·추리하는 능력이다. 유추검사나 수열완성형 검사로 측정한다.
- 단어유창성(Word Fluency) : 상황에 부합하는 유효적절한 단어를 빠르게 산출해낼 수 있는 능력이다. 제한시간 내에 특정 문자(예 '가' 또는 'A')로 시작하는 단어를 최대한 많이 제시하도록 요구하는 방식의 검사로 측정한다.

46 다음 K-WAIS 검사 결과가 나타내는 정신장애로 가장 적합한 것은?

15, 19, 23, 24년 기출

> - 토막짜기, 바꿔쓰기, 차례맞추기, 모양맞추기 점수 낮음
> - 숫자외우기 소검사에서 바로 따라 외우기와 거꾸로 따라 외우기 점수 간에 큰 차이를 보임
> - 공통성 문제 점수 낮음 : 개념적 사고의 손상
> - 어휘, 상식, 이해 소검사의 점수는 비교적 유지되어 있음

① 강박장애
② 기질적 뇌손상
③ 불안장애
④ 반사회성성격장애

해설

K-WAIS 검사 결과에서 나타나는 진단별 반응 특징

강박장애	• 전체 지능지수 110 이상 • 상식·어휘문제 점수가 높음(주지화) • 이해 점수가 낮음(회의적 경향이 원인) • 언어성 지능 > 동작성 지능 : 강박적인 주지화 경향을 반영
불안장애	• 숫자외우기, 산수, 바꿔쓰기, 차례맞추기 점수가 낮음 • 사고의 와해나 혼란은 없음
반사회성 성격장애	• 언어성 지능 < 동작성 지능 • 소검사 간 분산이 심한 편 • 사회적 상황에 대한 예민성 • 바꿔쓰기, 차례맞추기 점수가 높음 • 개념형성 점수가 낮음 • 되는대로 노력없이 아무렇게나 대답 • 비사회적 규준 • 지나친 관념화, 주지화, 현학적인 경향을 보일 수 있음

제1회 기출복원문제

47 시각운동협응 및 시각적 단기기억, 계획성을 측정하며 운동(Motor) 없이 순수하게 정보처리 속도를 측정하는 소검사는? 20, 22년 기출

① 순서화
② 동형찾기
③ 지우기
④ 어 휘

해설

동형찾기(Symbol Search)
• 총 60문항으로, 쌍으로 이루어진 도형이나 기호들이 표적부분과 반응부분으로 제시되며, 해당 두 부분을 훑어본 후 표적모양이 반응부분에 있는지 여부를 지적하도록 한다.
• 수검자의 처리속도를 측정하기 위해 고안된 소검사로서, 수검자의 완벽주의적 성향이나 강박적 문제해결양식 등을 반영하기도 한다.
• 측정되는 주요 내용은 정보처리속도, 시각-운동협응능력, 시각적 단기기억능력, 시각적 변별력, 주의력 및 주의집중력 등이다.

48 MMPI-2 코드 쌍의 해석적 의미로 옳지 않은 것은? 16, 22년 기출

① 4-9 – 행동화적 경향이 높다.
② 1-2 – 다양한 신체적 증상에 대한 호소와 염려를 보인다.
③ 2-6 – 전환증상을 나타낼 경우가 많다.
④ 3-8 – 사고가 본질적으로 망상적일 수 있다.

해설

전환증상을 나타낼 경우가 많은 것은 1-3 상승척도 쌍에 해당된다.

49 신뢰도의 추정방법 중 반분신뢰도의 장점은? 13, 18, 24년 기출

① 검사의 문항 수가 적어도 된다.
② 반분된 검사가 동형일 필요가 없다.
③ 단 1회의 시행으로 신뢰도를 구할 수 있다.
④ 속도검사의 신뢰도를 추정하는 데 적합하다.

해설

① 검사를 양분하는 반분신뢰도의 특성상 양분된 각 측정도구의 문항 수는 그 자체가 각각 완전한 척도를 이룰 수 있도록 충분히 많아야 한다.
② 반분신뢰도는 하나의 검사를 두 부분으로 나누어 신뢰도를 추정하는 일종의 축소판 동형검사신뢰도 추정방법으로 볼 수 있다.
④ 속도검사는 제한된 시간 내에 얼마나 빠르고 정확하게 정답에 반응하는가를 측정하는 방식이다. 검사문항이 대체로 획일적이고 난이도수준이 높지 않으므로, 반분신뢰도를 사용하여 신뢰도를 추정하는 데 있어서 부적합하다.

50 다음에서 설명하는 MBTI의 선호지표에 따른 성격유형으로 옳은 것은? 24년 기출

• 지금, 현재에 초점
• 실제 경험을 강조
• 숲보다는 나무를 보려는 경향
• 세부적 · 사실적 · 실리적

① 내향형(Introversion)
② 사고형(Thinking)
③ 감각형(Sensing)
④ 판단형(Judging)

해설

MBTI 감각형(Sensing)의 특징
• 지금, 현재에 초점
• 실제 경험을 강조
• 정확함, 철저한 일처리
• 나무를 보려는 경향
• 세부적 · 사실적 · 실리적
• 일관성
• 가꾸고 추수함

51 MMPI-2의 L척도가 상승했을 때의 해석과 가장 거리가 먼 것은? 15, 24년 기출

① 자신의 동기에 대한 통찰력과는 부적 상관관계가 있다.
② 지능이 높고 교육수준이 높을수록 상승하는 경향이 있다.
③ 이상적으로 자신을 나타내고자 하는 경우 상승한다.
④ 억압이나 부정 방어기제가 높을수록 상승하는 경향이 있다.

해설

L척도

- 사회적으로 찬양할 만하나 실제로는 극도의 양심적인 사람에게서 발견되는 태도나 행동을 측정
- 자신을 좋은 모양으로 나타내 보이려는 다소 고의적이고도 부정직하며 세련되지 못한 시도를 측정하려는 척도
- 수검자의 지능, 교육수준, 사회경제적 위치 등과 연관이 있으며, 특히 지능 및 교육수준이 높을수록 L척도는 낮게 나옴
- MMPI의 모든 척도가 경험적 방법으로 도출된 문항으로 구성된 반면, L척도만은 논리적 근거에 의해 선발된 문항으로 구성됨
- 예 때때로 욕설을 퍼붓고 싶어지는 때가 있다(아니다), 가끔 화를 낸다(아니다) 등

---

52 집중력과 정신적 추적능력(Mental Tracking)을 측정하는 데 사용되는 신경심리검사는? 15, 20, 22, 23년 기출

① 벤더게슈탈트검사(Bender Gestalt Test)
② 선로잇기검사(Trail Making Test)
③ 레이복합도형검사(Rey Complex Figure Test)
④ 위스콘신카드분류검사(Wisconsin Card Sorting Test)

해설

선로잇기검사(Trail Making Test)

- 숫자와 문자의 상징적인 의미를 이해하고, 전체 화면을 주시하면서 숫자와 문자를 순서대로 연결하는 능력을 검사하는 것
- A형은 숫자 잇기, B형은 숫자와 글자를 교대로 잇기
- 집중력 및 정신적 추적능력을 측정

---

53 검사자가 지켜야 할 윤리적 의무로 옳지 않은 것은? 14, 18, 22년 기출

① 검사과정에서 피검자에게 얻은 정보에 대해 비밀을 보장할 의무가 있다.
② 자신이 다루기 곤란한 어려움이 있을 때는 적절한 전문가에게 의뢰하여야 한다.
③ 자신이 받은 학문적인 훈련이나 지도받은 경험의 범위를 벗어난 평가를 해서는 안 된다.
④ 피검자가 자해행위를 할 위험성이 있어도 비밀보장의 의무를 지켜야 하므로 누구에게도 알려서는 안 된다.

해설

④ 검사자는 내담자(수검자 또는 피검자)의 사생활과 비밀유지에 대한 권리를 최대한 존중해야 할 의무가 있으나, 이는 절대적인 것이 아니며 경우에 따라 내담자의 비밀보장의 권리가 제한될 수도 있다. 예를 들어, 내담자가 자신이나 타인의 신체 또는 재산을 해칠 위험이 있는 경우, 아동학대나 성폭력 등 중대한 범죄에 대한 내용을 상담을 통해 알게 된 경우 이를 해당 분야의 전문가나 관련 기관에 알려야 한다. 또한 법원의 정보공개 명령이 있는 경우 내담자에 대한 기본적인 정보를 공개하며, 더 많은 사항을 공개해야 하는 경우 사전에 내담자에게 알려줄 필요가 있다.

---

54 WAIS-IV의 소검사 중 언어이해 지수 척도의 보충소검사에 해당되는 것은? 21년 기출

① 공통성
② 상 식
③ 어 휘
④ 이 해

해설

K-WAIS-IV의 구성

구 분	언어이해	지각추론	작업기억	처리속도
핵심소검사	• 공통성 • 어 휘 • 상 식	• 토막짜기 • 행렬추론 • 퍼 즐	• 숫 자 • 산 수	• 동형찾기 • 기호쓰기
보충소검사	이 해	• 무게비교 • 빠진 곳 찾기	순서화	지우기

55 심리검사의 윤리에 관한 설명으로 틀린 것은?

21년 기출

① 자격을 갖춘 사람이 심리검사를 실시해야 한다.
② 검사동의를 구할 때에는 비밀유지의 한계에 대해 알려야 한다.
③ 동의할 능력이 없는 사람에게도 평가의 본질과 목적을 알려야 한다.
④ 자동화된 서비스를 사용할 경우 검사자는 평가의 해석에 대한 책임을 지지 않는다.

해설

검사자는 자동화된 서비스를 사용할 때에도 철저하게 채점원리를 파악하여 정확한 채점을 할 수 있어야 한다.

56 노인을 대상으로 HTP검사를 실시하는 방법으로 옳은 것은?

19, 22, 24년 기출

① 노인의 보호자가 옆에서 지켜보면서 격려하도록 한다.
② HTP를 실시할 때 각 대상은 별도의 용지를 사용하여 실시한다.
③ 그림을 그린 다음에는 수정하지 못하게 한다.
④ 그림이 완성된 후 보호자에게 사후 질문을 하는 것이 일반적이다.

해설

② HTP를 실시할 때 집, 나무, 사람 각각에 대한 별지를 제공하여 대상자에게 그리도록 한다.
① HTP를 통해 가정생활이나 가족관계 등이 반영되므로, 검사자는 그림의 내용에 영향을 줄 만한 상황을 최대한 배제하도록 한다.
③ 수검자의 수검 태도 또한 해석적 의미를 담고 있다. 예를 들어, 그림의 수정은 지나치게 정확성을 기하려는 수검자의 강박적 성향을 반영하는 것으로 볼 수 있다.
④ 그림이 완성된 후 수검자에게 각각의 그림을 보여주면서 수검자의 특성에 맞는 질문을 하는 과정을 거친다.

57 MMPI-2의 재구성 임상척도 중 역기능적 부정 정서를 나타내며, 불안과 짜증 등을 경험하는 경우 상승하는 척도는?

20년 기출

① RC4
② RC1
③ RC7
④ RC9

해설

① RC4 : 반사회적 행동(asb) → 분노, 공격성, 논쟁 등
② RC1 : 신체증상 호소(som) → 신체 건강에 대한 염려와 집착, 신체증상 호소
④ RC9 : 경조증적 상태(hpm) → 심신에너지 항진, 과도한 자신감

58 MMPI-2의 타당도척도에 관한 설명으로 틀린 것은?

20년 기출

① ?척도는 응답하지 않은 문항들이나 '예', '아니오' 둘 다에 응답한 문항들의 합계로 채점된다.
② L척도는 자신을 사회적으로 바람직하며 좋은 사람처럼 보이게끔 하려는 태도를 가려내기 위한 척도이다.
③ F척도는 점수가 높을수록 평범 반응 경향을 말해 준다.
④ K척도는 L척도에 의해 포착하기 어려운 은밀한 방어적 태도를 측정하는 문항들로 구성되어 있다.

해설

F척도(비전형 척도, Infrequency)
• 비전형적인 방식으로 응답하는 사람들을 탐지하기 위한 것으로서, 검사 문항에 대해 정상인들이 응답하는 방식에서 벗어나는 경향성을 측정한다.
• 측정 결과가 65~80T 정도인 경우 수검자의 신경증이나 정신병, 현실검증력 장애를 시사하며, 측정 결과가 100T 이상인 경우 수검자가 의도적으로 심각한 정신병적 문제를 과장해서 응답한 것으로 짐작할 수 있다.

참고

MMPI 및 MMPI-2의 프로파일 해석과 관련하여 그 구체적인 수치가 교재에 따라 약간씩 다르게 제시되고 있으므로, 이 점 감안하여 학습하시기 바랍니다.

59 지능에 대한 설명으로 틀린 것은? 21년 기출

① 아동기의 전반적인 인지발달은 청소년기보다 그 속도가 느리다.
② 발달규준에서는 수검자의 생활연령과 정신연령을 함께 표기한다.
③ 편차 IQ는 집단 내 규준에 속한다.
④ 추적규준은 연령별로 동일한 백분위를 갖는다고 가정한다.

해설

아동기에 청소년기보다 많은 인지발달이 이루어지며, 그 속도는 청소년기보다 훨씬 빠르다.

60 교통사고 환자의 신경심리검사에서 꾀병을 의심할 수 있는 경우는? 16, 22, 24년 기출

① 기억과제에서 쉬운 과제에 비해 어려운 과제에서 더 나은 수행을 보일 때
② 즉각 기억과제와 지연 기억과제의 수행에서 모두 저하를 보일 때
③ 뚜렷한 병변이 드러나며 작위적인 반응을 보일 때
④ 단기기억 점수는 정상범위이나 다른 기억점수가 저하를 보일 때

해설

신경심리평가 시 위장자(Faker)들을 변별하는 방법(홍경자, 1995)

• 일관성 : 위장하는 사람들은 동일한 영역을 측정하는 비슷한 검사로 재검사를 시행했을 때 같은 양상의 장애를 나타내지 않는 경우가 많고, 자신의 증상 및 병력에 대해서는 잘 기억하면서 기억력 검사에 들어가서는 장애를 보일 수 있다.
• 위장자들은 모든 검사에서 다 못하는 경우가 많은데, 실제 환자는 손상 양상에 따라 어떤 검사는 잘 수행하고 어떤 검사는 대단히 못함. 만약 위장자가 일부 검사에서 선택적으로 장애를 보이려고 할 때는 주로 감각 및 운동기능의 장애를 보인다고 한다.
• 난이도를 살펴보면, 일반적으로 환자들은 쉬운 소검사는 잘하고 어려워지면 못하는 데 비해 위장자들은 난이도가 낮은 소검사부터 못하는 경향이 있다.
• 위장자들은 검사에서 나타난 장애 정도와 손상으로부터 예측되는 장애 정도 사이에 상당한 차이를 보인다.

제4과목 | 임상심리학

61 행동주의상담에서 고전적 조건형성의 원리를 이용한 기법에 해당하지 않는 것은?

① 체계적 둔감법(Systematic Desensitization)
② 토큰경제(Token Economy)
③ 주장훈련(Assertive Training)
④ 이완훈련(Relaxation Training)

해설

토큰경제(상표제도)는 조작적 조건형성의 기법에 해당한다.

62 내담자의 말과 행동에서 표현된 기본적인 감정, 생각 및 태도를 상담자가 다른 참신한 말로 부연해 주는 것은? 22, 23년 기출

① 해 석
② 직 면
③ 반 영
④ 명료화

해설

③ 반영(Reflection) : 내담자가 전달하고자 하는 의사의 본질을 스스로 볼 수 있도록 내담자의 말과 행동에서 표현되는 감정·생각·태도를 상담자가 다른 참신한 말로 부연하는 기술이다. 상담자는 반영을 통해 내담자의 태도를 거울에 비추어 주듯이 보여줌으로써 내담자의 자기 이해를 도와줄 뿐만 아니라 내담자로 하여금 자기가 이해받고 있다는 인식을 주게 된다.
① 해석(Interpretation) : 내담자가 새로운 방식으로 자신의 문제를 돌아볼 수 있도록 사건들의 의미를 설정해주고, 그 문제를 새로운 각도에서 이해할 수 있도록 생활경험 및 행동의 의미에 대해 설명하는 기술이다. 내담자의 사고, 행동, 감정의 패턴을 드러내거나 이를 통해 나타나는 문제를 이해할 수 있도록 새로운 틀을 제공한다.
② 직면(Confrontation) : 내담자의 말이나 행동이 일치하지 않는 경우 또는 내담자의 말에 모순점이 있는 경우 상담자가 그것을 지적해 주는 기술이다. 내담자의 자기 이해를 돕기 위해 상담자의 눈에 비친 내담자의 행동 특성 또는 사고방식의 스타일을 지적하여, 내담자가 상담자나 외부에 비친 자신의 모습을 되돌아보고 통찰의 순간을 경험하도록 하는 직접적이고 모험적인 자기대면의 방법이다.
④ 명료화(Clarification) : 내담자의 말 중에서 모호한 점이나 모순된 점이 발견될 때, 이를 명확히 이해하고 넘어가기 위해 다시 그 점을 상담자 또는 면접자가 질문함으로써 내담자로 하여금 그 의미를 명백하게 하는 기술이다. 이러한 명료화는 상담자가 내담자의 말을 정확히 이해하기 위해서도 필요하고, 내담자가 스스로의 의사와 감정을 구체화하여 재음미하도록 하기 위해서도 필요하다.

63 평가면접에서 면접자의 태도에 대한 설명으로 옳지 않은 것은? 21, 23년 기출

① 수용 – 내담자의 가치에 대한 기본적인 존중과 관련되어 있다.

② 해석 – 면접자가 자신의 내면과 부합하는 심상을 수용하는 것과 관련되어 있다.

③ 이해 – 내담자의 관점에서 세계를 보기 위한 노력과 관련되어 있다.

④ 진실성 – 면접자의 내면과 부합하는 것을 전달하는 정도와 관련되어 있다.

해설

② 면접자가 자신의 내면과 부합하는 타당하고 신뢰할 수 있는 심상을 어느 정도 전달할 수 있는가는 '진실성'과 연관된다. 진실성은 '일치성(Congruence)'이라고도 하는데, 이는 면접자의 일치성, 혹은 면접자가 말하고 있는 것과 실제로 느끼고 있는 것 사이에 존재해야만 하는 조화를 일컫는다.

해석(Interpretation)

• 내담자가 새로운 방식으로 자신의 문제를 돌아볼 수 있도록 사건들의 의미를 설정하고, 그 문제를 새로운 각도에서 이해할 수 있도록 생활경험 및 행동의 의미를 설명하는 것이다.

• 외견상 분리된 내담자의 말 또는 사건들의 관계를 연결하거나 방어, 저항, 전이 등을 설명한다.

• 내담자의 사고, 행동, 감정의 패턴을 드러내거나 이를 통해 나타나는 문제를 이해할 수 있도록 새로운 틀을 제공한다.

• 내담자에게 자신에 대한 통찰을 촉진하고 자기통제력을 향상하도록 한다.

• 내담자에게 자신의 감정을 파악하여 그 원인을 이해하도록 함으로써 좀 더 자유롭게 감정을 인정하고 받아들일 수 있도록 한다.

64 기말고사에서 전 과목 100점을 받은 경희에게 선생님은 최우수상을 주고 친구들 앞에서 칭찬도 해주었다. 선생님이 경희에게 사용한 학습원리는? 16, 20, 23년 기출

① 성 취

② 내적 동기화

③ 조건화

④ 모델링

해설

③ 조건화에는 고전적 조건화와 조작적 조건화가 있고, 위의 사례와 같이 바람직한 행동을 하였을 때 보상을 제공하는 것은 조작적 조건화 가운데 정적강화에 해당한다.

① 성취는 선생님이 사용한 학습 원리가 아니라 경희가 얻은 100점이라는 결과 자체이다.

② 학습자가 본질적으로 가지고 있는 것으로서 흥미나 호기심과 같은 내적 요인들에 의해 유발되는 동기를 말한다. 즉, 스스로 학습에 대한 욕구, 흥미, 호기심, 즐거움 때문에 학습자가 자발적으로 학습하려는 의욕을 갖는 것이다.

④ 다른 사람의 행동을 보고 들으면서 그 행동을 따라하는 것으로 관찰학습을 의미한다.

65 생명유지에 필수적인 기능에서 고차원적 인지기능으로 발달하는 뇌의 발달단계를 순서대로 나열한 것은? 17년 기출

① 후뇌(교 및 소뇌) → 수뇌(연수) → 중뇌 → 간뇌 → 종뇌

② 수뇌(연수) → 후뇌(교 및 소뇌) → 중뇌 → 간뇌 → 종뇌

③ 후뇌(교 및 소뇌) → 중뇌 → 간뇌 → 종뇌 → 수뇌(연수)

④ 수뇌(연수) → 간뇌 → 후뇌(교 및 소뇌) → 중뇌 → 종뇌

해설

뇌의 주요부분

• 생명유지에 관여하는 뇌 : 후뇌로 뇌간(= 연수 + 뇌교로 구성) 및 소뇌로 구성되어 호흡 · 심박 · 혈압조절 등 생명유지에 필수적인 기능 담당

• 감정에 관여하는 뇌 : 중뇌로 감정기능을 담당

• 간뇌 : 대뇌와 중뇌 사이에 위치

• 고차원적 인지기능에 관여하는 뇌 : 전뇌의 일부인 종뇌(특히 대뇌피질)

참고

인간의 뇌는 생명유지에 관여하는 뇌, 감정에 관여하는 뇌, 고차원적 인지기능에 관여하는 뇌의 순서로 발달하게 된다.

66 심리상담 및 심리치료의 과정에서 나타나는 현상과 가장 거리가 먼 것은? 22년 기출

① 내담자는 상담자가 아무런 요구 없이 인간으로서의 관심만을 베푼다는 것을 경험한다.
② 상담관계에서 내담자는 처음부터 새로운 방식으로 반응하고 행동하게 된다.
③ 상담장면에서는 일반적이고 추상적인 자료보다는 그 상황에서의 실제행동을 다룬다.
④ 치료유형에 차이가 있음에도 불구하고 심리치료에는 공통요인이 작용한다.

해설
② 상담관계에서 내담자가 처음부터 적응적인 방식으로 반응하고 행동하는 것은 아니다. 내담자는 생활상의 사건이나 신체적·심리적 문제를 가지고 있으면서도 그러한 문제를 표현하는 데 어려움을 느낄 수 있으며, 자신의 문제가 외부로 노출되는 것에 대해 거부감을 가질 수도 있다.

67 행동의학에서 주로 다루는 주제로 가장 적합한 것은? 16, 22, 24년 기출

① 공황발작
② 외상 후 스트레스 장애
③ 조현병의 음성증상
④ 만성통증 관리

해설
④ 행동의학은 신체장애에 대해 행동주의적 치료방법을 응용한 것으로, 특히 최면이나 바이오피드백과 같은 행동요법은 비만, 흡연, 심혈관 장애, 만성통증 관리 등 다양한 문제들에 응용되고 있다.

행동의학(Behavioral Medicine)
• 행동과학적인 접근에 의해서 의학을 파악해 나가려는 입장
• 건강, 질병 그리고 기타 생리적 부전과 관련된 연구, 교육, 진단, 치료의 영역을 모두 포괄하는 다학제적 학문
• 건강심리학은 행동의학과 건강관리의 문제 양자를 포함하는 심리학 영역
• 행동의학은 심신의학보다는 보다 객관적인 행동에 중점을 둠

68 역할-연기에 대한 설명과 가장 거리가 먼 것은? 21년 기출

① 주장 훈련과 관련이 있다.
② 사회적 기술을 포함하고 있다.
③ 행동시연을 해야 한다.
④ 이완훈련을 해야 한다.

해설
④ 이완훈련(Relaxation Training)이란 행동주의상담기법의 일종으로, 본래 일상생활에서 스트레스에 대처하기 위한 방법이 보편화된 것이다. 조용한 환경에서 근육을 이완하고, 깊고 규칙적인 호흡을 함으로써 긴장과 이완에 따른 차이를 경험하도록 한다. 특히 점진적 이완훈련은 최면, 명상은 물론 체계적 둔감화의 행동기법과 연결된다.

69 미국에서 임상심리학이 비약적으로 발전하게 된 계기가 된 것은? 21년 기출

① 자원봉사자들의 활동
② 루스벨트 대통령의 후원
③ 제2차 세계대전
④ 매카시즘의 등장

해설
제2차 세계대전이 미국 임상심리학의 발전에 미친 영향
• 미국은 제2차 세계대전과 함께 신병 평가의 필요성이 절박해짐에 따라 입영대상 군인들이 가진 기술뿐만 아니라 지적·심리적 기능을 효율적으로 평가하는 기술들을 개발하기 위해 위원회를 구성하였다.
• 위원회는 제1차 세계대전 당시에 개발된 집단 심리검사도구인 '군대 알파(Army α)'와 '군대 베타(Army β)'보다 정교해진 '군대 일반 분류검사(Army General Classification Test)'를 개발한 것은 물론, 군 장교들과 특정 병과 집단을 평가하는 데 다양한 능력검사들을 사용하도록 권고함으로써 제2차 세계대전 동안 무려 2천만 명 이상에 대해 다양한 심리검사를 실시하게 되었다. 또한 이 시기에 MMPI와 같은 새로운 검사들도 개발되었다.
• 1945년 코네티컷(Connecticut) 주에서는 심리 자격증에 관한 법률을 통과시킴으로써 자격을 갖춘 전문자들에 의해 임상심리학 실무에 대한 체계적인 규정들이 마련되도록 하였다.
• 1946년 《American Psychologist》의 첫판이 출간되었고, 미국 전문심리학 검사위원회(ABEPP ; American Board of Examiners in Professional Psychology)가 심리학자들에게 자격증을 수여하기 위해 발족되었다.

70 임상심리사로서 전문적인 관계를 유지하는 데 바람직한 지침사항과 가장 거리가 먼 것은?

21, 23년 기출

① 다른 전문직에 종사하는 동료들의 욕구, 특수한 능력, 그리고 의무에 대하여 적절한 관심을 가져야 한다.
② 동료 전문가와 관련된 단체나 조직의 특권 및 의무를 존중하여 행동하여야 한다.
③ 소비자의 최대이익에 기여하는 모든 자원들을 활용해야 한다.
④ 동료 전문가의 윤리적 위반 가능성을 인지하면 즉시 해당 전문가 단체에 고지해야 한다.

해설

④ 전문가는 때로 다른 동료 전문가의 비윤리적 행위나 윤리적 위반 가능성을 인지하게 될 수 있다. 이 경우 우선 그 당사자에게 주의를 환기시켜 윤리적 문제를 비공식적으로 해결하기 위한 시도를 해야 한다. 만약 그와 같은 시도로 문제가 시정되지 않는다면, 해당 윤리위원회에 신고해야 할 의무가 있음을 당사자에게 알리고 윤리강령에 따라 행동을 취해야 한다.

윤리위반의 해결(한국상담심리학회 윤리강령 中)

• 상담심리사는 다른 상담심리사의 윤리강령 위반을 인지한 경우, 그 위반이 심각한 해를 끼치지 않는다면, 우선 해당 상담심리사에게 윤리문제가 있음을 인식시킨다.
• 명백한 윤리강령의 위반으로 개인이나 조직이 실질적인 해를 입거나 그럴 가능성이 있는 경우, 그리고 개별적인 시도로 해결되지 않는 경우, 상담심리사는 상벌윤리위원회에 신고한다.
• 소속 기관 및 단체와 본 윤리강령 간에 갈등이 있을 경우, 상담심리사는 갈등의 본질을 명확히 하고, 소속 기관 및 단체에 윤리강령을 알려서 이를 준수하는 방향으로 해결책을 찾도록 한다.

71 행동평가에 관한 설명으로 가장 적합한 것은?

17, 21, 22년 기출

① 자연적인 상황에서 실제 발생한 것만을 대상으로 평가한다.
② 행동표본은 내면심리를 반영한 것으로 해석된다.
③ 특정 표적행동의 조작적 정의가 상이할 수 있음을 고려해야 한다.
④ 관찰 결과는 요구특성이나 피험자의 반응성요인과는 무관하다.

해설

③ 연구자들은 같은 변인에 대하여 서로 다른 조작적 정의를 사용할 수 있다.
① 자연관찰법에 해당하는 내용이며 행동평가는 관찰법 이외에도 조사법, 실험법 등 다양하다.
② 행동표본은 면담이나 심리검사 장면에서 내담자가 드러내 보이는 행동으로 내담자의 일상적인 생활 상황에서의 행동을 반영한다.
④ 관찰의 결과는 관찰자의 요구특성, 피험자의 반응편향 등의 영향을 받을 수 있다.

72 임상심리사가 수행하는 역할과 가장 거리가 먼 것은?

15, 21년 기출

① 심리치료상담
② 심리검사
③ 언어치료
④ 심리재활

해설

③ 언어치료는 언어재활사가 수행하는 역할에 해당한다.

임상심리학자의 역할

• 진단 및 평가
• 치 료
• 심리재활
• 교육 및 훈련
• 자 문
• 행정 및 지도
• 연 구

73 합동가족치료에 대한 설명으로 틀린 것은?

21년 기출

① 비행청소년들과 그들의 가족들을 위한 개입법으로 개발되었다.
② 한 치료자가 가족 전체를 동시에 본다.
③ 치료자는 상황에 따라 비지시적인 역할을 할 수 있다.
④ 치료자는 가족 구성원에게 과제를 준다.

해설

① 비행청소년 및 위기청소년의 정신건강 문제를 다루기 위해 개발된 가족 및 지역사회 중심의 대표적인 치료적 개입으로 다중체계치료(MST ; Multisystemic Therapy)가 있다. 다중체계치료는 생태학적 모형을 토대로 청소년의 심각한 정서 행동상의 문제가 단순히 개인적인 것이 아니라 가정, 학교, 지역사회 등 청소년을 둘러싸고 있는 여러 체계가 상호작용하여 나타난 결과로 보고, 청소년이 겪는 문제와 관련된 체계 내의 요인들을 변화시키는 것을 치료목표로 삼는다.

합동가족치료(Conjoint Family Therapy)
• 사티어(Satir)가 창안한 것으로, 문제를 겪는 가족원이 희생자, 회유자, 비난자, 구원자 등의 고정된 가족역할에 얽매인 것으로 보고, 가족원 개인의 자기 존중감 형성에서 가족의 역할을 강조한다.
• 가족의 역기능적 양육패턴을 해소하여 자기 존중감을 지닌 개인이 새로운 도전적 상황에서 유능감과 안정감을 가질 수 있도록 돕는다.

74 잠재적인 학습문제의 확인, 학습실패 위험에 처한 아동에 대한 프로그램 운용, 학교 구성원들에게 다양한 관점 제공, 부모 및 교사에게 특정 문제행동에 대한 대처기술을 제공하는 학교심리학자의 역할은?

21, 24년 기출

① 예 방
② 교 육
③ 부모 및 교사훈련
④ 자 문

해설

예 방
청소년기의 중도탈락, 비행, 약물 남용, 자살 등의 심각한 문제들을 예방하기 위해 잠재적인 위험이 있는 청소년 및 일반 청소년들에게 위기상황의 극복, 문제해결능력이나 갈등해결기술 등을 가르쳐 줌으로써 문제를 예방한다.

75 임상심리학자로서 지켜야 할 내담자에 대한 비밀보장에 관한 설명으로 틀린 것은?

17, 21년 기출

① 일반적으로 상담과정에서 내담자에 대해 알게 된 사실을 다른 사람들에게 말하면 안 된다.
② 아동 내담자의 경우에도 아동에 관한 정보를 부모에게 알려서는 안 된다.
③ 자살 우려가 있는 경우 내담자의 비밀을 지키는 것보다는 가족에게 알려 자살예방조치를 취하는 것이 더 중요하다.
④ 상담 도중 알게 된 내담자의 중요한 범죄사실에 대해서는 비밀을 지킬 필요가 없다.

해설

비밀보장 예외규정(한국심리학회 윤리강령 규정)
• 필요한 전문적 서비스를 제공하기 위한 경우
• 적절한 전문적 자문을 구하기 위한 경우
• 내담자, 심리학자 또는 그 밖의 사람들을 상해로부터 보호하기 위한 경우
• 내담자로부터 서비스에 대한 비용을 받기 위한 경우

76 프로그램의 주요 초점은 사회 복귀이며, 직업능력증진부터 내담자의 자기개념 증진에 걸쳐 있는 것은?

20, 23년 기출

① 일차 예방
② 이차 예방
③ 삼차 예방
④ 보편적 예방

해설

③ 삼차 예방 : 심리장애 발생 후에 그 지속기간 및 부정적인 영향을 최소화하는 것이다. 심리장애의 악화 및 재발을 방지하고 재활프로그램을 실시하며, 가정과 사회로의 복귀 및 적응을 돕기 위한 지지와 교육을 제공하는 동시에 지역사회 전체를 대상으로 교육을 실시한다.
① 일차 예방 : 해로운 환경이 질병을 야기하지 않도록 사전에 이를 제거하는 것이다. 이를 위해 사회적 지지체계를 강화하고 스트레스의 근원을 제거하며, 스트레스에 적절히 대처할 수 있도록 개인의 능력을 함양한다.
② 이차 예방 : 정신건강 문제를 조기에 확인하고 장애로 발전하기 이전 초기단계에서 문제를 치료하는 것이다. 심리장애로 발전될 위기에 있는 사람들을 대상으로 조기에 치료를 제공하며, 사고나 재해의 피해자에 대해서는 위기개입을 한다.

77 통제된 관찰에 관한 설명으로 적합하지 않은 것은?
20년 기출

① 스트레스 면접은 통제된 관찰의 한 유형이다.
② 자기-탐지 기법은 통제된 관찰의 한 유형이다.
③ 역할시연은 가장 일반적으로 사용되는 통제된 관찰 유형이다.
④ 모의실험 방식에서 관심행동이 나타나도록 하는 유형이다.

해설

② 자기-탐지 기법은 자기관찰법으로, 관찰자가 자기 자신의 행동을 스스로 관찰하며 자신과 환경 간의 상호작용에 대해 기록하는 방법이다. 관찰자는 자신의 행동에 대한 피드백으로 문제 행동을 통제할 수 있으나 관찰자 자신에 대한 관찰 및 기록을 왜곡할 수도 있다.

통제된 관찰(Controlled Observation)
유사관찰법(Analogue Observation) 또는 실험적 관찰(Experimental Observation)로도 불리며, 관찰의 효율성을 높이기 위해 제한이 가해진 체계적인 환경에서 관찰하는 방법이다. 즉 관찰자에 의해 미리 계획되고 조성된 상황의 전후관계에 따라 특정한 환경 및 행동 조건에서 내담자의 행동을 부각하기 위한 방법이다. 예를 들면, 임상심리클리닉에 설치된 일방 거울(One-way mirror)을 통해 내담자와 관련 인물의 대화나 상호작용을 관찰하는 방법, 역할놀이 상황, 놀이실 관찰, 인위적으로 만들어진 술좌석에서 음주행동 관찰 및 평가 등이 이에 해당된다.

78 로저스(Rogers)의 인간중심 접근에 대한 설명으로 옳지 않은 것은?
17, 22년 기출

① 자기개념을 확장하도록 돕는 것이 치료의 목표이다.
② 자기-경험의 불일치가 불안의 원인이라고 본다.
③ 부모의 조건적 애정과 가치가 문제의 근원이 될 수 있다.
④ 치료자는 때에 따라 자신의 감정을 숨기거나 왜곡해야 한다.

해설

인간중심상담의 기본원리 3가지
① 일치성(진실성) : 상담자의 내적인 경험과 외적인 표현이 일치되는 것으로, 상담자는 자신의 감정을 솔직하게 인정하고 내담자의 진솔한 감정표현을 유도함으로써 상담자가 내담자와의 관계에서 개방적인 표현이 이루어지도록 노력하는 것을 의미한다. 이를 통해 내담자도 진솔한 감정 표현이 용이하며, 이를 통해 의사소통이 촉진된다.
② 공감적 이해와 경청 : 내담자가 경험하고 있는 감정들을 상담자가 정확하게 이해하고 내담자의 감정에 동참하는 것을 의미하는 것으로, 동정이나 동일시로써 내담자의 감정에 빠져드는 것이 아닌 객관적인 입장에서 내담자의 내적 참조틀을 바탕으로 내담자를 깊이 있게 이해하는 것을 의미한다.
③ 무조건적 긍정적 관심 또는 존중 : 상담자는 내담자의 사고나 감정, 행동에 대해 판단하지 않고, 있는 그대로 조건 없이 수용하며 가치 있는 것으로 존중해야 하는 것이다.

79 다음 중 뇌반구의 기능에 관한 설명으로 적합하지 않은 것은?
20년 기출

① 좌반구는 세상의 좌측을 보고, 우반구는 우측을 본다.
② 좌측 대뇌피질의 전두엽 가운데 운동피질 영역의 손상은 언어문제 혹은 실어증을 일으킨다.
③ 대부분의 언어 장애는 좌반구와 관련이 있다.
④ 좌반구는 말, 읽기, 쓰기 및 산수를 통제한다.

해설

① 좌반구는 신체 우측을 조정하며, 우반구는 신체 좌측을 조정한다.

뇌반구의 기능
• 일반적으로 좌반구는 언어적 · 분석적 · 순차적인 정보, 즉 표현언어, 음운적 부호화, 단락이해, 철자명명, 의도적 운동, 산수문제 등을 우세하게 처리하는 것으로 알려져 있다.
• 우반구는 비언어적 · 공간적 · 통합적 · 병렬적인 정보, 즉 공간지각, 얼굴지각, 색채, 음계, 정서적 자극 등을 우세하게 처리하는 것으로 알려져 있다.

80 행동평가 방법 중 참여관찰방법에 비교할 때 비참여관찰법의 특성과 가장 거리가 먼 것은?

19년 기출

① 내담자의 외현적 행동을 기록하는 데 유리하다.
② 관찰자훈련에 많은 시간과 비용이 소요된다.
③ 관찰자가 다른 활동 때문에 관찰에 지장을 받아 기록에 오류를 범할 가능성이 높다.
④ 행동에 관한 정밀한 측정이 요구되고, 연구자가 충분한 인적 자원을 갖고 있는 경우 유용하다.

해설

비참여관찰(Non-Participant Observation)
관찰자가 관찰 대상 집단의 구성원으로서 역할을 수행하지 않은 채 제3자의 입장에서 관찰하는 방법이다. 관찰 활동에 특별한 제약이 없고 관찰의 객관성을 확보할 수 있으나, 자연스럽고 심도 있는 관찰을 수행하기 어려운 문제가 있다.

제5과목 | 심리상담

81 학습문제상담의 시간관리전략에서 강조하는 것은?

17, 19, 23년 기출

① 기억하고자 하는 의도를 갖도록 노력한다.
② 학습의 목표를 중요도와 긴급도에 따라 구체적으로 수립한다.
③ 시험이 끝난 후 오답을 점검한다.
④ 처음부터 장시간 공부하기보다는 조금씩 자주 하면서 체계적으로 학습한다.

해설

학습문제에 대한 효과적인 시간관리전략
• 체계적인 시간관리를 통해 제한된 시간을 효율적으로 활용함으로써 최대의 학습효과를 거두기 위한 것이다.
• 학습목표를 구체적이고 측정 가능하도록 세우며, 중요도에 따라 우선순위를 부여하여 실행한다.

82 상담 진행과정에 관한 설명으로 옳지 않은 것은?

21년 기출

① 초기 – 비자발적 내담자의 경우 상담목표를 설정하지 않음
② 중기 – 내담자가 자신의 문제를 이해하고 반복적인 학습이 일어남
③ 중기 – 문제 해결 과정에서 저항이 나타날 수 있음
④ 종결기 – 상담 목표를 기준으로 상담성과를 평가함

해설

상담 초기 단계에서 비자발적 내담자 다루기
• 대부분의 상담은 내담자가 스스로 도움을 받고자 자발적으로 상담을 요청하는 것을 전제로 하지만, 비자발적으로 의뢰되어 상담자에게 오는 경우도 있다.
• 비자발적 내담자와 상담할 때 상담자의 주요 과업은 내담자 스스로 자신의 문제를 지각할 수 있는 기회를 늘리면서 자발적으로 상담에 참여할 수 있도록 하는 것이다.
• 비자발적 내담자는 상담을 받을 준비가 되어 있지 않기 때문에 저항을 하기 마련인데, 따라서 상담자는 먼저 내담자의 동기 수준을 확인하고 동기 수준이 낮다면 상담에 임할 수 있도록 동기화하는 작업을 수행함으로써 내담자의 저항을 완화하고 내담자를 본격적인 상담 과정으로 끌어들이도록 한다.

83 가족상담의 기본적인 원리와 가장 거리가 먼 것은?

14, 20년 기출

① 가족체제의 문제성을 이해하도록 한다.
② 자녀행동과 부모관계를 파악한다.
③ 감정노출보다는 생산적 이해에 초점을 둔다.
④ 현재보다 과거 상황에 초점을 둔다.

해설

④ 가족상담은 일반적으로 현재 상황에 초점을 둔다.

가족상담

• 가족을 하나의 체계로 보고 역기능적인 패턴과 관계구조를 변화시켜 문제를 완화하거나 해소하는 치료방법이다.

• 가족상담은 2차 세계대전 이후 가족의 문제들이 대두되면서 발달하기 시작하였는데 그 역사적 근원은 ⊙ 개인 중심의 전통적 심리치료 영역에서 가족의 영향력에 대한 인식 증가, ⓒ 전체와 부분을 통합적으로 접근하는 체계이론 패러다임 도입, ⓒ 정신분열증 유발 가족에 관한 연구, ⓔ 부부상담과 아동지도 운동, ⓜ 소집단 역동과 집단치료에서의 영향으로 볼 수 있다.

• 가족상담의 과정은 ⊙ 현재의 증상을 인정하고(심리적 경계선, 돈, 사업 등의 얽힘과 융합 등), ⓒ 개방적, 정서적 의사소통을 통해 개별화와 분화를 이루어, ⓒ 체계를 재구성하여 균형과 통합을 이루고 서로 감사해하며 서로를 인정하도록 하는 것이다.

• 가족치료에서는 가족의 상호작용, 심리적 경계선, 의사소통과 대처방식, 자녀의 욕구와 부모의 욕구, 가족규칙 및 가족 기대, 가족비밀과 가족신화, 가족권력과 역할, 감정수준과 감정표현, 가족형태, 가족의 발달주기에 의한 가족의 중요사건, 가족의 주호소문제, 가족의 자원 및 장점, 사회적 관계망 등을 보아야 한다.

• 가족상담에서는 개인의 문제는 그 개인의 내적인 문제로서만이 아니라, 그를 둘러싼 전체로서의 가족이라는 맥락 속에서 이해하여 개인과 가족 전체 사이에 존재하는 고정된 상호작용의 양상을 변화시키려고 노력한다. 다시 말해, 악순환의 고리를 끊고 가족 자체가 가진 회복력에 의해서 가족과 개인의 기능을 회복하고자 시도한 것이다.

84 트라우마 체계 치료(TST)의 원리에 대한 설명으로 옳지 않은 것은?

20, 22년 기출

① 현실에 맞추기
② 강점으로 시작하기
③ 최대한의 자원으로 작업하기
④ 무너진 체계를 조정하고 복원하기

해설

③ 최소한의 자원으로 작업한다. 제한된 자원으로 제한된 시간 안에 보다 많은 대상자가 서비스를 받을 수 있어야 하므로, 어떻게 해야 최소한의 비용으로 최대의 해결책을 얻을 수 있을지 결정해야 한다.

트라우마 체계 치료(TST)

과거뿐 아니라 가난, 가정폭력, 약물남용, 부모의 정신질환 등 매일의 삶 속에서 진행되고 있는 트라우마를 가진 아동과 가족을 위해 설계되었다.

85 부부치료 접근법으로 옳은 것은?

12년 기출

① 행동심리학적 치료에서는 부부간에 교환하는 정적 자극과 부적 자극을 중요시 여긴다.
② 의사소통기술의 연습은 인지적 부부치료에서 사용하는 기법이다.
③ 구조적 부부치료는 커뮤니케이션 이론에 근거한다.
④ 전략적 부부치료는 세대 간의 경계를 중요시 여긴다.

해설

② 의사소통기술의 연습은 행동주의적 부부치료에서 강조되는 기법에 해당한다.
③ 커뮤니케이션 이론, 즉 의사소통이론에 근거한 부부치료(가족치료) 모델은 사티어(Satir)의 경험적 부부치료(가족치료) 모델에 해당한다.
④ 세대 간의 경계를 중요시 여긴 것은 미누친(Minuchin)의 구조적 부부치료(가족치료) 모델에 해당한다.

86 상담의 구조화에 대한 설명으로 틀린 것은?

17, 24년 기출

① 상담의 다음 진행과정에 대한 내담자의 두려움이나 궁금증을 줄일 수 있다.
② 구조화는 상담 초기뿐만 아니라 전체 과정에서 진행될 수 있다.
③ 상담의 효과를 최대한으로 높이기 위해 행해진다.
④ 상담에서 다루려는 내용을 구체적으로 정의하는 작업이다.

해설

상담의 구조화

• 구조화는 상담과정의 본질, 제한조건과 방향에 대해 상담자가 내담자에게 정의를 내려주는 것이다. 즉, 상담자가 내담자에게 상담과정의 바람직한 체계와 방향을 알려주는 것을 말한다.
• 구조화는 그 자체가 상담의 목적이 아니라 상담관계를 바람직한 방향으로 안정시키는 중요한 수단으로 기능한다.
• 구조화는 필요에 따라 상담과정 중에 언제나 일어날 수 있지만, 특히 상담 초기에 적절한 구조화가 이루어지는 것이 필요하다.
• 구조화를 통해 상담시간, 내담자의 행동, 상담자의 역할, 내담자의 역할 및 과정목표, 비밀유지, 상담회기의 길이와 빈도, 상담의 계획된 지속기간, 내담자와 상담자의 책임, 가능한 상담 성과 및 상담 시의 행동제한 등을 설정한다.

87 Holland 이론에서 개인이 자신의 인성유형과 동일하거나 유사한 환경에서 생활하고 일한다는 개념은?

14, 18년 기출

① 일관성
② 정체성
③ 일치성
④ 계측성

해설

홀랜드(Holland) 인성이론의 5가지 가정

• 일관성(Consistency) : 홀랜드 코드의 2개의 첫 문자가 육각형에 인접할 때 일관성이 높다.
• 차별성(Differentiation) : 하나의 유형에는 유사성이 많지만 다른 유형에는 유사성이 별로 없다.
• 정체성(Identity) : 개인의 정체성은 분명하고 안정된 인생의 목표, 흥미, 재능을 가짐으로써 얻어지고, 환경적 정체성은 환경이나 조직이 분명하고 통합된 목표, 일, 보상이 일관되게 주어질 때 형성된다.
• 일치성(Congruence) : 사람은 자신의 유형과 비슷하거나 정체성 있는 환경에서 일하거나 생활할 때 일치성이 높다.
• 계측성(Calculus) : 육각형 모형에서 유형 간의 거리는 그 사이의 이론적 관계에 반비례한다.

88 정신분석상담의 4단계에 해당하지 않는 것은?

① 훈습단계
② 학습단계
③ 전이단계
④ 통찰단계

해설

정신분석상담은 초기단계 → 전이단계 → 통찰단계 → 훈습단계로 진행된다.

89 집단상담에 대한 설명으로 가장 적합한 것은?

16, 24년 기출

① 집단 크기, 기간, 집단성격, 프로그램 등을 미리 결정해야 한다.
② 집단상담에서는 개인상담에 있는 접수면접과 같은 단계는 생략된다.
③ 집단상담에서 상담자는 조언을 사용해서는 안 된다.
④ 만성적 우울증을 가진 내담자로 이루어진 집단은 자조집단에 어울린다.

해설

집단상담의 특징

• 집단상담은 집단성원들로 하여금 자기이해 및 자기수용, 발달과업의 성취 등을 실현할 수 있도록 돕는 과정이다.
• 집단을 시작하기 전에 집단의 목적 및 성격, 그에 따른 프로그램과 크기, 기간 등을 결정하는 것이 바람직하다.
• 일반적으로 만성적 우울증을 가진 내담자는 치료집단이 좀 더 바람직하다.

90 청소년 비행의 원인을 사회학적 관점에서 설명하는 이론이 아닌 것은? `17, 21, 23, 24년 기출`

① 아노미이론
② 사회통제이론
③ 욕구실현이론
④ 하위문화이론

해설

아노미이론	문화적 가치를 획득할 합법적인 수단이 없다고 판단될 때 아노미 상태(혼란, 무규범)가 일어나고 범죄로 이어진다는 이론
사회통제이론	사회통제력이 약화되어 범죄로 이어진다는 이론(사회적 연대를 중요시 여김)
비행하위문화이론	비행을 하위문화를 형성하고 있는 집단의 관습적 문제로 보는 이론

91 적극적 수준의 상담목표와 거리가 먼 것은?

① 문제해결
② 자아존중감
③ 개인적 강녕
④ 긍정적 행동변화

해설

상담목표의 수준
• 소극적 수준 : 문제해결, 적응, 치료, 예방, 갈등해소 등
• 적극적 수준 : 긍정적 행동변화, 합리적 결정, 전인적 발달, 자아존중감, 개인적 강녕 등

92 게슈탈트 상담에 대한 설명으로 옳지 않은 것은? `19년 기출`

① 알아차림(Awareness)과 접촉(Contact)을 방해하는 한 요인인 융합(Confluence)은 자신과 타인의 경계가 불분명한 지점에서 타인의 의견에 동의하는 것이다.
② 알아차림은 개체가 자신의 유기체적 욕구나 감정을 지각한 다음 게슈탈트를 형성하여 명료한 전경으로 떠올리는 것을 말한다.
③ Zinker는 알아차림-접촉 주기를 배경, 감각, 알아차림, 에너지/흥분, 행동, 접촉 등 여섯 단계로 설명한다.
④ 보조자아(Auxiliary ego) 활용은 집단 상담에 많이 사용하는 기법으로 한 구성원의 문제를 집중적으로 다룬다.

해설

보조자아는 사이코드라마에서 주인공의 삶 속에 등장하는 인물 혹은 그의 내면 세계가 지니는 다양한 측면을 최대한 정확하게 재현하는 역할을 담당한다.

93 아들러(Adler)의 상담 4단계 중 치료단계가 아닌 것은?

① 초기단계
② 해석단계
③ 탐색단계
④ 훈습단계

해설

아들러의 상담단계

제1단계 (초기단계)	협력, 평등주의, 상호존중에 기초한 좋은 치료적 관계를 설정한다.
제2단계 (탐색단계)	삶의 과제를 탐색하고 가족구도와 초기기억 분석을 한다.
제3단계 (해석단계)	생활양식을 통찰하고 현재 기능하는 자신의 모습을 이해한다.
제4단계 (재정향단계)	자신이 희망하는 목표에 부합하는 새로운 선택과 행동을 한다.

94 보기에서 설명하고 있는 관찰법은? 18년 기출

> 관찰자가 관찰 대상이나 장면을 미리 정해놓고 그 장면에서 나타나는 아동의 행동과 상황, 말을 모두 순서대로 기록하는 것이다.

① 표본기록법
② 일화기록법
③ 사건표집법
④ 시각표집법

해설
관찰기록의 종류

• 표본기록법(Specimen Record)
 – 지속적 관찰기록, 일화기록처럼 발생한 사건이나 행동특성을 서술적으로 기록하는 것
 – 미리 정해 높은 준거(시간, 인물, 상황 등)에 따라 관찰된 행동이나 사건내용을 기록
 – 그것이 일어나게 된 환경적 배경을 상세하게 이야기식으로 서술
 – 관찰이 한 번에 끝나는 것이 아니라 시간간격에 맞추어 여러 번 반복
 – 관찰하는 시간을 통제하는 방법이며 관찰기간 및 관찰횟수를 어느 정도로 할 것인지는 연구자의 필요와 관찰 목적에 따라 정해짐
• 일화기록법(Anecdotal Record)
 – 개인의 특성을 이해하기 위하여 구체적인 행동사례나 어떤 사건에 관련된 관찰기록을 상세히 기록하는 방법
 – 직접적인 관찰방법 중에서 가장 실시하기 용이한 방법
 – 학생들의 사회 · 정서적 특성이나 한 집단 내에서의 인간관계연구에 유용
 – 예상하지 않은 행동이나 사건을 관찰하여 기록하고자 할 때 유용
• 사건표집법(Event Sampling)
 – 관찰의 단위가 어떤 행동이나 사건 그 자체로 관찰하고자 하는 특정행동이나 사건이 발생할 때만 관찰
 – 관찰하고자 하는 특정행동이나 사건을 명확히 정하고 이를 조작적으로 정의해 둘 필요가 있음
• 시각표집법(Time Sampling)
 – 일정한 시간간격을 두고 행동을 관찰하여 그 결과를 기록하는 방법
 – 비교적 짧은 시간 사이에 행동이 얼마나 발생하는가를 양적으로 측정하는 방법

95 상담에서 내담자의 권리에 관한 설명으로 옳지 않은 것은? 20년 기출

① 상담자의 자격과 훈련에 대한 정보를 제공받을 수 있다.
② 내담자가 자신과 타인에게 해를 미칠 경우에도 비밀을 보장받을 수 있다.
③ 상담자를 선택할 수 있는 권리와 상담을 거부할 수 있는 권리에 대한 정보를 제공받을 수 있다.
④ 법적으로 정보공개가 요구되는 경우는 비밀보장의 한계를 가질 수 있다.

해설
내담자 또는 그 밖의 사람들을 상해로부터 보호하기 위한 경우에는 비밀정보를 동의 없이 노출할 수도 있다.

96 위기개입 목표 및 원리로 옳지 않은 것은?

① 위기개입 시 현재 상황과 관련된 과거에 초점을 맞춘다.
② 위기 촉발사건의 의미를 재구조화한다.
③ 위기상황을 극복할 수 있는 새로운 대처기술을 개발한다.
④ 각각의 내담자와 위기를 독특한 것으로 보고 반응한다.

해설
과거가 아닌 현실적 지지에 초점을 둔다.

97 장애인의 심리재활을 위한 집단치료에 대한 설명으로 옳지 않은 것은?

① 집단치료를 통해 장애인은 집단 속에서 서로 도움을 주고받음으로써 필요한 존재가 되는 경험을 가진다.
② 장애인은 장애 후 새로운 관계형성을 계기로 효과적인 의사소통 기술을 개발할 수 있는 기회를 가진다.
③ 모델링을 통해 비슷한 문제들에 대한 해결방법을 학습하며, 정서적인 지지와 유용한 정보를 얻는다.
④ 장애인을 위한 집단치료는 장애인 가족들에게는 적용되지 않는다.

98 약물에 관한 설명으로 틀린 것은? 16, 24년 기출

① 약물 내성은 동기의 대립과정이론으로 설명할 수 있다.
② 바비튜레이트는 자극제다.
③ 메스칼린은 환각제다.
④ 진정제는 GABA 시냅스에 영향을 준다.

해설

바비튜레이트(Barbiturate)는 불안감, 긴장, 불면증의 치료에 사용되었던 억제제이다.

참고

동기의 대립과정이론

외부 자극에 대한 하나의 반응이 끝나면, 곧바로 그와 반대되는 반응이 나타나는 원리를 의미하는 것으로, 이 이론은 약물 중독의 특성을 설명해 준다. 즉 향정신성 약물을 복용했을 때 쾌감을 주지만, 그 쾌감이 끝나면 몸은 중립상태가 아닌 쾌감과는 달리 불쾌한 상태에 처하게 된다는 것이다.

약물의 종류

중추신경 흥분제	• 중추신경계를 자극하는 물질 • 카페인(각성제 등), 코카인, 암페타민류(필로폰 등), 니코틴 등
중추신경 억제제	• 중추신경계가 흥분한 상태를 진정시키는 약물 • 알코올, 흡입제(본드, 가스, 가솔린, 아세톤 등), 바비튜레이트, 합성마약류, 수면제, 신경안정제 등
환각제	• 환각효과를 나타내는 물질 • LSD, 펜시클리딘(Phencyclidine), 메스칼린(Mescaline), 살로사이빈(Psilocybin), 암페타민류(엑스타시 등), 항콜린성 물질 등

99 성문제 상담에서 상담자가 지켜야 할 일반적 지침으로 옳지 않은 것은? 15, 20년 기출

① 상담자는 성에 대한 자신의 태도를 자각하고 있어야 한다.
② 내담자가 성에 대한 올바른 지식을 가지고 있음을 전제로 상담을 시작한다.
③ 상담 중 내담자와 성에 관하여 개방적인 의사소통을 한다.
④ 자신의 한계를 넘어서는 문제는 다른 전문가에게 의뢰한다.

해설

② 내담자가 성에 대해 거의 아는 바가 없다고 가정하는 것이 안전하다.

성문제 상담의 일반 지침

• 상담자는 일단 내담자가 성과 성적 욕구, 특히 이성의 성에 대해 거의 아는 바가 없다고 가정하는 것이 안전하다.
• 상담자는 내담자의 성문제를 다루기 전에 먼저 자신의 성에 대한 태도를 자각하고 있어야 한다.
• 상담자는 내담자의 성에 관계된 불안이 더 이상 증가하지 않도록 하며, 더 나아가 그 불안을 감소시킬 수 있을 만큼, 생각과 언어 사용 시 융통성을 충분히 발휘하여야 한다.
• 성문제에 관한 효과적인 상담은 개방성, 침착성, 솔직성 등을 필요로 하므로, 상담자는 내담자에게 성에 관한 용어 사용에서 전혀 거리낌이 없어야 하고, 성에 관한 한 개방적인 논의가 가장 바람직하다는 것을 알려 주어야 한다.
• 상담자는 인간의 성에 대한 올바르고 기본적인 지식을 가지고 있어야 한다.

100 상담관계 형성에서 상담자가 갖추어야 할 자세로 적합하지 않은 것은? 20, 24년 기출

① 내담자와 시선 맞추기
② 최소반응을 적절히 사용하기
③ 내담자의 주호소문제를 인내를 갖고 지켜보기
④ 내담자의 감정을 반영하기

해설

상담관계 형성은 상담 초기단계에 해당하는 과정이다. 상담 초기단계에는 주호소문제보다는 기초적 정보를 먼저 탐색한다.

제2회 임상심리사 2급 필기 기출복원문제 및 해설

※ 2022년 제3회 시험부터 CBT로 시행되어 기출문제가 공개되지 않으므로, 응시자의 후기와 과년도 기출데이터를 통해 기출과 유사하게 복원된 문제를 제공합니다.
※ 실제 시험문제와 일부 다를 수 있습니다.

제1과목 | 심리학개론

01 다음은 무엇에 관한 설명인가? `21년 기출`

> 방어기제 중 우리가 가진 바람직하지 않은 자질들을 과장하여 다른 사람들에게 부여함으로써 우리의 결함을 인정하지 않도록 막아주는 것

① 투 사
② 부 인
③ 전 위
④ 주지화

해설
② 부인(Denial) : 의식화되는 경우 감당하기 어려운 고통이나 욕구를 무의식적으로 부정하는 것
③ 전위(Displacement) : 자신이 어떤 대상에 대해 느낀 감정을 보다 덜 위협적인 다른 대상에게 표출하는 것
④ 주지화(Intellectualization) : 위협적이거나 고통스러운 정서적 문제를 피하거나 둔화시키기 위해 사고, 추론, 분석 등의 지적 능력을 사용하는 것

02 Piaget의 인지발달 단계 중 보존개념이 획득되는 시기는?

① 감각운동기
② 전조작기
③ 구체적 조작기
④ 형식적 조작기

해설
① 감각운동기에는 대상영속성을 이해하기 시작한다.
② 전조작기에는 상징놀이, 물활론, 자아중심성 등의 특징들이 나타난다.
④ 형식적 조작기에는 체계적인 사고능력, 논리적 조작에 필요한 문제해결능력이 발달한다.

03 심리검사의 오차유형 중 검사결과가 가정의 문화적 환경의 영향을 받는 데 기인하는 오차는? `21년 기출`

① 검사자 오차
② 외인적 오차
③ 해석적 오차
④ 항상적 오차

해설
① 검사자 오차 : 점수의 변화나 측정의 결과가 검사하는 사람에게서 기인하는 오차이다.
② 외인적 오차 : 검사 과정에서 아무런 관계가 없는 여러 가지 외부적 요인의 작용으로 인해 측정 결과에 변화를 주는 오차이다.
③ 해석적 오차 : 한 개인의 검사점수가 비교하고자 하는 집단의 점수분포와 어떻게 관계되는지를 정확히 이해하지 못한 채 그에 대해 부정확한 평가나 해석을 내리는 데 기인하는 오차이다.

제2회 기출복원문제

04 단기기억의 특성이 아닌 것은? 18, 21, 22년 기출

① 정보의 용량이 매우 제한적이다.
② 작업기억(Working Memory)이라 불린다.
③ 현재 의식하고 있는 정보를 의미한다.
④ 거대한 도서관에 비유할 수 있다.

해설

장기기억은 종종 용량의 제한이 없어 거대한 도서관에 비유된다.

단기기억과 장기기억의 비교

구 분	입 력	용량	지속 시간	내 용	인 출
단기기억	매우 빠름	제한적	매우 짧음 (10~20초 정도)	단어, 심상, 아이디어, 문장	즉각적
장기기억	비교적 느림	무제한적	사실상 무제한적	명제망, 도식, 산출, 일화	표상과 조직에 따라 다름

06 원점수 25(평균 = 20, 표준편차 = 5)를 Z점수로 변환한 값으로 옳은 것은?

① +1
② −1
③ 0.5
④ −0.5

해설

• Z점수 = (원점수 − 평균) ÷ 표준편차
• (25 − 20) ÷ 5 = +1

07 인간의 동조행동에 대한 설명으로 틀린 것은?
15, 20, 23년 기출

① 대체로 집단의 크기가 커질수록 동조행동은 줄어든다.
② 집단이 전문가로 이루어져 있을수록 동조행동은 커진다.
③ 집단의 의견이나 행동의 만장일치가 깨지면 동조행동은 거의 나타나지 않는다.
④ 비동조에의 동조(Conformity to Nonconformity)는 행위자의 과거행동에 일관되게 행동하려는 경향이다.

해설

동조란 주위의 사람들이 하는 것을 자발적으로 따라하는 행위이다. 동조현상에 영향을 주는 요인으로는 집단의 크기, 결집력, 개인과 집단의 거리, 문화 등의 요인이 있다. 집단의 크기가 클수록 동조는 잘 일어난다.

05 로저스(Rogers)의 성격이론에서 심리적 적응에 가장 중요한 역할을 한다고 가정하는 것은?
15, 19, 24년 기출

① 자아이상(Ego Ideal)
② 자기(Self)
③ 자아강도(Ego Strength)
④ 인식(Awareness)

해설

로저스는 현재 경험이 자기구조와 불일치할 때 개인은 불안을 경험한다고 보았다. 즉, 자기구조와 주관적 경험이 일치할 경우 적응적이고 건강한 성격을 가지게 되는 반면, 이들 간의 불일치가 심할 경우 부적응적이고 병적인 성격을 가지게 된다.

08 프로이트(Freud)의 성격체계에서 쾌락의 원리를 따르는 요소는?

① 전의식
② 자 아
③ 원초아
④ 초자아

해설

프로이트는 인간의 성격의 3요소를 원초아(Id), 자아(Ego), 초자아(Super Ego)로 보았으며, 원초아는 쾌락의 원리, 자아는 현실의 원리, 초자아는 도덕의 원리에 따른다고 주장하였다.

09 다음은 무엇에 관한 설명인가?

05, 13, 19, 23년 기출

> 물속에서 기억한 내용을 물속에서 회상시킨 경우가 물 밖에서 회상시킨 경우에 비해서 회상이 잘 된다.

① 인출단서효과
② 기분효과
③ 맥락효과
④ 도식효과

해설

기억의 인출과 관련된 '맥락효과' 또는 '부호화 맥락의 효과'는 학습(또는 경험)을 하였던 환경과 같은 환경에서 학습한 내용을 더 잘 회상하는 현상을 말한다. 즉, 학습맥락과 검사맥락이 동일할 때 더 잘 회상할 수 있다는 것이다. 이와 같은 맥락효과는 기억과 연합되는 단서들 중 기억이 형성되는 맥락에서 온 맥락단서들의 재생이 표적기억을 재활성화시킬 수 있음을 강조한다.

10 타인의 행동을 보고 상황이나 외적 요인보다는 사람의 기질이나 내적 요인에 그 원인을 두려고 하는 것은?

16, 22, 23년 기출

① 기본적 귀인오류
② 현실적 왜곡
③ 후광효과
④ 고정관념

해설

근본귀인오류 또는 기본적 귀인오류(Fundamental Attribution Error)

어떤 행위가 발생하였을 때, 외부귀인보다 행위자의 기질이나 성향 등 내부적인 요인에 귀인하는 경향을 의미한다.

11 마리화나가 기억에 미치는 영향을 알아보기 위한 실험에서 선행조건인 마리화나의 양은 어떤 변수에 해당하는가?

23, 24년 기출

① 독립변수
② 종속변수
③ 가외변수
④ 외생변수

해설

독립변수

'원인적 변수' 또는 '가설적 변수'로서 일정하게 전제된 원인을 가져다주는 기능을 하는 변수
(예) 마리화나의 양)

종속변수

'결과적 변수'로서 독립변수의 원인을 받아 일정하게 전제된 결과를 나타내는 기능을 하는 변수
(예) 기억의 양)

12 정신역동적 관점의 학자들과 그 설명이 틀린 것은?

16, 19년 기출

① Freud는 정신결정론과 무의식적 동기를 강조한다.
② Jung은 집단무의식의 중요한 구성요소를 원형이라 가정한다.
③ Adler는 생물학적 측면보다는 사회적 요인이 성격에 미치는 영향을 강조한다.
④ Sullivan은 3가지 성격요소 중 어느 한 요소가 지배적이고 다른 두 요소가 조화를 이룰 때 문제가 발생한다고 가정한다.

해설

• 대인관계이론을 제시한 설리반은 불안은 항상 대인관계에서 비롯된다고 주장한다.
• 사람 간의 장기적 혹은 단기적인 건강하지 못한 관계로부터 불안이 야기된다고 본다.

13 단기기억의 기억용량을 나타내는 것은?

07, 13, 17, 20, 23, 24년 기출

① 3±2개

② 5±2개

③ 7±2개

④ 9±2개

해설

단기기억(Short-Term Memory)

감각기억으로부터 들어온 정보를 능동적으로 처리하는 활동 중 기억으로, 일반적으로 성인의 경우 처리할 수 있는 정보의 수는 대략 5~9개 정도이다. 또한 일시적인 저장소로, 성인의 경우 10~20초간 정보를 저장할 수 있다.

14 기억정보의 인출에 대한 설명으로 옳은 것은?

19, 23년 기출

① 설단현상은 특정 정보가 저장되어 있지 않다는 증거로 볼 수 있다.

② 기억탐색과정은 일반적으로 외부적 자극정보를 부호화하는 과정을 말한다.

③ 회상과 같은 명시적 인출방법과 대조되는 방법으로 재인과 같은 암묵적 방법이 있다.

④ 인출 시의 맥락과 부호화 시의 맥락이 유사할 때 인출가능성이 클 것이라는 주장을 부호화명세성(특수성)원리라고 한다.

해설

부호화명세성원리(Encoding Specificity Principle)

어떠한 기억대상을 장기기억에서 인출하는 경우 그와 관련된 단서가 있을 때보다 쉽게 기억해 내는 원리이다.

15 음식, 물과 같이 하나 이상의 보상과 연합되어 중립 자극 자체가 강화적 속성을 띠게 되는 현상은?

20년 기출

① 소거(Extinction)

② 자발적 회복(Spontaneous Recovery)

③ 자극 일반화(Stimulus Generalization)

④ 일반적 강화인(Generalized Reinforcer)

해설

① 소거 : 일정한 반응 뒤에 강화가 주어지지 않는 경우 해당 반응이 사라지는 현상을 말한다.

② 자발적 회복 : 한번 습득된 행동에 대해 보상이 주어지지 않더라도 동일한 상황에 직면하는 경우 소거된 반응이 다시 나타나는 현상을 의미한다.

③ 자극 일반화 : 특정 조건자극에 대해 조건반응이 성립되었을 때 그와 유사한 조건자극에 대해서도 똑같은 조건반응을 보이는 학습현상을 말한다.

16 다음의 설명에 해당하는 것은?

24년 기출

> • 집합 내에서 측정값 간의 상이한 정도를 나타내는 것
> • 측정값이 평균값에서 어느 정도 떨어져 있는지를 알 수 있도록 해준다.

① 표준편차

② 분 산

③ 범 위

④ 최빈치

해설

표준편차에 관한 설명으로, 표준편차가 클수록 평균값에서 이탈한 것이고 표준편차가 작을수록 평균값에 근접한 것이다.

17 놀이방에서 몇 명의 아동에게 몇 가지 인형을 주어 노는 방법의 변화를 일주일에서 한 시간씩 관찰하는 연구방법은? 19년 기출

① 실험법
② 자연관찰법
③ 실험관찰법
④ 설문조사법

> **해설**
> **실험관찰법**
> • 연구자가 상황이 발생하는 장면을 조작하고 통제하는 관찰법
> • 자연관찰법의 단점(예 예기치 않은 상황 발생 등)을 극복하여 관찰의 정확성을 높일 수 있음

18 기온에 따라 학습 능률이 어떻게 달라지는가를 알아보기 위해 기온을 13℃, 18℃, 23℃인 세 조건으로 만들고 학습능률은 단어의 기억력 점수로 측정하였다. 이때 독립변수는 무엇인가? 15, 20, 23년 기출

① 기억력 점수
② 기 온
③ 학습능률
④ 예 언

> **해설**
> 독립변수는 원인이 되는 변수이고, 종속변수는 결과로 나타나는 변수이다. 기온에 따른 학습능률의 변화를 알아보는 연구에서 독립변수는 '기온'이며, 종속변수는 '학습능률'이다.

19 최빈값에 관한 설명으로 옳지 않은 것은? 17, 20, 22년 기출

① 주어진 자료 중에서 가장 많이 나타나는 측정값이다.
② 최빈값은 대표성을 갖고 있다.
③ 자료 중 가장 극단적인 값의 영향을 받는다.
④ 중심경향성 기술값 중의 하나이다.

> **해설**
> **최빈값(= 최빈치)**
> • 빈도가 가장 높은 점수
> • 질적 자료와 양적 자료 모두에 사용할 수 있음
> • 값이 여러 개일 수 있음

20 성격의 5요인 모델에 속하지 않는 것은?

① 개방성
② 성실성
③ 외향성
④ 창의성

> **해설**
> **골드버그(Goldberg)의 성격 5요인(Big Five) 이론**
> • 신경증(Neuroticism) : 불안, 우울, 분노 등 부정적인 정서를 잘 느끼는 성향
> • 외향성(Extraversion) : 다른 사람과의 교류를 통해 인간관계적 자극을 추구하는 성향
> • 경험에 대한 개방성(Openness to Experience) : 호기심이 많고 새로운 것을 좋아하며, 다양한 경험과 가치에 대해 열린 자세를 가진 개방적인 성향
> • 우호성(Agreeableness) : '수용성' 혹은 '친화성'으로도 불리며, 다른 사람에 대한 우호적 · 수용적 · 협동적인 성향
> • 성실성(Conscientiousness) : 자기조절을 잘하고 책임감이 강한 성취지향적 성향

21 병적 도벽에 관한 설명으로 옳은 것은?

20, 23년 기출

① 개인적으로 쓸모가 없거나 금전적으로 가치가 없는 물건을 훔치려는 충동을 저지하는 데 반복적으로 실패한다.

② 훔친 후에 고조되는 긴장감을 경험한다.

③ 훔치기 전에 기쁨, 충족감, 안도감을 느낀다.

④ 훔치는 행동이 품행장애로 더 잘 설명되는 경우에도 추가적으로 진단한다.

해설

병적 도벽 또는 도벽증(Kleptomania)

• 남의 물건을 훔치고 싶은 충동을 참지 못해 반복적으로 도둑질을 하는 경우이다.

• 물건을 살만한 경제적 능력이 있지만, 개인적으로 쓸모가 없거나 금전적으로 가치 없는 물건을 훔치려 하는 충동을 억누르지 못하고 물건을 훔치는 행위를 반복한다.

• 물건을 훔치기 전에 긴장이 고조되고, 훔치고 나면 만족감을 느낀다.

22 노출장애에 관한 설명과 가장 거리가 먼 것은?

21, 24년 기출

① 성기를 노출시켰다는 상상을 하면서 자위행위를 하기도 한다.

② 청소년기나 성인기 초기에 시작되는 것으로 알려져 있다.

③ 노출 대상은 사춘기 이전의 아동에게 국한된다.

④ 성도착적 초점은 낯선 사람에게 성기를 노출시키는 것이다.

해설

노출장애(Exhibitionistic Disorder)

• 낯선 사람에게 자신의 성기를 노출하거나 혹은 노출하였다는 상상을 하면서 자위행위를 하는 경우이다.

• 노출증적 행동에도 불구하고 낯선 사람과 성행위를 하려고 시도하는 경우는 거의 없다.

• 보통 18세 이전에 발병하며, 40세 이후에는 상태가 완화되는 것으로 보인다.

• DSM-5 진단 기준에서는 "사춘기 이전의 아동에게 성기를 노출시킴으로써 성적 흥분을 일으키는 경우", "신체적으로 성숙한 개인에게 성기를 노출시킴으로써 성적 흥분을 일으키는 경우", 그리고 "사춘기 이전의 아동과 신체적으로 성숙한 개인에게 성기를 노출시킴으로써 성적 흥분을 일으키는 경우" 중 하나를 명시하도록 하고 있다.

23 남성이 사정에 어려움을 겪으며 성적 절정감을 느끼지 못하는 성기능장애는?

11, 18, 22년 기출

① 조루증

② 지루증

③ 발기장애

④ 성교통증장애

해설

② 지루증(Delayed Ejaculation) : 성기능장애(Sexual Dysfunctions) 중 절정감장애(Orgasmic Disorder)에 포함되는 것으로, 특히 남성이 사정에 어려움을 겪으면서 성적 절정감을 느끼지 못하는 장애이다.

① 조루증(Premature Ejaculation) : 지루증과 마찬가지로 절정감장애에 포함되며, 여성이 절정감을 느끼기도 전에 남성이 사정을 하는 경우가 빈번히 나타나는 경우에 해당한다.

③ 남성발기장애(Male Erectile Disorder) : 성기능장애 중 성적 흥분장애(Sexual Arousal Disorder)에 포함되는 것으로, 남성이 발기에 어려움을 경험하며 성행위 시에도 발기 상태가 충분히 유지되지 않는 경우에 해당한다.

④ 성교통증장애(Sexual Pain Disorder) : 성기능장애의 하위 범주에 포함되는 것으로, 성교 시 지속적인 통증으로 인해 성행위에 어려움을 경험하는 경우에 해당한다.

24 다음 증상사례의 정신장애 진단으로 옳은 것은?

20년 기출

> 대구 지하철 참사현장에서 생명의 위협을 경험한 이후 재경험증상, 회피 및 감정마비증상, 과도한 각 성상태를 1개월 이상 보이고 있는 30대 후반의 여성

① 제2형 양극성장애

② 외상후스트레스장애

③ 조현양상장애

④ 해리성정체성장애

해설

② 외상후스트레스장애 : 충격적인 외상사건을 경험하고 난 후 다양한 심리적 부적응 증상이 나타나는 장애이다. 사례에서는 참사라는 충격적 사건 후 회피, 감정마비 등 부적응 증상을 보이므로 이에 해당한다.

① 제2형 양극성장애 : 1형 양극성장애와 유사하나 조증삽화보다 정도가 약한 경조증삽화와 함께 부가증상들이 최소 4일 연속으로 지속되는 경우이다.

③ 조현양상장애 : 정신분열 스펙트럼 및 기타 정신증적 장애의 하위유형에 해당하는 장애이다.

④ 해리성정체성장애 : 해리성정체감장애라고 부르며, 한 사람 안에 서로 다른 정체성과 성격을 가진 여러 사람이 존재하면서 상황에 따라 각기 다른 사람이 의식에 나타나서 말과 행동을 하는 모습을 보이는 장애이다.

25 공황장애를 진단하는 데 필요한 증상으로 가장 부적절한 것은? 〔15, 24년 기출〕

① 토할 것 같은 느낌
② 감각이상증(마비감이나 찌릿찌릿한 감각)
③ 흉부통증
④ 메마른 감정표현

해설
공황장애(Panic Disorder)는 갑자기 엄습하는 강렬한 불안, 즉 공황발작을 반복적으로 경험하는 장애를 말한다. 공황발작(Panic Attack)은 예상하지 못한 상황에서 갑작스럽게 밀려드는 극심한 공포, 곧 죽지 않을까 하는 강렬한 불안이다.
공황발작의 13가지 증상
• 심장박동이 빨라지고 강렬하거나 심장박동수가 점점 더 빨라짐
• 진땀을 흘림
• 몸이나 손발이 떨림
• 숨이 가쁘거나 막히는 느낌
• 질식할 것 같은 느낌
• 가슴의 통증이나 답답함
• 구토감이나 복부통증
• 어지럽고 몽롱하며 기절할 것 같은 느낌
• 한기를 느끼거나 열감을 느낌
• 감각이상증(마비감이나 찌릿찌릿한 감각)
• 비현실감이나 자기 자신과 분리된 듯한 이인감
• 자기통제를 상실하거나 미칠 것 같은 두려움
• 죽을 것 같은 두려움

26 소인–스트레스이론(Diathesis–stress Theory)에 대한 설명으로 가장 적합한 것은? 〔15, 20, 23, 24년 기출〕

① 소인은 생후 발생하는 생물학적 취약성을 의미한다.
② 스트레스가 소인을 변화시킨다.
③ 소인과 스트레스는 서로 억제한다.
④ 소인은 스트레스 상황에서 발현된다.

해설
소인–스트레스이론(Diathesis–stress Theory)
• 질병소인이 있는 사람이 특정한 질병과 관련된 스트레스를 받으면 질병에 쉽게 걸린다고 가정하는 이론이다.
• 특정한 질병에 걸리기 쉬운 선천적 경향(질병소인)이 강한 사람은 특정한 스트레스를 경험할 때 선천적 경향이 약한 사람보다 스트레스에 병적으로 반응하며, 경미한 환경적 스트레스에도 질병이 보다 쉽게 유발될 수 있다.

• 소인–스트레스 이론은 소인이 스트레스 상황에서 발현된다고 본다. 이는 질병이 개인의 생리와 스트레스의 상호작용에 의해 유발된다고 보는 입장으로, 질병을 예측하기 위해 스트레스 생활사건과 개인의 취약성을 동시에 고려할 필요성을 제기한다.

27 다음 중 경계성성격장애의 임상적 특징이 아닌 것은? 〔20년 기출〕

① 반복적인 자해행위과 만성적인 공허감
② 의식적으로 증상을 원하거나 의도적으로 증상을 만들어내지 않는다.
③ 일시적이고 스트레스와 연관된 피해적 사고 혹은 심한 해리 증상
④ 현저한 기분변화로 인해 정서가 불안정하다.

해설
② 전환장애의 특성에 해당한다.
경계성성격장애 특성
• 실제적이거나 가상적인 유기를 피하기 위해 필사적으로 노력한다.
• 대인관계에 있어서 상대방에 대한 이상화와 평가절하의 교차가 극단적이고 반복적으로 나타난다.
• 정체감혼란 : 자기상(Self-Image)이나 자기지각(Sense of Self)이 지속적으로 심각한 불안정성을 보인다.
• 자신에게 손상을 줄 수 있는 충동성을 최소 2가지 이상의 영역에서 나타내 보인다[예 낭비, 성관계, 물질남용, 난폭운전, 폭식(또는 폭음)].
• 부적절하고 심한 분노를 느끼거나 분노를 조절하는 데 어려움을 느낀다.

28 알츠하이머병으로 인한 신경인지장애의 특성에 대한 설명으로 옳은 것은? 〔20년 기출〕

① 초기에는 일반적으로 오래된 과거에 관한 기억장애만을 가지고 있다.
② 인지 기능의 저하는 서서히 나타난다.
③ 기질적 장애 없이 나타나는 정신병적 상태이다.
④ 약물, 인지, 행동적 치료 성공률이 높은 편이다.

해설
① 초기에는 최근 기억부터 사라진다.
③ 기질적 장애로 인해 지적 기능이 저하되는 것이다.
④ 병의 진행을 늦출 수는 있으나 완치 성공률은 매우 낮다.

29 강박장애의 특징을 모두 고른 것은? 21년 기출

> ㄱ. 자신의 행동이 비합리적임을 알지만 강박행동을 멈추지 못한다.
> ㄴ. 외상적 사건을 경험하고 난 후에 불안상태가 지속된다.
> ㄷ. 일부 강박행동은 의례행동(Ritual Behavior)으로 발전한다.
> ㄹ. 다른 사람들과 상호작용하는 사회적 상황을 두려워하여 회피한다.

① ㄱ, ㄷ
② ㄴ, ㄷ
③ ㄴ, ㄹ
④ ㄱ, ㄹ

해설
ㄴ. 외상후스트레스장애와 관련된 특징이다.
ㄹ. 사회불안장애(사회공포증)와 관련된 특징이다.

---

30 지속성우울장애(기분저하증)의 진단 기준에 관한 설명으로 옳지 않은 것은? 22, 23년 기출

① 우울 기간 동안 자존감 저하, 절망감 등의 2가지 증상이 나타난다.
② 순환성장애의 진단 기준을 충족해야 한다.
③ 조증 삽화, 경조증 삽화가 없어야 한다.
④ 청소년에서는 기분이 과민한 상태로 나타나기도 한다.

해설
② · ③ DSM-5 진단 기준에서는 지속성우울장애(Persistent Depressive Disorder) 또는 기분저하증(Dysthymia)의 진단과 관련하여 조증 삽화나 경조증 삽화는 없어야 하며, 순환성장애(Cyclothymic Disorder)의 진단 기준에 부합하지 않아야 한다고 명시하고 있다.
① 지속성우울장애(기분저하증)는 식욕 부진 또는 과식, 불면 또는 수면 과다, 활력(기력) 저하 또는 피로감, 자존감 저하, 집중력 감소 또는 결정의 어려움, 절망감 등 6가지 증상 중 우울 기간 동안 2가지 이상의 증상이 나타난다.
④ 지속성우울장애(기분저하증)는 최소 2년 동안 하루의 대부분 우울한 기분을 가지며, 우울한 기분이 있는 날이 그렇지 않은 날보다 더 많은 경우 진단된다. 다만, 아동 및 청소년의 경우 기분이 과민한 상태로 나타나기도 하며, 그 지속기간은 최소 1년이어야 한다.

---

31 다음에 해당하는 장애는? 17, 20년 기출

> • 경험하는 성별과 자신의 성별 간 심각한 불일치
> • 자신의 성적 특성을 제거하고자 하는 강한 욕구
> • 다른 성별 구성원이 되고자 하는 강한 욕구

① 성도착증
② 동성애
③ 성기능부전
④ 성별불쾌감

해설
성불편증 또는 성별불쾌감
• 자신에게 주어진 생물학적 성에 대한 불편감을 느끼며 다른 성이 되고자 하는 강렬한 열망을 가진 경우
• 이러한 불편감으로 반대의 성에 대한 강한 동일시를 나타내거나 반대의 성이 되기를 소망
• 성정체감장애(Gender Identity Disorder) 또는 성전환증(Transsexualism)이라고 불리기도 함

---

32 치매에 대한 설명으로 옳지 않은 것은? 04, 18, 22년 기출

① 노인성치매는 초발 연령 65세 이상에서 발생할 때를 일컫는 말이다.
② 사회적, 직업적 기능을 방해할 정도로 인지기능이 점차 퇴화된다.
③ 우울장애를 배제하려면 치매증상이 아침에 더욱 심하게 나타나야 한다.
④ 작화증(Confabulation)은 대표적인 증상이다.

해설
치매와 우울장애의 감별진단
• 노인들이 보이는 지남력장애, 주의집중의 어려움, 기억상실 등의 인지적 증상이 치매에 의한 것인지 우울장애에 따른 것인지 판별하기는 어려움
• 각종 평가, 장해의 발병, 우울과 인지증상의 시간적 순서, 병의 경과, 치료반응에 대한 평가, 개인의 병전상태 등으로 판단
• 대체로 병전에 인지기능 쇠퇴가 선행하면 치매로 판단

33 품행장애에 관한 설명으로 옳은 것은?

18년 기출

① 적대적 반항장애는 품행장애로 발전하지 않는다.
② 품행장애의 유병률은 남녀의 차이가 없다.
③ 품행장애의 발병에는 환경적 요인보다 유전적 요인이 크다.
④ 품행장애가 이른 나이에 발병할수록 예후가 좋지 않다.

해설

품행장애(Conduct Disorder)
아동 및 청소년기의 장애로서 다른 사람의 기본 권리나 나이에 적합한 사회규준 및 규율을 위반하는 행동양상이 반복적이고 지속적으로 나타나는 장애이다. 아동기의 품행장애나 주의력결핍 및 과잉행동장애(ADHD)는 성인기에 이르러 반사회성성격장애로 진행될 가능성이 높다.

34 이상행동의 분류와 평가에 관한 설명으로 옳지 않은 것은?

21, 22년 기출

① 범주적 분류는 이상행동이 정상행동과는 질적으로 구분되며 흔히 독특한 원인에 의한 것이기 때문에 정상행동과는 명료한 차이점을 지니고 있다는 가정에 근거한다.
② 차원적 분류는 정상행동과 이상행동의 구분이 부적응성 정도의 문제일 뿐 질적인 차이는 없다는 가정에 근거한다.
③ 타당도는 한 분류체계를 적용하여 환자들의 증상이나 장애를 평가하였을 때 동일한 결과가 도출되는 정도를 의미한다.
④ 같은 장애로 진단된 사람들에게서 동일한 원인적 요인들이 발전되는 정도는 원인론적 타당도이다.

해설

한 분류체계를 적용하여 환자의 증상이나 장애를 평가하였을 때 각각 동일한 결과가 도출되는 정도는 '신뢰도'에 해당된다. 타당도란, 측정하고자 하는 개념이나 속성을 얼마나 실제에 가깝게 측정하고 있는가를 말한다.

35 섭식장애에 관한 설명으로 옳지 않은 것은?

14, 18, 22년 기출

① 신체기능의 저하를 가져와 죽음에까지 이를 수 있다.
② 마른 외형을 선호하는 사회문화적 분위기와 관련된다.
③ 대개 20대 중반에 처음 발병된다.
④ 외모가 중시되는 직업군에서 발병률이 높다.

해설

신경성식욕부진증은 여성 청소년에게서 흔히 나타나며, 이들은 실제 날씬함에도 불구하고 자신이 뚱뚱하다고 왜곡되게 생각하는 경향이 강하다.

36 특정 학습장애에 관한 설명으로 옳은 것은?

16, 24년 기출

① 특정 학습장애의 심각한 정도는 구분하지 않는다.
② 읽기 손상 동반의 경우 읽은 내용에 대한 기억력이 포함된다.
③ 쓰기 손상 동반의 경우 작문의 명료도와 구조화가 포함된다.
④ 수학 손상 동반의 경우 수학적 추론의 정확도는 포함되지 않는다.

해설

③ 쓰기 손상 동반의 경우 철자 정확도, 문법과 구두점 정확도, 작문의 명료도와 구조화 등이 포함된다.
① 특정 학습장애의 심각도는 경도, 중등도, 고도로 나눌 수 있다.
② 읽기 손상 동반의 경우 단어 읽기 정확도, 읽기 속도 또는 유창성, 독해력 등이 포함된다.
④ 수학 손상 동반의 경우 수 감각, 단순 연산값의 암기, 계산의 정확도 또는 유창성, 수학적 추론의 정확도 등이 포함된다.

37 지적 장애에 관한 설명으로 옳지 않은 것은?

20, 23년 기출

① 심각한 두부외상으로 인해 이전에 습득한 인지
   적 기술을 소실한 경우에는 지적 장애와 신경인
   지 장애로 진단할 수 있다.
② 지적 장애는 개념적, 사회적, 실행적 영역에 대
   한 평가로 진단된다.
③ 경도의 지적 장애는 여성보다 남성에게 더 많다.
④ 지적 장애 개인의 지능지수는 오차 범위를 포함
   해서 대략 평균에서 1표준편차 이하로 평가된다.

해설

지적 장애 개인의 지능지수는 오차 범위를 포함해서 대략 평
균에서 2표준편차 이하로 평가한다.

---

38 알코올사용장애에 관한 설명으로 틀린 것은?

21년 기출

① 금단 증상은 과도하게 장기간 음주하던 것을 줄
   이거나 양을 줄인지 4~12시간 정도 후 나타나
   는 것이 특징이다.
② 장기간의 알코올 사용에 따르는 비타민 B의 결
   핍은 극심한 혼란, 작화반응 등을 특징으로 하
   는 헌팅턴병을 유발할 수 있다.
③ 알코올은 중추신경계에서 다양한 뉴런과 결합하
   여 개인을 진정시키는 효과를 가져온다.
④ 아시아인들은 알코올을 분해하는 탈수소효소가
   부족하여 알코올 섭취시 부정적인 반응이 쉽게
   나타난다.

해설

② 헌팅턴병(Huntington's Disease)이 아닌 코르사코프 증후
   군(Korsakoff's Syndrome)에 대한 설명이다.
헌팅턴병(Huntington's Disease)
• 헌팅턴무도병(Huntington's Chorea)이라고도 알려졌다.
• 유전자 돌연변이에 의해 나타나는 유전병 중 하나이다.
• 중년 이후에 신경계가 퇴화되기 때문에 자신의 몸을 통제
  하지 못하게 되고, 얼굴, 손, 발, 혀 등의 근육이 제멋대로
  움직이게 된다.
• 이러한 모습이 춤추는 듯 보인다고 하여 무도병이라는 이
  름이 붙었다.
• 기억력과 판단력이 흐려지는 등 치매 증상도 나타난다.

---

39 사건수면(Parasomnia)에 해당되는 것은?

18, 24년 기출

① 하지불안 증후군
② 기면증
③ 호흡 관련 수면장애
④ 일주기 리듬 수면-각성장애

해설

DSM-5에 의한 사건수면(Parasomnia)의 하위유형
• 비REM수면 각성장애(Non-Rapid Eye Movement Sleep
  Arousal Disorders)
• 악몽장애(Nightmare Disorder)
• REM수면 행동장애(Rapid Eye Movement Sleep Behavior
  Disorder)
• 하지불안 증후군(Restless Legs Syndrome)

---

40 섬망(Delirium) 증상의 특징이 아닌 것은?

20년 기출

① 주의를 기울이고 집중, 유지, 전환하는 능력의
   감소
② 환경 또는 자신에 대한 지남력의 저하
③ 증상은 오랜 기간에 걸쳐서 발생
④ 오해, 착각 또는 환각을 포함하는 지각장애

해설

③ 섬망은 단기간에 걸쳐 발생하며, 하루 중에도 심각도가 변
   하는 경향이 있다.
섬망의 DSM-5 진단 기준
• 주의 장애와 의식의 장애를 주된 특징으로 한다.
  − 주의 장애 : 주의를 기울이고, 집중, 유지 및 전환하는 능
    력 감소
  − 의식 장애 : 환경에 대한 지남력 감소
• 장애는 단기간(몇 시간 또는 며칠)에 걸쳐 발생하고, 기저
  상태의 주의와 의식으로부터 변화를 보이며, 하루 중 심각
  도가 변하는 경향이 있다.
• 부가적 인지장애 : 기억 결손, 지남력 장애, 언어, 시공간
  능력 또는 지각
• 진단 기준 주의장애, 의식장애, 부가적 인지장애는 다른 신
  경인지장애로 더 잘 설명되지 않고, 혼수와 같은 각성수준
  이 심하게 저하된 상황에서 일어나지 않는다.
• 물질 중독 섬망, 물질 금단 섬망, 약물치료로 유발된 섬망,
  다른 의학적 상태로 인한 섬망을 구별하여 명시한다.

---

41 심리검사의 윤리적 문제에 대한 설명으로 옳지 않은 것은?
18, 20, 22, 23년 기출

① 검사자들은 검사제작의 기술적 측면에만 관심을 가질 필요가 있다.

② 제대로 자격을 갖춘 검사자만이 검사를 사용해야 한다는 조건은 부당한 검사사용으로부터 피검자를 보호하기 위한 조치이다.

③ 검사자는 규준, 신뢰도, 타당도 등에 관한 기술적 가치를 평가할 수 있어야 한다.

④ 심리학자에게 면허와 자격에 관한 법을 시행하는 것은 직업적 윤리 기준을 세우기 위함이다.

해설

심리검사의 윤리적 고려사항

- 전문적 측면(전문가로서의 자질) : 검사자는 고도의 책임 있는 기능을 수행하기 위해 인간행동을 이해하는 데 필요한 전문적인 교육을 받아야 하며, 전문적인 기술을 가지고 심리학적 평가기법을 다룰 수 있어야 한다.
- 도덕적 측면(수검자에 대한 의무와 권리) : 검사자는 인간의 권리를 보호해야 할 의무가 있다. 심리검사와 관련된 수검자의 권리 중에는 검사를 받지 않을 권리, 검사점수 및 해석을 알 권리, 검사자료에 접근할 수 있는 사람이 누구인지 알 권리, 검사결과의 비밀을 보장받을 권리 등이 있다.
- 윤리적 측면(검사자의 책임) : 검사자는 수검자에게 검사가 어떻게 사용되는가를 말해 주고 비밀보장의 한계를 설명해 주어야 하며, 자신을 고용한 기관에 대해서는 가능한 한 최소한의 정보를 제공하는 것이 바람직하다.
- 사회적 측면 : 검사자는 심리검사가 주는 이익과 개인의 권리 및 자유를 위협하는 위험을 알고 있어야 하며, 이익이 위험을 훨씬 능가하고 위험이 최소화된 경우에만 검사사용이 사회적으로 용인되어야 한다.

42 심리검사에서 원점수에 대한 설명으로 틀린 것은?
20년 기출

① 원점수 그 자체로는 객관적인 정보를 주지 못한다.

② 원점수는 기준점이 없기 때문에 특정 점수의 의미를 파악하기 어렵다.

③ 원점수는 척도의 종류로 볼 때 등간척도에 불과할 뿐 사실상 서열척도가 아니다.

④ 원점수는 서로 다른 검사의 결과를 동등하게 비교할 수 없다.

해설

원점수는 척도의 종류로 볼 때 서열척도에 불과할 뿐 사실상 등간척도가 아니다. 예를 들어, 능력검사의 원점수에서 50점과 40점의 차이에 해당하는 능력의 차이는 60점과 50점의 차이에 해당하는 능력의 차이와 동일하지 않다.

43 K-WAIS-IV에서 개념형성능력을 측정하는 소검사는?
16, 22년 기출

① 차례맞추기

② 공통성문제

③ 이해문제

④ 빠진 곳 찾기

해설

이 문제는 논란의 여지가 있다. 그 이유는 지문 ③번의 '이해문제'도 교재에 따라 "언어적 추론과 개념화"를 측정한다고 제시되어 있기 때문이다('황순택 外, 『K-WAIS-Ⅳ, 기술 및 해석 요강』, 한국심리주식회사 刊', '김재환 外, 『임상심리검사의 이해(제2판)』, 학지사 刊' 참조). 다만, 개념형성능력, 특히 언어적 개념형성능력이 공통성 소검사와 어휘 소검사의 주된 측정요소인 데다가, 이해 소검사는 핵심 소검사가 아닌 보충 소검사로 분류된다는 점을 고려할 필요는 있다.

공통성(Similarity ; SI)

- 제시된 두 단어의 공통점에 대해 말하도록 하는 과제로 구성된다.
- 언어적 개념형성 또는 추론의 과정을 측정하기 위해 고안된 검사이다.
- 언어적 이해력, 언어적 개념화, 논리적·추상적 사고, 연합적 사고, 본질과 비본질을 구분하는 능력, 폭넓은 독서경험 등과 연관된다.
- 수검자의 응답내용은 구체적 개념형성(예 코트와 정장은 천으로 만들어졌다), 기능적 개념형성(예 북쪽과 서쪽은 당신이 가고 있는 곳을 말해 준다), 추상적 개념형성(예 탁자와 의자는 가구다)의 양상으로 나타난다.
- 언어적 이해력을 평가하는 소검사들 가운데 정규교육이나 특정 학습, 교육적 배경 등의 영향을 가장 적게 받는다.

제2회 기출복원문제

44 신경심리검사의 실시에 대한 설명으로 옳은 것은? 21년 기출

① 두부 외상이나 뇌졸중 환자의 경우에는 급성기에 바로 검사를 실시하는 것이 바람직하다.
② 어려운 검사는 피로가 적은 상태에서 실시하고 어려운 검사와 쉬운 검사를 교대로 실시하는 것이 좋다.
③ 운동 기능을 측정하는 검사는 과제제시와 검사 사이에 간섭과제를 사용한다.
④ 진행성 뇌질환의 경우 6개월 정도가 지난 후에 정신상태와 인지기능을 평가하는 것이 바람직하다.

해설

① 두부 외상이나 뇌졸중과 같이 갑작스럽게 발병한 경우, 발병 초기에는 상태가 급변하고 불안정하며 신체기능 저하, 피로감, 우울감 등이 검사 수행에 영향을 미치게 된다. 따라서 간편형 검사로 현재의 인지기능 상태를 대략적으로 확인하며, 발병한 지 3~6개월 후 수검자가 어느 정도 회복기에 이르렀을 때 신경심리검사를 실시하도록 한다.
③ 간섭과제는 주로 수검자의 주의력 기능을 측정하는 검사에서 사용한다.
④ 알츠하이머형 치매와 같은 퇴행성 뇌질환이나 뇌종양 등 진행성 뇌질환의 경우 초기 단계에서 신경심리검사를 실시하여야 진단에 유용한 정보를 제공받을 수 있다.

45 MBTI에 관한 설명으로 옳지 않은 것은?

① 네 가지 차원을 기본 축으로 구성하였다.
② E/I 축은 에너지를 얻는 근원에 관한 설명이다.
③ S/N 축은 정보를 수집하는 방법에 관한 설명이다.
④ T/F 축은 영감과 내적인 인식에 관한 설명이다.

해설

T(사고)/F(감정) 축은 의사결정 과정에서 사고 및 감정 중 주로 어떤 종류의 판단을 더욱 신뢰하는지에 관한 설명이다.

MBTI의 선호지표에 따른 성격유형

에너지 방향 외향(E) / 내향(I)	• 인식과 판단이 외부세계 및 내부세계 중 주로 어느 곳에 초점을 두는지 확인한다. • E : 폭넓은 활동력, 적극성, 정열, 말로 표현, 경험 우선 등 • I : 깊이와 집중력, 신중함, 조용함, 글로 표현, 이해 우선 등
인식기능 감각(S) / 직관(N)	• 인식과정에서 감각 및 직관 중 주로 어떤 방식을 선호하는지 확인한다. • S : 실용적 현실감각, 실제 경험 강조, 정확한 일처리, 나무를 보려는 경향 등 • N : 미래 가능성 포착, 아이디어, 신속한 일처리, 숲을 보려는 경향 등
판단기능 사고(T) / 감정(F)	• 의사결정 과정에서 사고 및 감정 중 주로 어떤 종류의 판단을 더욱 신뢰하는지 확인한다. • T : 논리와 분석력, 원리와 원칙, 옳고 그름, 지적 비평 등 • F : 온화함과 인정, 의미와 영향, 좋고 나쁨, 우호적 협력 등
생활양식 판단(J) / 인식(P)	• 외부세계에 대한 대처방식에 있어서 주로 판단적 태도를 취하는지 인식적 태도를 취하는지 확인한다. • J : 조직력과 계획성, 통제성, 명확한 목적의식, 확고한 자기의사 등 • P : 적응성과 융통성, 수용성, 개방성, 재량에 의한 포용성 등

46 특정 학업과정이나 직업에 대한 앞으로의 수행 능력이나 적응을 예측하는 검사는? 17, 22년 기출

① 적성검사
② 지능검사
③ 성격검사
④ 능력검사

해설

① 적성검사는 개인의 특수한 능력 또는 잠재력을 발견하도록 하여 학업이나 취업 등의 진로를 결정하는 데 정보를 제공하며, 이를 통한 미래의 성공 가능성을 예측하기 위한 검사이다.
② 지능검사는 개인의 지적인 능력 수준을 평가하고, 인지기능의 특성을 파악하기 위한 검사이다.
③ 성격검사는 개인의 선천적 요소와 후천적 요소의 상호작용에 의해 나타나는 일관된 특징으로서의 성격(Personality)을 측정 대상으로 하는 정서적 검사이다.
④ 능력검사는 인지능력, 언어능력, 학습능력, 직무능력, 운동능력, 상황판단능력 등 인간의 다양한 기능 및 능력을 소재로 한 검사를 포괄적으로 지칭하는 개념이다.

47 PAI의 임상척도가 아닌 것은?

① 우울 척도(DEP)

② 자살관념 척도(SUI)

③ 약물문제 척도(DRG)

④ 신체적 호소 척도(SOM)

해설

성격평가질문지(PAI)

· 1991년 모레이(Morey)가 성격과 정신병리를 평가하기 위해 개발한 객관적 검사이다.

· 344문항, 4가지 타당도 척도, 11가지 임상척도, 5가지 치료척도(치료고려척도), 2가지 대인관계척도로 구성된다.

타당도 척도	비일관성(ICN)	일관성 있는 반응태도를 알아보기 위함
	저빈도(INF)	부주의하거나 무선적인 반응태도를 확인하기 위함
	부정적 인상(NIM)	지나치게 나쁜 인상이나 꾀병을 부리는 태도
	긍정적 인상(PIM)	지나치게 좋게 보이려 하거나 사소한 결점도 부인하는 태도
임상척도	신경증적 척도	신체적 호소(SOM), 불안(ANX), 불안관련 장애(ARD), 우울(DEP)
	정신병적 척도	조증(MAN), 망상(PAR), 정신분열병(SCZ)
	행동문제 척도	경계선적 특징(BOR), 반사회적 특징(ANT), 알코올문제(ALC), 약물문제(DRG)
치료척도 (치료고려척도)	공격성(AGG), 자살관념(SUI), 스트레스(STR), 비지지(NON), 치료거부(RXR)	
대인관계 척도	지배성(DOM), 온정성(WRM)	

48 MMPI-2의 임상척도 중 척도 9의 특징에 관한 설명으로 옳은 것은?

① 정신적 혼란과 불안정 상태, 자폐적 사고와 왜곡된 행동을 반영하는 지표로 활용된다.

② 여성의 경우 불안과 걱정이 많고 긴장되어 있다.

③ 측정결과가 80T를 넘지 않는 경우, 조증삽화의 가능성이 있다.

④ 비현실성으로 인해 근거 없는 낙관성을 보이기도 한다.

해설

① 척도 8에 대한 설명이다.

② 척도 7에 대한 설명이다.

③ 측정결과가 80T를 넘어서는 경우, 조증삽화의 가능성이 있다.

49 노년기 인지발달의 특징에 관한 설명으로 옳지 않은 것은?   14, 20, 23, 24년 기출

① 일화기억보다 의미기억이 더 많이 쇠퇴한다.

② 노년기 인지기능의 저하는 처리속도의 감소와 관련이 있다.

③ 연령에 따른 지능의 변화 양상은 지능의 하위 능력에 따라 다르다.

④ 노인들은 인지기능의 쇠퇴에 직면하여 목표범위를 좁혀나가는 등의 최적화 책략을 사용한다.

해설

노년기 인지적 변화

· 다양한 측면에서 지적 능력이 쇠퇴하며, 단기기억이 장기기억보다 더욱 심하게 쇠퇴한다. 의미기억보다는 일화기억이 더 많이 쇠퇴한다.

· 연령이 증가함에 따라 정보처리속도가 감소하며, 감각기관을 통해 입수되는 정보를 운동반응으로 전환하는 능력 등이 떨어진다.

· 인지적 능력이 감소하는 경향이 있으나 추론능력 등 경험의 축적을 통해 습득된 능력은 비교적 유지된다.

· 자기중심적이고 원시적인 방법으로 문제를 해결하려는 경향을 나타내 보인다.

50 MMPI-2에서 T-점수의 평균과 표준편차는?   15, 20, 23년 기출

① 평균 - 100, 표준편차 - 15

② 평균 - 50, 표준편차 - 15

③ 평균 - 100, 표준편차 - 10

④ 평균 - 50, 표준편차 - 10

해설

MMPI-2의 T점수

· T점수는 미국 전역에서 얻어진 2,600명(한국의 경우 1,352명)의 대규모 표집의 반응을 기초로 하고 있으며, 평균이 50, 표준편차는 10이다.

· T점수는 표준점수이므로, 개인 간 비교와 함께 다양한 척도에 대한 개인 내 비교가 가능하다.

51 Stanford–Binet 지능검사에 대한 설명으로 옳지 않은 것은? 12, 19, 20, 23년 기출

① 언어성 검사와 동작성 검사 두 부분으로 나누어져 있다.
② 언어추리, 추상적/시각적 추리, 양 추리, 단기기억 영역 등을 포함한다.
③ IQ는 대부분의 점수가 100 근처에 모인다.
④ IQ 분포는 종 모양의 정상분포곡선을 그린다.

해설

언어성 검사와 동작성 검사로 구성되어 있는 대표적인 지능검사는 웩슬러(Wechsler) 지능검사이다. 참고로 1986년에 발행된 스탠포드–비네 지능검사(Stanford–Binet Intelligence Scale) 개정 4판의 경우 4가지의 인지영역, 즉 언어추리(Verbal Reasoning), 수량추리(Quantitative Reasoning), 추상적/시각적 추리(Abstract/Visual Reasoning), 단기기억(Short–Term Memory)을 포함하는 15개의 소검사들로 이루어져 있다.

52 검사–재검사 신뢰도에 관한 설명으로 옳지 않은 것은? 20, 23년 기출

① 검사 사이의 시간 간격이 너무 길면 측정대상의 속성이나 특성이 변할 가능성이 있다.
② 반응민감성에 의해 검사를 치르는 경험이 개인의 진점수를 변화시킬 가능성이 있다.
③ 감각식별검사나 운동검사에 권장되는 방법이다.
④ 검사 사이의 시간 간격이 짧으면 이월효과가 작아진다.

해설

검사–재검사 신뢰도
• 한 개의 평가도구 혹은 검사를 같은 집단에 두 번 실시해서 그 전후의 결과에서 얻은 점수를 기초로 해서 상관계수를 산출하는 방법이다.
• 검사와 재검사 사이의 시간 간격이 길어질수록 신뢰도 계수는 작아진다.
• 연습효과 · 기억효과로 인해 후의 시험결과가 높게 나타날 수 있다.
• 검사 사이의 시간 간격이 너무 길면 측정대상의 속성이나 특성이 변할 가능성이 있다.
• 감각식별검사나 운동검사에 권장되는 방법이다.
• 반응민감성에 의해 검사를 치르는 경험이 개인의 진점수를 변화시킬 가능성이 있다.
• 두 검사 사이의 시간 간격이 너무 짧으면 첫 번째 검사 때 응답하였던 것을 기억해서 그대로 쓰는 이월효과가 있다.

53 연령이 69세인 노인환자의 신경심리학적 평가에 적합하지 않은 검사는? 20년 기출

① SNSB
② K–VMI–6
③ Rorschach 검사
④ K–WAIS–IV

해설

로샤검사는 성격을 평가하기 위한 투사검사로 신경심리평가로 볼 수 없다.

54 Wechsler검사에서 시각–공간적 기능손상이 있는 뇌 손상 환자에게 특히 어려운 과제는? 20년 기출

① 산 수
② 빠진곳찾기
③ 차례맞추기
④ 토막짜기

해설

④ 토막짜기 : 대뇌 손상에 취약하며, 병전지능 추정에 사용된다.
① 산수 : 충동적이고 성급한 수검자, 집중력이 부족한 수검자, 산수공포증이 있는 경우 산수 과제에서 좋은 점수를 받기 어렵다.
② 빠진곳찾기 : 시각적 기민성, 시각적 · 지각적 조직화, 본질과 비본질을 구분하는 능력, 시각적 기억, 자동적 · 표상적 수준에서의 조직화, 시간적 압박하에서의 작업능력, 유동성지능 등과 연관된다.
③ 차례맞추기 : 사회적 지능 및 사회적 이해력, 전체 상황에 대한 이해능력, 추리력, 계획능력, 시간적 연속성, 지각적 조직화, 시간적 압박하에서의 작업능력, 유동성지능 등과 연관된다.

55 발달검사를 사용할 때 고려해야 할 사항으로 가장 거리가 먼 것은? 06, 12, 13, 20, 22, 23년 기출

① 대상자의 연령에 적합한 검사를 선정해야 한다.
② 경험적으로 타당한 측정도구를 사용해야 한다.
③ 규준에 의한 발달적 비교가 가능해야 한다.
④ 기능적 분석을 중심으로 평가해야 한다.

해설
④ 다중적 평가기법을 적용하는 것이 바람직하다.
발달검사를 통한 아동평가
• 아동은 특별한 집단이므로 성인을 대상으로 한 일반적인 평가 방식을 그대로 적용하는 것은 바람직하지 않다.
• 규준에 의한 발달적 비교가 가능해야 한다.
• 아동평가를 통해 인지, 행동, 정서상태 등 여러 측면에서의 변화 목표를 가질 수 있다.
• 변화를 필요로 하는 목표행동의 범위가 넓은 경우 다중적인 평가기법을 적용하는 것이 바람직하다.
• 측정도구들은 경험적으로 타당성을 검증받은 것이어야 하며, 아동의 발달적 변화에 대해서도 민감한 것이어야 한다.

56 신경심리평가의 용도로 사용되지 않는 검사는? 20, 24년 기출

① 스트룹(Stroop)검사
② 레이 도형(Rey-Complex Figure)검사
③ 밀론 다축 임상(Millon Clinical Multiaxial)검사
④ 위스콘신 카드분류(Wisconsin Card Sorting)검사

해설
③ 밀론 다축 임상검사 또는 밀론의 임상적 다축검사(MCMI)는 성격평가를 위한 검사도구이다.
① 스트룹(Stroop)검사 : 선택적 주의력을 평가하는 검사이다.
② 레이 도형(Rey-Complex Figure)검사 : 전두엽 실행기능을 평가하는 검사이다.
④ 위스콘신 카드분류(Wisconsin Card Sorting)검사 : 전두엽 실행기능을 평가하는 검사이다.

57 표집 시 남녀 비율을 정해놓고 표집해야 하는 경우에 가장 적합한 방법은? 17, 21, 22년 기출

① 군집표집(Cluster Sampling)
② 유층표집(Stratified Sampling)
③ 체계적 표집(Systematic Sampling)
④ 구체적 표집(Specific Sampling)

해설
유층표집
층화표집이라고도 하며, 모집단의 어떤 특성에 대한 사전지식을 토대로 해당 모집단을 동질적인 몇 개의 층(Strata)으로 나눈 후 이들 각각으로부터 적정한 수의 요소를 무작위로 추출하는 방법이다.

58 Sacks의 문장완성검사(SSCT)에서 4가지 영역에 속하지 않는 것은? 20, 22년 기출

① 가족 영역
② 성취욕구 영역
③ 대인관계 영역
④ 자기개념 영역

해설
SSCT의 4가지 주요 반응영역
• 가족 : 어머니, 아버지, 가족에 대한 태도 측정
• 성 : 남성, 여성, 결혼, 성적 관계 등 이성관계에 대한 태도 측정
• 대인관계 : 가족 외의 사람, 즉 친구와 지인, 권위자 등에 대한 태도 측정
• 자아개념 : 자신의 능력, 목표, 과거와 미래, 두려움과 죄책감 등에 대한 태도 측정

59 K-WAIS-Ⅳ에서 일반능력지수(GAI)와 개념적으로 관련이 있는 지수는?

① 언어이해지수와 지각추론지수
② 언어이해지수와 작업기억지수
③ 작업기억지수와 처리속도지수
④ 지각추론지수와 처리속도지수

해설

① 일반능력지수는 언어이해지수와 지각추론지수의 조합점수이다.

일반능력지수(GAI)

• 언어이해의 주요 소검사(공통성, 어휘, 상식)와 지각추론의 주요 소검사(토막짜기, 행렬추론, 퍼즐)로 구성된 조합점수이다.
• 전체지능지수에 비해 작업기억 및 처리속도의 영향을 덜 받으므로, 전체지능지수에 포함된 이들 요소들을 배제한 인지적 능력을 검토할 필요가 있는 경우 사용한다.

60 집-나무-사람(HTP) 검사에 관한 설명으로 맞는 것은? 21, 24년 기출

① 집, 나무, 사람의 순서대로 그리도록 한다.
② 각 그림마다 시간제한을 두어야 한다.
③ 문맹자에게는 실시할 수 없다.
④ 머레이(H. Murray)가 개발하였다.

해설

② 그림을 그리는 시간 자체도 검사의 해석요소에 들어가기 때문에 제한하지 않는다.
③ 수검자가 그림을 그리는 방식으로 진행되기 때문에 글을 모르는 수검자에게도 실시할 수 있다.
④ 머레이(H. Murray)가 아닌 벅(Buck)이 고안한 투사적 검사이다.

61 심리치료 이론 중 전이와 역전이의 중요성을 강조하고 치료에 활용하는 접근은? 21, 23년 기출

① 인본주의적 접근
② 게슈탈트적 접근
③ 정신분석적 접근
④ 행동주의적 접근

해설

역전이의 활용

프로이트(Freud) 사후 역전이는 효과적인 상담을 위한 분석대상이자 기술로 간주되기에 이르렀다. 역전이는 상담자와 내담자의 무의식을 연결함으로써 내담자의 심리적 갈등을 이해하는 데 중요한 열쇠이자 치료도구가 될 수도 있다는 것이다. 이처럼 최근에는 상담자와 내담자의 관계에서 나타나는 현상들을 치료에 응용하고자 하는 시도들이 펼쳐지면서, 상담자를 단순히 내담자의 심리를 반영하는 거울로 간주하는 데 대해 이의를 제기하고 있다.

62 치료장면에서의 효과적인 경청과 가장 거리가 먼 것은? 10, 13, 17, 22년 기출

① 내담자가 문제점을 피력할 때 가로막지 않는다.
② 내담자가 자신의 문제를 심각하게 얘기하지만, 치료자가 보기에는 그렇지 않을 때에는 중단시킨다.
③ 치료자는 내담자에게 주의를 많이 기울인다.
④ 치료자는 반응을 보이기에 앞서 내담자가 스스로 말할 시간을 충분히 주려고 한다.

해설

경청

• 상대방의 감정과 생각을 이해하기 위해 그의 말을 주의 깊게 듣는 것이다.
• 상담장면에서는 상담자가 관심의 초점을 내담자에게 두며, 내담자의 말에 주의를 기울이는 것이다.
• 내담자의 입장을 고려하는 공감적 이해, 자신의 고정관념에서 벗어나 내담자의 태도를 받아들이는 수용의 정신, 자신의 감정을 솔직하게 전달하는 성실한 태도가 필수적이다.
• 적극적 경청을 위한 지침
  - 내담자가 말하는 것에 수용의 태도를 취하라.
  - 내담자의 음조를 경청하라.
  - 내담자의 감정에 대한 단서를 경청하라.
  - 비언어적 내용과 방식을 경청하라.
  - 내담자가 자연스럽게 얘기하도록 적절한 침묵 및 정지를 유지하라.
  - 내담자의 얘기 중에 가능하면 끼어들지 말라.

63 임상심리사의 역할 중 교육에 관한 설명으로 옳은 것을 모두 고른 것은?

20년 기출

> ㄱ. 심리학자가 아동들이 부모의 이혼에 대처하도록 도와주는 방법에 관한 강의를 해주는 것은 비학구적인 장면에서의 교육에 해당된다.
> ㄴ. 의과대학과 병원에서의 교육은 비학구적인 장면에서의 교육에 포함된다.
> ㄷ. 임상심리학자들은 심리학과뿐만 아니라 경영학, 법학, 의학과에서도 강의한다.
> ㄹ. 의료적, 정신과적 문제를 대처하도록 환자를 가르치는 것도 임상적 교육에 포함된다.

① ㄱ, ㄴ, ㄷ
② ㄱ, ㄴ, ㄹ
③ ㄱ, ㄷ, ㄹ
④ ㄴ, ㄷ, ㄹ

해설

ㄴ. 의과대학과 병원에서의 교육은 학구적인 장면에서의 교육에 포함된다.

학구적인 장면에서의 교육	• 대학이나 대학교의 심리학과에서 심리학과 관련된 과목을 강의 • 의과대학과 병원 등에서의 강의 • 대학교의 다른 학과(교육학, 여성학, 경영학, 사회복지학, 아동복지학 등)에서의 강의
비학구적인 장면에서의 교육	• 정신건강센터, 재활기관, 진료소 등에서의 강의 • 학회나 학교에 의해 운영되는 워크숍에서의 강의 • 내담자나 그 가족을 위한 심리 교육

64 다음 ( )에 알맞은 것은?

20년 기출

> Seligman의 학습된 무기력과 관련하여 사람들이 부정적 사건들을 ( ), ( ), ( )으로 볼 때 우울하게 되는 경향이 있다고 예언한다.

① 내부적, 안정적, 일반적
② 내부적, 불안정적, 특수적
③ 외부적, 안정적, 일반적
④ 외부적, 불안정적, 특수적

해설

학습된 무기력감 모델 또는 학습된 무기력이론(Learned Helplessness Theory)

1975년 셀리그먼(Seligman)이 제기한 것으로서, 개인의 수동적 태도 및 자신의 삶을 통제할 수 없다는 느낌이 이전의 통제실패경험이나 외상을 통해 획득된다는 가정에 근거한다. 가정은 개를 대상으로 한 조건형성 실험 과정에서 발견되었는데, 개를 묶어 놓은 채 여러 차례 반복적으로 전기충격을 주자, 이후 자유롭게 풀어놓은 상태임에도 불구하고 개가 마치 자포자기를 한 듯 도망가려고 하지 않은 채 그대로 전기충격을 받는 것이었다. 이 실험을 통해 셀리그먼은 동물들이 스스로 통제할 수 없는 혐오자극에 직면할 때 무기력감을 획득한다고 주장하였다. 또한 무기력감이 학습을 통해 통제 가능한 스트레스 상황에서도 적절한 수행을 어렵게 하며, 우울 증상으로 이어질 수 있음을 보여주었다. 특히 개에게서 우울증과 관련된 신경전달물질인 노르에피네프린(Norepinephrine)이 감소된 사실은 학습된 무기력과 우울증이 밀접하게 연관되어 있음을 반영한다.

65 건강심리학 분야의 주된 관심 영역과 가장 거리가 먼 것은? 16, 18, 19, 24년 기출

① 흡 연
② 비 만
③ 우울증
④ 알코올 남용

해설

건강심리학(Health Psychology)
- 최근에 등장하여 급속도로 성장하고 있는 심리학 영역
- 건강의 유지 및 증진, 질병의 예방 및 치료를 목적으로 심리학적인 이론과 방법을 동원하는 학문
- 현대인들의 주된 질병 및 사망의 원인을 심리사회적 관점에서 보는 것으로, 건강에 대한 관심이 증폭되면서 현저하게 발전하고 있음
- 전통적인 임상심리학이 불안장애나 우울장애 등 정신적인 병리에 초점을 둔 반면, 건강심리학은 정신적 병리와 함께 암이나 심혈관질환 등 신체적 병리에도 관심을 가짐
- 신체적 질병이 특히 생활습관이나 스트레스에 대한 대처방식과 밀접한 연관을 가진다는 점을 강조
- 연구와 임상실제를 통해 신체적, 심리적, 정신적 건강의 증진 및 유지를 목표로 함
- 금연, 체중조절, 스트레스 관리 등을 위한 다양한 프로그램을 연구, 개발, 실행하고 있음

건강심리학 영역
- 스트레스에 대한 관리 및 대처
- 만성질환을 포함한 신체질병(심혈관계 질환, 면역계 질환, 암, 당뇨, 소화기 질환 등)
- 물질 및 행위중독(알코올 중독, 흡연중독, 도박중독, 인터넷 중독 등)
- 섭식문제(비만, 다이어트, 폭식, 섭식장애 등)
- 건강관리 및 증진(성행위 등에서의 위험행동 감소전략, 운동, 수면 및 섭식습관 개선 등)
- 개입 및 치료기법(행동수정, 인지치료, 명상, 이완법, 마음챙김과 수용에 기반한 인지행동적 치료기법, 바이오피드백 기법 등)
- 통증관리, 수술환자의 스트레스 관리, 임종관리
- 분노를 포함한 다양한 정서관리
- 삶의 질, 웰빙(Well-being)
- 건강 커뮤니케이션, 건강 정책 등

66 프로그램의 주요 초점은 사회 복귀이며, 직업능력증진부터 내담자의 자기개념 증진에 걸쳐 있는 것은? 20, 23년 기출

① 1차 예방
② 2차 예방
③ 3차 예방
④ 보편적 예방

해설

③ 3차 예방 : 심리장애 발생 후에 그 지속기간 및 부정적인 영향을 최소화하는 것이다. 심리장애의 악화 및 재발을 방지하고 재활프로그램을 실시하며, 가정과 사회로의 복귀 및 적응을 돕기 위한 지지와 교육을 제공하는 동시에 지역사회 전체를 대상으로 교육을 실시한다.

① 1차 예방 : 해로운 환경이 질병을 야기하지 않도록 사전에 이를 제거하는 것이다. 이를 위해 사회적 지지체계를 강화하고 스트레스의 근원을 제거하며, 스트레스에 적절히 대처할 수 있도록 개인의 능력을 함양한다.

② 2차 예방 : 정신건강 문제를 조기에 확인하고 장애로 발전하기 이전 초기단계에서 문제를 치료하는 것이다. 심리장애로 발전될 위기에 있는 사람들을 대상으로 조기에 치료를 제공하며, 사고나 재해의 피해자에 대해서는 위기개입을 한다.

67 주의력 결핍 및 과잉행동장애(ADHD)는 뇌와 행동과의 관계에서 볼 때 어떤 부위의 결함을 시사하는가? 15, 20년 기출

① 전두엽의 손상
② 측두엽의 손상
③ 변연계의 손상
④ 해마의 손상

해설

주의력 결핍 및 과잉행동장애(ADHD)는 운동기능 및 활동수준의 통제를 담당하는 대뇌의 전두엽 손상과 연관된다.

전두엽	• 대뇌의 앞부분에 위치하며, 동물들에 비해 인간이 크고 기억 · 추리 · 사고 및 운동에 관여 • 창조의 영역으로, 자율기능 · 감정조절기능 · 행동계획 및 억제기능 등을 담당
측두엽	• 대뇌의 측면에 위치하며, 일차청각피질과 연합피질로 구성 • 판단과 기억의 영역으로 언어 · 청각 · 정서적 경험(감정) 등을 담당

변연계	• 기억을 담당하는 해마와 인간의 공포반응을 만들어 내는 편도체가 있음 • 모든 동물은 변연계가 있으며 본능적 역할을 담당 • 사람의 감정과 행동에 영향을 미쳐 먹기, 싸우기, 도망가기, 성적 활동 등의 감정적 행동이 변연계에 의해 작동
해마	• 기억이 영구 기억으로 새겨지기 전에 임시로 머무는 임시 기억장소 • 해마를 다친 이후의 일은 기억할 수 없음 • 해마 손상환자에게는 방금 만난 사람도 돌아섰다 다시 오면 처음 보는 사람이 됨

68 내담자중심치료에서 치료자의 주요 기능과 가장 거리가 먼 것은? 18, 24년 기출

① 충고, 제안, 해석 등을 제공하는 것
② 내담자 자신과 주변세계에 대해 스스로의 지각을 높이게 하는 것
③ 자유로운 분위기를 제공하는 것
④ 내담자가 자신에 대해 더 많이 말할 수 있도록 하는 반응들을 나타내 보이는 것

해설
내담자중심치료의 특징
• 로저스는 정신분석학의 근본적인 한계성에 대한 반응으로 내담자중심요법을 개발
• 내담자중심치료는 내담자의 주관적이고 현상적인 세계, 그리고 내담자의 경험을 강조
• 로저스는 사람의 행동을 잘 이해하려면 그 사람의 내적 준거체계를 이해해야 한다고 주장
• 내담자를 변화하도록 이끄는 기본동기는 내담자의 자기실현경향이라는 점을 강조
• 상담자는 내담자가 문제를 해결하기 위한 자신의 능력을 발견하도록 도움을 주며, 내담자의 개인적 성장의 촉매로서 주로 작용
• 치료에서는 주도권을 내담자가 갖고 이끌어 나가며, 자신의 방향을 발견할 수 있다는 내담자의 능력에 큰 신뢰를 둠

69 자신의 초기 경험이 타인에 대한 확장된 인식과 관계를 맺는다는 가정을 강조하는 치료적 접근은? 16, 20, 23년 기출

① 대상관계이론
② 자기심리학
③ 심리사회적 발달이론
④ 인본주의

해설
대상관계이론
• 대상관계의 개념은 프로이트 사후의 정신분석학자들에 의해 발전하였으며, 이들은 인간이 삶을 통해 맺는 다양한 관계가 곧 대상관계의 발현이라고 주장하였다.
• 인간의 생애 초기에 자기 자신과 타인 또는 대상에 대한 내적인 이미지들로 구성된 심리구조의 형성 및 분화과정을 탐구하여, 그것이 어떠한 과정을 통해 대상관계적 상황으로 발현되는지 연구하였다.
• 자기표상 : 자기 자신에 대한 근본적인 이미지이다.
• 대상표상 : 타인 및 세상에 대한 근본적인 이미지이다.

70 수업시간에 가만히 자리에 앉아 있지 못하고 돌아다니며, 급우들의 물건을 함부로 만져 왕따를 당하고 있는 초등학교 3학년 10세 지적 장애 남아의 문제행동에 가장 권장되는 행동치료법은? 20, 23년 기출

① 노출치료
② 체계적 둔감화
③ 혐오치료
④ 유관성 관리

해설
④ 유관성 관리 : 적응적 행동은 보상으로 촉진하고, 부적응적 행동은 강화를 주지 않음으로써 제거하는 기법이다.
① 노출치료 : 외상후스트레스 환자를 공포자극에 노출시킴으로써 환자가 회복하도록 하는 기법이다.
② 체계적 둔감화 : 심리적 불안과 신체적 이완은 병존할 수 없다는 것을 전제로 하는 상호억제의 원리를 이용하는 기법이다.
③ 혐오치료 : 고전적 조건형성 기법으로, 바람직하지 못한 행동에 혐오 자극을 제시하여 부적응적인 행동을 제거하는 방법이다.

71 인지치료에서 강조하는 자동적 자기파괴 인지 중 파국화에 해당하는 것은?　15, 22년 기출

① 나는 성공하거나 실패하거나 둘 중 하나이다.
② 나는 완벽해져야 하고 나약함을 보여서는 안 된다.
③ 그 프로젝트가 성공하지 못한 것은 나 때문이다.
④ 이 일이 잘되지 않으면 다시는 이 일과 같은 일은 할 수 없을 것이다.

해설
① 인지적 오류로서 이분법적 사고(Dichotomous Thinking)에 해당한다.
② 비합리적 신념으로서 완벽주의적이고 당위적인 사고에 해당한다.
③ 인지적 오류로서 개인화(Personalization)에 해당한다.

파국화(Catastrophizing)
개인이 걱정하는 한 사건을 지나치게 과장하여 두려워하는 인지적 오류
예 길을 가다가 개에게 물린 사람이 광견병으로 곧 목숨을 잃게 되리라 생각하는 경우

72 다음 30대 여성의 다면적 인성검사 MMPI-2 결과에 대한 일반적 해석으로 적절한 것은?　18, 22, 23년 기출

Hs	D	Hy	Pd	Mf	Pa	Pt	Sc	Ma	Si
72	65	75	50	35	60	64	45	49	60

① 스트레스 상황에서 신체증상이 두드러지고 회피적 대처를 할 소지가 크다.
② 망상, 환각 등의 정신증적 증상이 나타나기 쉽다.
③ 반사회적 행동을 보일 가능성이 크다.
④ 외향적이고 과도하게 에너지가 항진되어 있다.

해설
1-3 혹은 3-1코드쌍
• 심리적 문제가 신체적 증상으로 전환되어 나타난다.
• 자신의 외현적 증상이 심리적 요인에 의한 것임을 인정하려 하지 않는다.
• 부인의 방어기제를 사용하여 자신의 우울감이나 불안감을 잘 드러내지 않는다.
• 스트레스를 받는 경우 사지의 통증이나 두통, 흉통을 보이며, 식욕부진, 어지럼증, 불면증을 호소하기도 한다.
• 자기중심적이며 의존적인 성향, 대인관계에서 피상적인 행태를 보인다.
• 전환장애의 가능성이 있다.

73 정신상태검사(Mental Status Examination) 면접에서 환자를 통해 평가하는 항목이 아닌 것은?　17, 21년 기출

① 외모와 태도
② 지남력
③ 정서의 유형과 적절성
④ 가족관계

해설
정신상태검사는 용모 및 외모, 면담태도, 정신운동활동, 정서적 반응, 언어와 사고, 감각과 지능, 기억력과 지남력 등을 평가한다.

74 임상심리학자의 교육수련과 관련된 설명으로 적절하지 않은 것은?　17년 기출

① 1949년 Boulder 회의에서 과학자-전문가수련 모형이 채택되었다.
② 과학자-전문가모형은 과학적 연구자나 임상적 실무자 중 어느 하나의 역할에 충실할 것을 강조한다.
③ 심리학 박사(Ph.D)는 과학자-전문가모형을 따른다.
④ 한국심리학회에서는 자질 있는 임상심리학자를 양성하기 위하여 임상심리전문가 제도를 두고 있다.

해설
과학자-전문가모형(Scientist-Practitioner Model)은 기본적으로 과학과 임상실습의 통합적 접근을 통해 임상심리학자가 과학자이자 서비스제공자로서의 역할을 동시에 수행할 것을 강조하며, 이와 관련하여 대학원 과정에서 두 가지 역할에 대한 결합을 주장하였다. 인간행동을 이해하기 위해 연구자로서 끊임없이 연구하는 동시에 전문가로서 그 과정을 통해 발견한 지식을 인간행동의 변화를 위해 실천한다는 것이다.

75 다음은 행동치료의 어떤 기법에 해당하는가?

03, 08, 17년 기출

> 수영하기를 두려워하는 어린 딸에게 수영을 가르치기 위해 아버지가 직접 수영하는 것을 보여주었다.

① 역조건화
② 혐오치료
③ 모델링
④ 체계적 둔감화

해설

① 역조건화 : 조건자극과 새로운 자극을 함께 제시함으로써 불안을 감소시키는 기법(예 엘리베이터와 같이 밀폐된 공간 안에서 공포감을 느끼는 아이에게 장난감, 인형 등의 유쾌 자극을 제시하여 밀폐된 공간에서의 공포감을 소거시키는 것)이다.
② 혐오치료 : 고전적 조건형성 기법으로, 바람직하지 못한 행동에 혐오자극을 제시하여 부적응적인 행동을 제거하는 방법이다.
④ 체계적 둔감화 : 심리적 불안과 신체적 이완은 병존할 수 없다는 것을 전제로 하는 상호억제(Reciprocal Inhibition)의 원리를 이용하는 기법이다.

76 임상심리사가 개인적인 심리적 문제를 갖고 있다든지, 너무 많은 부담 때문에 지쳐있다든지, 교만하여 더 이상 배우지 않고 배울 필요가 없다고 생각하거나, 해당되는 특정 전문교육수련을 받지 않고도 특정 내담자군을 잘 다룰 수 있다고 여긴다면, 이는 다음 중 어느 항목의 윤리적 원칙에 위배되는 것인가? 04, 11, 18, 24년 기출

① 유능성
② 성실성
③ 권리의 존엄성
④ 사회적 책임핵심

해설

① 유능성 : 임상심리학자가 자신의 강점과 약점, 자신이 가지고 있는 기술과 그것의 한계에 대해 자각해야 한다는 것이다. 그리하여 지속적인 교육수련으로 최신의 기술을 습득하며, 이를 통해 사회의 변화에 민첩하게 대응해야 한다는 점을 강조한다.
② 성실성 : 임상심리학자가 성실하고 정직한 자세로 내담자에게 자신의 서비스로부터 기대할 수 있는 바를 설명하며, 자신의 작업과 관련하여 스스로의 욕구 및 가치가 어떠한 영향을 미치는지 알고 있어야 한다는 것이다. 특히 성실성에서는 환자나 내담자, 학생들과의 부적절한 이중관계나 착취관계, 성적 관계를 금한다.

③ 권리의 존엄성 : 임상심리학자가 각 개인의 개성과 문화의 차이에 대해 민감해야 하며, 자신의 일방적인 지식과 편견을 다른 사람에게 강요하는 것을 금한다.
④ 사회적 책임 : 임상심리학자가 자신의 개인적 · 금전적 이득을 떠나 자신의 전문적인 지식과 기술을 이용하여 타인을 도움으로써 사회구성원으로서의 책임을 완수해야 한다는 점을 강조한다.

77 다음 중 안정애착에 해당하는 것은 무엇인가?

① 어머니는 유아의 정서적 신호에 민감하게 반응하며, 유아 스스로 놀 수 있도록 충분히 허용한다.
② 유아는 어머니에게 신뢰를 가지고 있지 않으며, 어머니를 낯선 사람과 유사하게 생각한다.
③ 유아는 어머니가 안정된 존재인지 혼란스러워한다.
④ 유아는 어머니의 반응을 이끌어내기 위해 과잉 애착행동을 보인다.

해설

② 불안형 회피애착에 대한 설명이다.
③ 불안형 혼란애착에 대한 설명이다.
④ 불안형 저항애착에 대한 설명이다.

78 시각적 처리와 시각적으로 중재된 기억의 일부 측면에 관여하는 뇌의 위치는? 21년 기출

① 두정엽
② 후두엽
③ 전두엽
④ 측두엽

해설

후두엽(뒤통수엽)

• 대뇌피질의 뒷부분에 위치하며, 전체의 약 17%를 차지한다.
• 일차시각피질과 시각연합피질로 구성된다.
• 시각의 영역으로서, 망막에서 들어오는 시각정보를 분석 · 통합하는 역할을 담당한다.
• 망막에서 들어오는 시각정보는 우선 시각영역에서의 일차적인 처리과정을 거쳐 다른 뇌체계와의 교류를 위해 임시적으로 저장되며, 이때 새로운 시각정보가 기존의 정보와 조화됨으로써 의미를 가지게 된다.

79 Rogers가 제안한 내담자의 긍정적 변화를 촉진시키기 위한 치료자의 3가지 조건에 해당하지 않는 것은? *04, 13, 21, 23년 기출*

① 무조건적 존중
② 정확한 공감
③ 창의성
④ 솔직성

해설

상담자가 갖추어야 할 바람직한 태도
• 일치성과 진실성(솔직성)
• 공감적 이해
• 무조건적 존중

80 다음 중 대뇌 기능의 편재화를 평가하는 데 사용하는 검사가 아닌 것은? *20, 23년 기출*

① 손잡이(Handedness)검사
② 주의력 검사
③ 발잡이(Footedness)검사
④ 눈의 편향성 검사

해설

편재화(Localization) 평가를 위한 검사
인간의 신체 중 쌍으로 이루어진 눈, 손, 발은 대뇌 기능의 편재화를 평가하는 데 있어서 유용한 검사도구로 활용될 수 있다. 특히 손잡이(Handedness)검사는 대뇌 기능에서 언어의 편재화를 평가하는 데 유효하다. 실제로 오른손잡이의 경우 좌반구 언어가 우세한 반면, 왼손잡이의 경우 우반구 언어가 우세한 것으로 나타났다. 이는 발잡이(Footedness)검사에서도 마찬가지이다. 왼쪽 뇌가 발달한 사람은 오른손잡이이자 오른발잡이인 경우가 대부분이다. 책을 읽을 때에도 다수의 사람들이 왼쪽에서 오른쪽으로 읽는 것 또한 대뇌 기능의 편재화와 연관되어 있는 것으로 밝혀졌다.

제5과목 | 심리상담

81 생애기술 상담이론에서 기술언어(Skills Language)에 해당하는 것은? *17, 22, 23년 기출*

① 내담자가 어떻게 생각하고 느끼는가를 의미하는 것이다.
② 내담자가 어떤 외현적 행동을 하는가를 의미하는 것이다.
③ 내담자 자신의 책임감 있는 삶을 의미하는 것이다.
④ 내담자의 행동을 설명하고 분석하기 위해 사용하는 것을 의미하는 것이다.

해설

생애기술상담(Life Skills Counselling)
• 생애기술은 개인의 심리적 삶을 보장하기 위해 구체적 기술 영역에서 결정하는 일련의 선택이라고 할 수 있다.
• 생애기술상담은 인지-행동적 접근의 통찰을 활용하여 사고와 행동의 변화를 유도하며, 인본주의적 실존주의의 메시지를 전달하여 현재와 미래 생활에 도움이 되는 보다 효과적인 기술들을 습득하도록 돕는 것이다.
• 개인 생애기술상담은 한 개인이 보다 넓은 공동체 속에서 생애기술을 획득하고, 유지하고, 발달시키는 것을 중재하는 활동 기본개념이다.
• 기술언어(Skills Language) : 생애기술 장점과 단점의 관점에서 내담자 문제에 대해 생각하고 말하는 것으로, 특히 내담자의 문제를 지속케 하는 구체적인 사고기술과 행동기술상의 단점을 규명하고 상담목표로 전환하는 것을 포함한다.
• 내적 게임 : 내면에 어떤 일이 일어나고 있는가, 즉 당신이 어떻게 생각하고 느끼는가를 의미하는 것으로 사고기술과 감정기술을 지칭하는 것이다.
• 외적 게임 : 어떤 외현적 행동을 하는가, 즉 행동기술을 의미한다. 행동기술은 관찰 가능한 행동들을 포함하는 것으로 어떻게 느끼고 생각하는가보다는 어떻게 행동하는가와 관련된 것이다.
• 개인적 책임성 : 개인을 자신의 삶에 대한 책임감을 갖는 주체로 보는 것으로 사람들은 자신의 삶을 창조적으로 만들 책임이 있다.

82 사회학적 관점에서 청소년 비행의 원인을 설명하기에 적합하지 않은 이론은? 20, 24년 기출

① 아노미이론
② 사회통제이론
③ 하위문화이론
④ 사회배제이론

해설
사회배제이론은 일단의 집단들을 사회의 주류로부터 격리하는 일종의 메커니즘으로 작용하는 사회적 배제 현상에 주목하면서, 특히 노인, 아동, 장애인 등을 대상으로 소득, 노동, 주거, 의료 등 배제의 다양한 영역들에 대해 분석하는 이론이다.

83 인터넷 상담의 장점으로 가장 적합한 것은? 05, 24년 기출

① 라포(Rapport)형성이 쉽다.
② 내담자의 정보를 얻기 쉽다.
③ 상담 공간과 시간이 용이하다.
④ 상담과정이 원활하다.

해설
① 상담자의 입장에서 내담자의 신상과 상담내용을 신뢰하기 어려우며, 내담자와의 라포형성이 쉽지 않다.
② 내담자가 자신의 정보를 선택적으로 공개할 수 있으며, 언제든지 상담을 중단해버릴 수 있다.
④ 주로 문자 등의 시각적 자료에 의존해야 하므로 대면상담에서와 같이 깊이 있는 의사소통을 기대하기 어려우며, 내담자의 복잡한 정서적인 내용을 파악하기 곤란하다.

84 다음에서 설명하는 상담기술은? 20년 기출

> 내담자의 감정에 대한 명확한 이해를 포함하여 내담자의 진술을 반복하거나 재표현하기도 한다.

① 재진술
② 감정반영
③ 해 석
④ 통 찰

해설
② 감정반영 : 내담자의 행동 속에 내재된 내면감정을 정확히 파악하여 이를 내담자에게 전달해 주는 것이다.
① 재진술 : 내담자의 메시지 내용에 초점을 두고 내담자가 말한 바를 바꿔 말하는 것이다.
③ 해석 : 내담자가 새로운 방식으로 자신의 문제들을 돌아볼

수 있도록 사건들의 의미를 설정해 주고, 자신의 문제를 새로운 각도에서 이해할 수 있도록 그의 생활 경험과 행동, 행동의 의미를 설명해 주는 것이다.
④ 통찰 : 정신분석 상담에서 내담자가 스스로의 부정적 감정의 원인을 깨닫는 것이다.

85 상담 종결에 관한 설명으로 옳지 않은 것은? 20, 23년 기출

① 상담목표가 달성되지 않아도 상담을 종결할 수 있다.
② 상담의 진행결과가 성공적이었거나 실패했을 때에 이루어진다.
③ 조기종결 시 상담자는 조기종결에 따른 내담자의 감정을 다뤄야 한다.
④ 조기종결 시 상담자가 내담자에게 조기종결에 따른 솔직한 감정을 표현하는 것은 도움이 되지 않는다.

해설
상담자는 내담자가 예상치 못한 시점 혹은 이미 언급한 종결 날짜 이전에 종결에 대해 이야기하는 경우, 내담자가 무엇 때문에 그와 같은 생각을 하게 되었는지 상담 시간에 충분히 다루어야 하며 그 이유를 명확히 파악하고 이에 대해 내담자와 충분히 논의해야 한다.

86 로저스(Rogers)의 인간중심상담에 대한 설명으로 옳지 않은 것은? 15, 19, 23년 기출

① 내담자는 불일치상태에 있고 상처받기 쉬우며 초조하다.
② 상담자는 내담자와의 관계에서 일치성을 보이며 통합적이다.
③ 상담자는 내담자의 내적 참조틀을 바탕으로 한 공감적 이해를 경험하고 내담자에게 자신의 경험을 전달하려고 시도한다.
④ 내담자는 의사소통의 과정에서 상담자의 선택적인 긍정적 존중 및 공감적 이해를 지각하고 경험한다.

해설
내담자는 의사소통의 과정에서 상담자의 무조건적인 긍정적 존중 및 공감적 이해를 지각하고 경험한다.

87 Gottfredson의 직업포부 발달이론에서 직업과 관련된 개인발달의 단계에 해당하지 않는 것은?

21년 기출

① 힘과 크기 지향성
② 성역할 지향성
③ 개인선호 지향성
④ 내적 고유한 자아 지향성

해설

Gottfredson의 직업포부 발달 단계
힘과 크기 지향성 → 성역할 지향성 → 사회적 가치 지향성 → 내적 고유한 자아 지향성

---

89 특정한 직업분야에서 훈련이나 직무를 성공적으로 수행할 가능성을 예측하는 데 가장 적합한 검사는?

15, 20, 23년 기출

① 직업적성검사
② 직업흥미검사
③ 직업성숙도검사
④ 직업가치관검사

해설

① 직업적성검사 : 검사를 통해 자신의 적성에 맞는 직업을 선택할 수 있도록 하기 위한 검사로 검사의 주요 내용은 언어력, 수리력, 추리력, 사물지각력으로 구성되어 있다.
② 직업흥미검사 : 개인의 흥미유형을 현실형, 탐구형, 예술형, 사회형, 진취형, 관습형으로 나누어 살펴보고 있다.
③ 직업성숙도검사 : 개인의 계획성, 직업에 대한 태도, 독립성, 자기이해, 정보탐색, 합리적 의사결정, 직업에 대한 지식, 진로탐색 및 준비행동 등의 수준을 파악할 수 있는 검사이다.
④ 직업가치관검사 : 직업선택 시 중요하게 생각하는 직업가치관을 측정하는 검사로 성취, 봉사, 개별활동, 직업안정, 변화 지향, 몸과 마음의 여유, 영향력 발휘, 지식추구, 애국, 자율성, 금전적 보상, 인정, 실내활동의 하위유형으로 구성되어 있다.

---

88 다음 사례에서 직면기법에 가장 가까운 반응은 어느 것인가?

> 집단모임에서 여러 명의 집단원들로부터 부정적인 피드백을 받은 한 집단원에게 다른 집단원이 그의 느낌을 묻자 아무렇지도 않다고 하지만 그의 얼굴표정이 몹시 굳어 있을 때, 지도자가 이를 직면하고자 한다.

① "○○씨, 말씀과는 달리 얼굴이 굳어있고 목소리가 떨리는군요."
② "○○씨, 방금 아무렇지도 않다고 말씀하셨습니다."
③ "○○씨, 이러한 일은 창피함을 느끼게 만드는 것 같습니다."
④ "○○씨, 지금 느낌이 어떤지 좀 더 말씀하시면 어떨까요?"

해설

직면(Confrontation)
내담자의 말이나 행동이 일치하지 않은 경우 또는 내담자의 말에 모순점이 있는 경우 상담자가 그것을 지적해 주는 것이다.
예 "○○씨는 아무렇지 않다고 말하지만, 지금 얼굴이 아주 굳어 있고 목소리도 떨리는군요. 내적으로 지금 어떤 불편한 감정이 있는 것 같은데, ○○씨의 반응이 궁금하군요."

---

90 성피해자에 대한 상담의 초기단계에서 상담자가 유의해야 할 사항으로 옳은 것은?

13, 15, 17, 24년 기출

① 피해자가 첫 면접에서 성피해 사실을 부인할 경우 솔직한 개방을 하도록 지속적으로 유도한다.
② 가능하면 초기에 피해자의 가족상황과 성폭력피해의 합병증 등에 관한 상세한 정보를 얻는다.
③ 성피해로 인한 내담자의 심리적 외상을 신속하게 탐색하고 치유할 수 있도록 적극적으로 개입한다.
④ 피해상황에 대한 상세한 정보수집이 중요하므로 내담자가 불편감을 표현하더라도 상담자가 주도적으로 면접을 진행한다.

해설

성폭력피해자 심리상담 초기단계의 유의사항
• 상담자는 피해자인 내담자와 신뢰할 수 있는 관계를 유지함으로써 치료관계 형성에 힘써야 한다.
• 상담자는 내담자에게 상담 내용의 주도권을 줌으로써 내담자에게 현재 상황에서 표현할 수 있는 내용에 대해서만 이야기할 수 있도록 배려해야 한다.
• 상담자는 내담자의 비언어적인 표현에 주의를 기울이며,

그에 대해 적절히 반응해야 한다.
- 상담자는 내담자의 성폭력 피해로 인한 합병증 등을 파악해야 한다.
- 상담자는 내담자가 성폭력 피해의 문제가 없다고 부인하는 경우 일단 수용하며, 언제든지 상담의 기회가 있음을 알려 주어야 한다.

91 엘리스(Ellis)의 ABCDE 모형에 관한 설명으로 옳은 것은? 15, 21, 22, 23년 기출

① A - 문제 장면에 대한 내담자의 신념
② B - 선행사건
③ C - 정서적 · 행동적 결과
④ D - 새로운 감정과 행동

해설

ABCDE 모형
- A(Activating Events) : 선행사건
- B(Belief System) : 비합리적 신념체계
- C(Consequence) : 결과
- D(Dispute) : 논박
- E(Effect) : 효과

92 Beck이 제시하는 인지적 오류 중 '평범하다는 평가를 받는다는 것은 내가 얼마나 부족한지 증명하는 것이다'라고 생각하는 경우는? 15, 24년 기출

① 전부 아니면 전무의 사고
② 긍정적인 면의 평가절하
③ 과장/축소
④ 과잉일반화

해설

과장 및 축소
사건의 의미나 중요성을 지나치게 과장하거나 축소하는 오류를 말한다. 즉 개인이 불완전을 최대화하거나 좋은 점을 최소화하는 오류로 자신의 실수나 결점을 실제보다 크게 보는 경향, 그리고 자신의 장점을 축소하게 된다. 이에 결국 자신이 타인들보다 열등하다고 생각하거나 우울하다고 느끼게 된다.

93 인간중심상담의 과정을 7단계로 나눌 때, ( )에 들어갈 내용의 순서가 올바른 것은? 21년 기출

1단계 : 소통의 부재
2단계 : 도움의 필요성 인식 및 도움 요청
3단계 : 대상으로서의 경험 표현
4단계 : (ㄱ)
5단계 : (ㄴ)
6단계 : (ㄷ)
7단계 : 자기실현의 경험

① ㄱ - 감정수용과 책임증진
　 ㄴ - 지금-여기에서 더 유연한 경험 표현
　 ㄷ - 경험과 인식의 일치
② ㄱ - 감정수용과 책임증진
　 ㄴ - 경험과 인식의 일치
　 ㄷ - 지금-여기에서 더 유연한 경험 표현
③ ㄱ - 경험과 인식의 일치
　 ㄴ - 지금-여기에서 더 유연한 경험 표현
　 ㄷ - 감정수용과 책임증진
④ ㄱ - 지금-여기에서 더 유연한 경험 표현
　 ㄴ - 감정수용과 책임증진
　 ㄷ - 경험과 인식의 일치

해설

인간중심상담의 과정
- 1단계 : 소통의 부재
- 2단계 : 도움의 필요성 인식 및 도움 요청
- 3단계 : 대상으로서의 경험 표현
- 4단계 : 지금-여기에서 더 유연한 경험 표현
- 5단계 : 감정수용과 책임증진
- 6단계 : 경험과 인식의 일치
- 7단계 : 자기실현의 경험

인간중심상담
상담의 인간중심적 접근방법은 1940년대 초 미국의 심리학자 로저스(Rogers)에 의해 창안된 것으로, 내담자중심원리가 집단과정에 적용 · 발전된 것이다.

94 약물에 관한 설명으로 옳은 것을 모두 고른 것은?   `20년 기출`

> ㄱ. 약물 오용 – 의도적으로 약물을 다른 목적으로 사용하는 것이다.
> ㄴ. 약물 의존 – 약물이 없이는 지낼 수 없어 계속 약물을 찾는 상태를 말한다.
> ㄷ. 약물 남용 – 약물을 적절한 용도로 사용하지 못하고 잘못 사용하는 것이다.
> ㄹ. 약물 중독 – 약물로 인해 신체건강상에 여러 부작용을 나타내는 상태를 말한다.

① ㄱ, ㄴ
② ㄴ, ㄹ
③ ㄷ, ㄹ
④ ㄱ, ㄹ

해설

ㄱ. 약물 오용 : 의학적인 목적으로 약물을 사용하기는 하지만, 이를 의사의 처방에 따르지 않고 임의로 사용하거나 처방된 약을 제대로 또는 지시대로 사용하지 않는 것을 말한다.
ㄷ. 약물 남용 : 의학적 상식, 사회적 관습이나 법규로부터 일탈하여 쾌락을 추구하기 위해 약물을 사용하거나 과잉으로 사용하는 행위이다.

95 진로상담에서 "하고 싶은 일이 너무 많아요."라고 호소하는 내담자에게 가장 먼저 개입해야 하는 방법은?   `20, 22년 기출`

① 자기이해
② 직업정보 탐색
③ 진학정보 탐색
④ 진로 의사결정

해설

진로와 진학정보를 탐색하기 전에 내담자가 자신에 관하여 보다 정확히 이해할 수 있도록 개입해야 한다

96 로저스(Rogers)가 제안한 '충분히 기능하는 사람'의 특성과 가장 거리가 먼 것은?   `15, 20, 23년 기출`

① 창조적이다.
② 제약 없이 자유롭다.
③ 자신의 유기체를 신뢰한다.
④ 현재보다는 미래에 투자할 줄 안다.

해설

충분히 기능하는 사람
• 경험에 대해 개방적이다.
• 실존적인 삶을 사는 사람이다.
• '자신'이라는 유기체에 대해 신뢰한다.
• 경험적인 자유를 지니고 있다.
• 창조적으로 살아간다.

97 벌을 통한 행동수정 시 유의해야 할 사항이 아닌 것은?   `16, 20, 22, 23년 기출`

① 벌을 받을 행동을 구체적으로 세분화하고 설명한다.
② 벌을 받을 상황을 가능한 한 없애도록 노력한다.
③ 벌은 그 강도를 점차로 높여가야 한다.
④ 벌을 받을 행동이 일어난 직후에 즉각적으로 벌을 준다.

해설

③ 벌은 그 강도를 점차로 높이지 말아야 한다.
벌을 통한 행동수정 시 유의사항
• 벌 받을 행동을 구체적으로 세분화하고 설명한다.
• 벌을 받을 상황을 가능한 없애도록 노력한다.
• 바람직한 상반행동을 하도록 그 조건을 극대화한다.
• 가장 효과가 있을 것으로 예상되는 벌을 선택한다.
• 반복되는 벌에도 불구하고 효과가 없는 경우 다른 방법을 강구해야 한다.
• 벌은 그 강도를 점차로 높이지 말아야 한다.
• 벌 받을 행동이 일어난 직후에 즉각적으로 벌을 준다.
• 바람직한 행동이 무엇인지 사전에 말해준다.

98 상담 및 심리치료의 발달사에 관한 설명으로 옳지 않은 것은?　　　　17, 20, 23년 기출

① 글래서(Glasser)는 1960년대에 현실치료를 제시하였다.
② 가족치료 및 체계치료는 1970년대부터 본격적으로 등장하였다.
③ 메이(May)와 프랭클(Frankl)의 영향으로 게슈탈트 상담이 발전하였다.
④ 위트머(Witmer)는 임상심리학이라는 용어를 최초로 사용했으며, 치료적 목적을 위해 심리학의 지식과 방법을 활용하였다.

해설
③ 게슈탈트 상담은 펄스(Perls)에 의해 개발되었으며 상담목표를 개인의 성숙 및 성장에 두고 있다. 롤로 메이(Rollo May)와 빅터 프랭클(Viktor Frankl)은 의미치료(Logotherapy)라는 실존주의적 상담접근을 발전시켰다.

99 현실치료의 근간이 되는 선택이론의 주요원칙으로 옳지 않은 것은?

① 사람들이 바람 또는 욕구와 그들의 환경에서 얻고 있는 지각 사이에 차이가 있을 때는 특별한 행동들이 유발된다.
② 모든 인간의 동기나 행동은 다섯가지 기본욕구인 생존 및 건강, 사랑과 소속, 자기가치감, 통제, 즐거움과 재미 등을 충족시키기 위해 고안된다.
③ 다섯가지 욕구들을 모두 소유하고 있다고 하더라도 우리들은 각자가 모두 특별한 방법으로 그 욕구들을 충족시키려 한다.
④ 자기 자신을 어떻게 지각하는가 뿐만 아니라 그들의 주변세계를 어떻게 지각하는지에 대해 그들의 현실세계와 자신을 보는 관점이 된다.

해설
인간은 생존의 욕구, 사랑과 소속의 욕구, 권력과 성취의 욕구, 자유의 욕구, 즐거움과 재미의 욕구 등 5가지의 기본적인 욕구를 가지고 있으며, 이와 같은 욕구에는 어떠한 위계도 존재하지 않는다.

100 다음 중 REBT 상담에서 인지적 기법에 해당하지 않는 것은?　　　　24년 기출

① 인지적 과제 부여하기
② 유머 사용하기
③ 비합리적 신념 논박하기
④ 내담자의 언어 변화시키기

해설
② 유머 사용하기는 REBT 상담의 정서적 기법에 해당한다.

2026 시대에듀 핵심유형 100제 임상심리사 2급 1차 필기합격 한권으로 끝내기

개정8판1쇄 발행	2026년 01월 05일 (인쇄 2025년 10월 30일)
초 판 발 행	2018년 02월 05일 (인쇄 2017년 12월 28일)
발 행 인	박영일
책 임 편 집	이해욱
저 자	심리상담연구소
편 집 진 행	장민영 · 김연지
표지디자인	박종우
편집디자인	최혜윤 · 김휘주
발 행 처	(주)시대고시기획
출 판 등 록	제 10-1521호
주 소	서울시 마포구 큰우물로 75 [도화동 538 성지 B/D] 9F
전 화	1600-3600
팩 스	02-701-8823
홈 페 이 지	www.sdedu.co.kr

I S B N	979-11-383-9729-2 (13180)
정 가	22,000원

13년간 16만 독자의 선택!
합격을 향한 로드맵,
시대에듀 임상심리사!

Start!

임상심리사 2급 1차
필기합격 단기완성

기출이 답이다 임상심리사
2급 1차 필기합격

임상심리사 2급 2차
실기합격 단기완성

파이널 핵심유형 100제
임상심리사 2급 1차 필기합격

기출이 답이다 임상심리사
2급 2차 실기합격

파이널 핵심유형 100제
임상심리사 2급 2차 실기합격

※ 도서의 이미지와 구성은 변경될 수 있습니다.
※ 개정판 준비 중입니다.